国家社会科学基金重大项目（22ZDA039）研究成果
浙江大学文科精品力作出版资助计划资助项目

陈国权 原桂楠 等著

广义政府与功能性分权理论

A THEORY OF THE
BROAD-SENSE GOVERNMENT
AND ITS FUNCTIONAL
SEPARATION OF POWER

中国社会科学出版社

图书在版编目(CIP)数据

广义政府与功能性分权理论 / 陈国权等著. -- 北京：中国社会科学出版社，2024.12. -- ISBN 978-7-5227-4627-2

Ⅰ.D621

中国国家版本馆 CIP 数据核字第 2024QW1120 号

出 版 人	赵剑英	
责任编辑	王　琪	
责任校对	孙延青	
责任印制	张雪娇	

出　　版	中国社会科学出版社	
社　　址	北京鼓楼西大街甲 158 号	
邮　　编	100720	
网　　址	http://www.csspw.cn	
发 行 部	010-84083685	
门 市 部	010-84029450	
经　　销	新华书店及其他书店	

印刷装订	北京明恒达印务有限公司	
版　　次	2024 年 12 月第 1 版	
印　　次	2024 年 12 月第 1 次印刷	

开　　本	710×1000　1/16	
印　　张	20.75	
插　　页	2	
字　　数	278 千字	
定　　价	128.00 元	

凡购买中国社会科学出版社图书，如有质量问题请与本社营销中心联系调换
电话：010-84083683
版权所有　侵权必究

序

  2017年曾为国权教授的一部书稿（《权力法治与廉政治理》）写过序。七年之后又有幸读到国权教授的最新作品《广义政府与功能性分权理论》。从两部书稿的名称中能感受到一种"与时俱进"的气息。对照起来看，两书既有内在的联系，也有相当的"断裂"。此处的"断裂"两字不意味着推倒重来、另起炉灶，而是在保持连续性的前提下，有所拓展、有所突破，从而开辟出一个新的话语空间。因此，我是以"刮目相看"的心态来阅读《广义政府与功能性分权理论》一书的，并尝试以读者身份来撰写本序——下面的文字是阅读札记的某种转化，也是向国权教授提交的一份读书心得。

  按国权教授的说法，《广义政府与功能性分权理论》的主要内容"将围绕'何为中国的国家''中国国家运行逻辑'两条主线展开。把握国家主体及其运行后，研究将进一步推进，探讨根据现有体制和制度思考如何完善国家权力的控权方式与制约监督体系，如何将权力关进制度的'笼子'里，实现全面推进国家治理体系和治理能力现代化的目标"[①]。细敲碎打地说，书稿尝试讨论三个问题：（1）静态的权力结构；

[①] 参见本书第40页。

（2）动态的权力运行；（3）公权力监督体系与运作机制（以及如何完善）。在八章的篇幅中，第一章至第五章讨论了前两个问题——它们被作者归于"权力配置"的类别；后面三章则从不同角度讨论了广义政府脉络下权力监督的问题。因此，换一种"大条"一些的说法，书稿实际上讨论了两个问题：一是"权力配置"；二是"权力规范"。

在我的印象中，国权教授先后主持了四项国家社科基金重大课题，30年来在反腐败及权力制约监督理论领域深耕细作，可谓硕果累累。与前面三个重大项目的结题报告有所不同，这一次结题报告的关键词是"广义政府"。换言之，课题的研究重心从权力制约监督拓展到权力结构的分析。这一变化意味着国权教授及其研究团队在功能性分权理论的基础上迈出了非常重要的一步，实现了一个飞跃——从权力规范的研究拓展到权力结构的分析。这一转折似乎有点唐突，然有内在的联系，毕竟讨论权力制约监督（权力规范）的议题，不可避免要追问权力主体及其结构、运行等问题（权力配置）。在中国政治研究领域，两者的联系似乎更为自然，甚至不言而喻。在这个意义上，国权教授的这部书稿为我们呈现了一种新的研究格局。通读下来，我的感觉是作者在第一部分（权力配置）花费了更多的精力，作出了相当精彩的论述，其中备受关注的核心概念——"广义政府"，一个被认为是"出圈"的术语，便是在这一部分得到阐释的。

因为有"出圈"之议，所以在进入具体的评述之前，我想简要勾勒一下作者、评论者以及读者所处的学术语境，这样有助于我们阅读和理解国权教授的这部新著所表达的内容。当下中国正处在人类现代化历史的一个转折点，人们用"百年未有之大变局"来描述这一变化。提倡中国哲学社会科学自主知识生产，构建三大体系（哲学社会科学学科体系、学术体系、话语体系），便是对这一历史趋势的一种学术自觉。与此同时，这一学术自觉也是正在发生的历史变化的内在要素，两者处在一种辩证的互构关系之中。毋庸讳言，新世纪/新时代出现的这一变化对于原有的学科知识体系提出了程度不同的挑战，因为既有的知识大厦（从概念到理论到分析范式）很大程度上是对西方社会科学知识的移植和拷贝。百年之后回头看，"拿来主义"产生的结果是复杂而多元的：其中相当部分的知识被证明具有普遍性，经过代际更替的本土化，已经成为日常生活和学术研究的内在要素；也有一部分知识仍然作为一种"外在要素"存在，没有落地或完全落地，需要时间和实践的进一步淬炼和选择；另有一部分知识则处在"隔靴搔痒"的状态，难以在中国的土壤上找到落脚点，必须剥去其普遍性的外衣，还其特殊性的面貌。这种多样性和复杂性意味着，中国社会科学面临的挑战和需要作出的回应/调适在不同学科是有差异的。在我看来，受这种挑战影响最大的学科，可能是政治学、法学（公法部分）与公共管理学（政府部分）。原因很简单，中国特色社会主义和中国式现代化最本质的特征是中国共产党领导。这句话翻译成学术语言，便是说中国现代化与西方现代化之间最根本性的区别（特殊性）体现在政治维度。因此，基于西方政治现代化的历史经验而形成的概念、理论和知识体系，无法充分解释中国政治现代化的历史经验，便是一个需要研究者必须正视的基本事实。相比之下，政治学、法学和公共管理学三门学科与政治/政府的关系最为紧密，因此受到的挑战及需要作出调整的幅度也最大。

换一个角度看，如果将压力转化为动力，那么政治学、法学与公共管理学拥有的理论创新空间（包括提出新概念的概率）也是最大的，国权教授及其团队的研究提供了一个很好的案例。数十年来，国权教授一直致力于研究真实世界中的问题，并从中寻找中国方式的表达。例如，基于"第三区域"（开发区、新城、新区和功能区等）的研究，他们发现了高经济增长和高廉政风险并存的"双高"现象。尽管与公权力伴生的腐败问题是整个世界面临的难题，但中国的腐败问题源于特定发展阶段的特定体制，无法照搬西方的理论和制度来解决。对致力于本土理论建构的国权教授而言，真实的中国经验是理论探索的根基，离开了这一根基，概念和理论创新就有可能成为"空中楼阁"式的想象，脱离了社会科学的范畴。正是基于这一方法（论），国权教授的思考和理论显示了自身的特点：从具体的经验研究入手，抽象出概念，进而上升到理论，然后在理论的阶梯上一步步向前探索，由此呈现出一个逐渐系统化的发展脉络。本书提出的"广义政府"概念，可以说是这一过程中的一个重要节点或亮点，它的提出标志着国权教授及其研究团队的学术探索已处于中国社会科学知识生产的前沿地带。

本序的写作便是在这一语境下展开的。为了方便表述，下面的文字分为三个部分：（1）简要勾勒一下本书提出的新观点；（2）这些新观点引发了怎样的理论调适；（3）对国权教授及其研究团队的一些期待。

一　对中国公权力主体的重新认识

对中国公权力主体的重新认识是近年来中国学界的一个重要变化，标志性口号就是"将政党带进来"①。西方的中国政治研究曾经非常重视中国共产党，早在1966年，舒曼（Franz Schurmann）就出版了《共产主义中国的意识形态和组织》（*Ideology and Organization in Communist China*）一书，后来随着市场转型和民主化研究的不断推进，公民社会/市民社会和社会阶层的研究越来越多，政党研究渐渐淡化。只是到了21世纪初，学界才有人主张"将政党带回来"（bring the party back in）。② 对于

---

① 景跃进：《将政党带进来——国家与社会关系范畴的反思与重构》，《探索与争鸣》2019年第8期。

② Kjeld Erik Brodsgaard and Zheng Yongnian eds., *Bringing the Party Back In：How China Is Governed*, Eastern Universities Press by Marshall Cavendish, 2004.

中国政治学者来说，尽管政党在中国政治中一直占据着主导地位，但由于缺乏必要的学术自主性，研究议题的设置和讨论方式深受比较政治学的影响，政党视角经历了一个从无到有的过程，所以不是将政党"带回来"，而是将政党"带进来"。这一变化像推倒了多米诺骨牌的第一张牌，引发了一系列的连锁反应，不但涉及认知范式的转型，也包括概念/术语的重构。在这方面，国权教授及其研究团队感觉敏锐、思考深刻，作出了有力的学术回应。其中，"广义政府"是一个纲领性概念，也是整部书稿的关键词，它表达了作者对中国政治的新认知："中国实质上的国家由整体性的'党和国家'组成，是复合性的，具有政党形态和宪法形态。复合国家的国家机构当然也不是单一的，它不仅包括宪法中规定的国家机构，还包括一部分党组织。因此，广义政府意指复合国家的机构之和，与公权力层面上的国家等义。"① "当代中国政党形态国家和宪法形态国家构成复合国家。复合国家是一种国家形式，从概念上把握复合国家比较抽象，因为公权力意义上的国家基本上与掌握权力的公共机构等义，为方便理解我们用'广义政府'这一公权力国家概念指代中国复合国家的国家机构。"②

简言之，"广义政府"一词突破了西方政治学概念世界的边界，将抽象的概念符号植根于中国的土地，与此同时，也为进一步的概念生产和理论创新打开了通道。下面列举的几个案例可以视为同一产品的不同型号。

（1）广义政府的概念内涵与边界。广义政府将政党带了进来，但并非所有政党组织都属于广义政府。为了廓清中国国家公权力的边界，作者将国家与社会分析范式带进政党——借用波兰尼的说法，这是一种理

---

① 参见本书第82页。
② 参见本书第88—89页。

论层面的反向运动。① 借此区分了政党的双重属性:"根据组织场域性质的差异,将党组织分为国家性质党组织和社会性质党组织。"② "党中央,党的省级、市级、县(区)级、乡镇(街道)委员会以及设置在国家机关中的党组,可以称为国家性质党组织……各企事业单位、农村、街道社区、社会组织等团体中的党组织,可以称为社会性质党组织。"③ 可见,广义政府是由宪法规定的国家机构加国家性质的党组织组成的,其中又可分为党和国家(所有国家机构)组成的广义的广义政府,以及党和政府(行政机构)组成的狭义的广义政府。

(2)广义政府的"一体两性"。作者认为,"广义政府存在'一体两性'……也就是说,主体是共同的广义政府,但拥有两个不同的角色,这两个不同的角色具有不同的特性和不同的行动逻辑"④。将组织层面的"一体两性",投射到组织成员身上,便是"一身两角":"广义政府人格化的主体绝大多数兼具中国共产党党员的政治性身份和国家公务员的职业性身份,这是广义政府全体成员的基本特征。广义政府成员扮演不同角色、拥有不同身份时,表现出不同的行为逻辑。"⑤

(3)政府的双重角色。一旦将政党带进来,宪法意义上的人民政府便具有了新的角色,即当代中国的各级政府不仅是宪法框架下的国家行政机关,事实上也是中国共产党的执行机关,扮演国家行政机关与党委执行机关两种角色。

(4)央地关系的党政二元属性。依据同样的逻辑,不难发现,中国的央地关系具有两个系统:政党维度的央地关系与国家/政府维度的央地

---

① 参见[英]卡尔·波兰尼《巨变:当代政治与经济的起源》,黄树民译,社会科学文献出版社2013年版,第238页。
② 参见本书第57页。
③ 参见本书第57页。
④ 参见本书第113页。
⑤ 参见本书第114—115页。

关系，它们相互交织，但又不完全等同。

（5）广义政府的双重治理逻辑。在作者看来，"广义政府的双重属性又会导致双重治理逻辑，即政党治理逻辑与政府治理逻辑"①。具体一点说，"行政意义上的广义政府最重要的内在特征是兼具政党属性和政府属性，两种属性贯穿广义政府，塑造其行动模式，致使其运行过程受政党和政府双重逻辑驱动。党政双重属性及其各自的逻辑不同程度上影响着国家各类公共事务的治理过程及治理结果"②。

（6）两种治理逻辑的协调。既然存在两种治理逻辑，就产生了一个如何协调的问题："双重属性是平衡党政关系、央地关系的重要机制，但两者又始终具有系统性张力，存在各种矛盾冲突。"③ 此言甚是。新中国成立以来，在党政关系的处置上经历了多次反复。

……

上述一系列的命题/判断或问题可以从广义政府的概念中逻辑推演而来，一如剥笋，层层展现，具有内在的逻辑性。在此，用"广义政府论"来概括上述内容想必是可以的。从理论上说，重新认识公权力主体最重要的一环是带入政党。了解和分析中国政治，脱离了政党，犹如航行于大海之船失去了风帆和舵手，而一旦将政党带进来，就不可避免地对现有知识体系造成巨大冲击。事实上，"广义政府"更换了中国社会科学知识体系大厦的基石，对政治学和法学的知识传统提出了结构性挑战。作为理论创新的一个组成部分，国权教授及其研究团队必须做好面临各方"诘问"的学术和心理准备。

需要指出的是，当下我们以逻辑方式加以呈现的东西，其生产过程未必是逻辑的——它们是国权教授及其研究团队殚精竭虑的结果，我们

---

① 参见本书第119页。
② 参见本书第138页。
③ 参见本书第154页。

完全可以想象在书稿写作过程中，国权教授所经历的磨难与快乐（"痛并快乐着"）。

二　功能性分权理论的自我调适

早在七年前，国权教授提出决策权、执行权和监督权的三分逻辑，我用"新三权论"概括这一创见。回过头来看，国权教授早就在从事自主知识生产/理论创新的活动了。新书稿的一个变化是，国权教授在方法论层面具有了明确的反思意识和自觉体悟，这些变化集中体现在第一章的相关讨论之中。

如前所述，中国社会科学的基本概念、理论范式、学科门类、知识体系等都是从西方引进的。通过开闸出海、积极吸纳西方先进的社会科学成果，中国学界一下子提高了自身的"水位"，不过，最初阶段既没有时间也没有能力辨析哪些是适合中国的、哪些是不适合的。在学习和借鉴的过程中，确实存在"眉毛胡子一把抓"的现象。这一点是可以理解的，也是"拿来主义"必须付出的代价。只有在不断的实践过程中，才会慢慢发现和正视不断出现的问题。

一旦问题出现——中国实践与西方理论出现了矛盾，怎么办？这个问题不易回答，因为与自然科学不同，社会科学理论同时包含着价值和经验（科学分析）。当西方理论和中国现实不吻合时，逻辑上有两种观点：一种观点认为，西方理论是"普世"真理，如果理论与经验不相吻合，那么致力于改造/改变中国就行了；另一种观点相反，认为中国的许多本土性特点很难改变，或不应改变；在理论与经验不相吻合时，需要改变/改造的是理论。前者是改造国情论，后者是国情出理论；或者改造本土国情，或者改造外来理论，两者之间的张力是不可避免的。在很大程度上，我们今天仍然面临这个时常翻新的"老"问题。

在处理这个问题时，国权教授的回答很有智慧：一方面，他主张尊重中国国情，如果理论与实践不相吻合，就应当改变理论（从事理论创新）；另一方面，他又反对中国特殊论，强调人类文明建构的普遍性。这样说比较抽象，我想以国权教授的"功能性分权理论"作为一个案例来说明，在我看来，这是一个很有趣也很有启发意义的理论探索实验。

　　在讨论权力制约问题时，国权教授首先设置了一个可比较的基点——人类现代文明，凡属于人类现代文明的国度，肯定有共通之处。接着，国权教授设置了关键性概念——分权。分权是现代社会的普遍现象（共同之处），不但在政治、经济生活中离不开分权，在社会生活中也是如此。通过分权取得制约效果，在西方采取了"三权分立"的方式。国权教授认为，这种方式不适合中国国情。需要注意，在否定"三权分立"时，国权教授并没有否定分权原则，换言之，"三权分立"只是分权的一种特定形式，而不是唯一形式。在概念策略上，这是一种分离之术（decouple），也就是将原先认为是密不可分的要素分解开来，一如社会主义与计划经济的分离（这是发生在中国的改革开放的故事），或选举与民主的分离（这是"第三波民主化"研究的最大发现之一，由此有了"选举威权"的全新组合），等等。概念要素的分离带来了新的缝隙或可拓展空间，由此依逻辑线索向前溯源，也就是沿着萨托利所谓的"抽象阶梯"（ladder of abstraction）向上攀登（越是往前推理，抽象程度越高，共性也就越显著），最终国权教授在分权的背后找到了分工，找到了一条从分工角度去理解/解释分权，进而实现权力制约的理论进路，这便是"功能性分权理论"的由来。这个理论的突破点，在于找到一个可以与西方理论对话的共同问题，既然权力腐败是世界各国面临的共同问题，是现代社会必须解决的问题，那么中西方处理权力问题的逻辑起点肯定是一样的，在控权原则这个一级领域差别不会很大。两者的差别集中在二级领域，亦即具体的制约方式。相同的原则经过具体的制度设置，一分为二或一分为多，在逻辑上就变成子类型或亚类型。据此，国权教授认为，中国完全可以发展出和西方不同的分权理论。简言之，和西方解决共同的问题,但有不同的制度/机制和思路。

需要指出的是,当年探讨"新三权论",还是基于原有的"国家""政府"概念。如今国权教授在理论创新的道路上又向前迈进了一步,将政党带进分析视野,提出了"广义政府"的概念。众所周知,概念是理论脉络中的节点,也是构造理论大厦的基本单元,任何概念创新都会带来相应的连锁反应,如果是基本概念,则其波动的范围更为广泛。因此,对国家公权力主体的重新认识,为国权教授原先建构的功能性分权理论带来了一系列新的挑战,其中以下两个问题最为关键。

第一,广义政府论与功能性分权理论是什么关系?

从时间上看,功能性分权理论的提出在广义政府论之前,换言之,就起源而言,两者之间没有必然联系。问题在于,广义政府论一旦提出,两者之间如何整合便成为一个必须处置的议题。在这方面,国权教授运思颇多,其中三点值得一提。

其一,提升功能性分权理论的层次,扩大包容度。"将功能性分权作为一种分析框架和国家理论引入政治学/公共管理学知识体系,对广义政府进行理论实描。"[①] 在我看来,国权教授试图把功能性分权理论提升到国家权力结构的高度,他认为,当代中国国家治理体系中权力结构的制度安排具有以下两大显著特征:"一是政党形态国家与宪法形态国家组成的复合国家整体性结构。……二是决策权、执行权、监督权既相互协调又相互制约的功能性分权结构。"[②] 此处,国权教授将功能性分权结构与复合国家整体性结构加以并列,足见其对功能性分权理论的重视程度。在他看来,"当下中国,绝对集中的权力已不复存在,无论是横向上的各类党政机关,还是纵向上的中央与地方,其实都存在着'分工—分权'逻辑和'集权—分权'逻辑,以决策权、执行权、监督权功能性分权理

---

① 参见本书第 168 页。
② 参见本书第 14 页。

论透视，能够重新认识中国公权力体系的权力结构"①。

其二，在提升功能性分权理论高度的同时，保持其作为权力制约/监督的原初关注。"以功能性分权理论来考察中国控权形式，是由于当代中国的政治权力是集中统一的，而在具体的公共治理活动中却存在着分权或放权机制，形塑着各种权力间的关系。"② 更为重要的是，权力制约/监督的讨论将在一个全新的平台上进行："我们找到分权的底层逻辑——政治分工，并以此为逻辑起点，构建决策权、执行权与监督权相互制约的功能性分权理论。作为一种国家理论，功能性分权从决策、执行和监督三个方面审视和分析中国公权力体系，将中国国家的组织结构及其承担的公共管理活动囊括其中。作为一个分析框架，功能性分权从横向和纵向两个向度，全面立体地展现决策、执行和监督三大权力系统的内在关系。"③

其三，对功能性分权理论进行重新界定。"功能性分权并非将决策权、执行权、监督权赋予某一特定主体，而是以公共事务的完成为目标、从管理活动环节出发的分权，单一权力主体在不同的权力运行环节可能分属决策主体、执行主体、监督主体的不同角色。质言之，功能性分权带有抽象性，强调任何一项具体公共事务都存在决策、执行、监督三个环节，不依赖具体、特定的组织相互间专门制约。"④

经由这番调整，国权教授将广义政府论与功能性分权理论整合在一起。至此，功能性分权已不只是一种权力制约/监督的理论，还是一种国家理论以及研究的分析框架。

第二，功能性分权理论与集权体制是什么关系？

新书的另一个重大变化是重新设置研究议题，将集权体制与功能性

---

① 参见本书第 15 页。
② 参见本书第 209—210 页。
③ 参见本书第 155 页。
④ 参见本书第 181 页。

分权理论结合起来。一如作者所言："广义政府与功能性分权理论试图在比较政治学的知识谱系内，重新设置研究议题，探索构建集权结构下新的权力制约理论，从中国特色社会主义国家的政治生活中概括、总结、提炼、演绎出一套逻辑自洽的政治学/公共管理学知识框架。"①"本书对中国公权力体系的基本解释是政治集权结构下的功能性分权。政治集权是功能性分权的基本前提，组织分权是功能性分权的主要表现形式。"②"广义政府与功能性分权理论的目标愿景，恰恰是在现代集权体制框架内构建可以平衡权力运行效率和控制廉政风险的一种国家权力监督制约体系。"③

这一结合带来了新的挑战，即权力的集中统合与政府追求廉洁价值的纠葛使中国的权力监督成为一项难题。记得当年书稿中引用了习近平总书记关于党的自我监督是世界性难题，是国家治理的"哥德巴赫猜想"的比喻。两者讲的其实是一回事，只是角度不同。

经由两个结合——广义政府论与功能性分权理论的结合、功能性分权理论与集权体制的结合，书稿以一种全新的面貌呈现在读者面前，我们有充分的理由将其视为功能性分权理论的升级版。

三　进一步研究的期待

《广义政府与功能性分权理论》是国权教授及其团队完成的第四个国家社科基金重大课题的结项报告。之前三个重大课题的结项报告分别以《权力制约监督论》《权力法治与廉政治理》《功能性分权：中国的探索》之名出版，国权教授称之为功能性分权理论研究的"三部曲"。从书名的

---

① 参见本书第12页。
② 参见本书第15—16页。
③ 参见本书第27页。

演化中，我们可以管窥国权教授研究思路的渐次演进。大致而言，可以从两个基本维度来理解。

第一个维度是研究立场和方法。国权教授一直强调自己的研究是基于中国经验的客观描述和学理分析，在此基础上，力所能及地为国家治理现代化尽一份心。这种治学态度对其理论研究的影响是显而易见的。有"屁股决定脑袋"的说法，在学界，这个"屁股"就是如何治学，亦即研究立场和方法。如上所述，本书的一个特色是对研究方法的自觉——作者第一次系统地表达了治学方法论（第一章），虽然还存在某种程度的张力，但值得为其点赞。学术研究有其内在逻辑，作者能够选择的是出发点，选择一旦完成，接下来的过程便具有自在的性质，跟着学术感觉走就是了。

第二个维度是实质性理论建构的变化。最初基于"双高"现象和"法治悖论"的经验研究，作者提出了功能性分权理论，突破了权力制约研究中普遍流行的"三权分立"的权力制衡思路，主张根据国情探索分权制约的中国方案。如今的广义政府论摆脱了传统的"行政路径"和"国家路径"，基于中国国情来认识公权力体系，实现了对西方政治学理论的第二次超越——突破了西方政治学/公共管理学的国家观/政府观。在此基础上，作者致力于将功能性分权理论发展为一种国家理论，完成了功能性分权理论的迭代更新。在某种意义上，本书的完成和出版意味着国权教授的研究进入了一个新的发展阶段。

发生在国权教授身上的变化，从一个侧面反映了21世纪以来中国社会科学研究的时代转型。对于20世纪80年代初期恢复的政治学来说，这种转型可以表述为：从拷贝移植式的借鉴学习转向借鉴学习与自主知识生产。党的二十大报告提出的"中国式现代化"，对于政治学研究具有双重指向：一方面，指向承载着历史的现实，我们必须直面生活中的中国政治/公共管理，立足于中国经验来做学问，从事相关的知识生产；另一方面，指向现代化的未来，作为一种专业的知识活动，中国政治学/公共管理学的时代使命是推进国家治理体系和治理能力现代化。在我看来，国权教授关于功能性分权理论的研究很好地兼顾了这两个方面。

当然，概念创制和理论创新是一项具有挑战性的工作，也是一项长期的学术工程，需要经受实践与理论的双重对话，不断丰富、完善乃至重构。就目前的情形而论，除了某些细节和局部有待推敲/商榷之外，国权教授似有必要回应两个大的问题。第一个问题与实践有关，可以表述为：在集权体制的框架内，功能性分权究竟能否实现权力制约/监督的目标？这是大家普遍关心的话题。第二个问题与理论有关，涉及功能性分权理论的性质与边界。在目前的叙述中，功能性分权理论既是经验的，又是规范的；既是现实的，又是理想的（目标）；既是权力制约理论，也是国家理论；既是实质性理论，也是一种分析框架。是否有必要作出一些限制？期待在今后的研究中——如若可能，可以申请第五个国家社科基金重大项目，再次看到功能性分权理论的"蝶变"。

利用这个机会，谈一下我对广义政府与功能性分权理论演化方向的一点看法。从目前的处境来看，国权教授及其团队今后的研究方向有两个策略。

第一个策略是上进策略，即打破学科边界，从公共管理学进入政治学领域。在学科交叉/交叉学科的背景下，不强调学科边界，而强调问题意识。与广义政府相关的，有三个理论阵地可以寻找突破点。首先是民主理论。作为一种制度/机制来看，广义政府与功能性分权理论关注权力监督问题。权力监督研究的重要支撑是权力来源的问题，因此，在逻辑上可以判定广义政府的研究必然涉及民主理论。但在理论上如何说明广义政府与民主理论的关联？广义政府将政党（部分）包含了进来，又引出一个更为复杂的问题：作为体现人民主权原则的代议制政府与作为"三个代表"承诺的政党在法理上如何安置？党的领导、人民当家作主与依法治国三者如何统一？在解决这个世纪难题时，广义政府论有什么新的理论洞见和制度方案？其次是政体理论。政体理论在政治学中拥有悠久的传统,从古希腊的政体分类学说开始,到近代孟德斯鸠等人的发展,再到"二战"之后比较政治学的政体分类(包括民主与威权二分法),形成了相对封闭的分类模式和价值固见。广义政府论是否有可能成为一种新的政体类型?是否能够突破现有政体分类学说中包含的系统性偏见?最后是国家理论。广义政府论引发研究者对国家形态历史演变的思考。国家形态类型是多样的——从近代民族国家到现代民主国家,可根据不同的标准区分出不同的类型。当代中国究竟是一个什么样的国家?究竟是否是一个"民族国家"?广义政府论如何看待中国数千年的大一统历史?周光辉和彭斌教授提出"新型现代国家"[1],广义政府论是否具有足够的概念包容度来与之对话?民主理论、政体理论和国家理论依次递进,广义政府论可以根据自身的需要进行选择性对话和创新性思考。

第二个策略是"点到为止",将广义政府的讨论作为一次必要的突击行动,然后将其作为前提加以固定,回过头来继续深耕权力制约监督这个"自留地",并以此为基础继续开发尚未被开垦的"处女地"。这就要求研究团队夯实基础,把"界桩、界碑"打好,致力于内部发力,不断完善功能性分权理论。

无论选择何种策略,国权教授及其团队都面临重大的理论挑战。第一,国权教授及其团队已经进入一片如同沙漠或草原般广阔的理论空间。研究者已经不再是既有理论问题的"答题人",而是要自己把控方向、设置研究议程、提出研究问题。相关研究要不要做、如何做,涉及研究者的知识结构和研究方向转型等问题,需要认真思考,自觉把控。第二,从功能性分权理论到广义政府论是一个很大的转变,所思考的问题已超越公共管理的范畴而涉及政治学等基础性学科。就逻辑而言,"广义政府"不只是一个概念创新,它本质上更是一种理论创新,其理论层次远

---

[1] 周光辉、彭斌:《其命维新:中国构建新型现代国家的道路与经验》,吉林大学出版社 2023 年版。

远高于"功能性分权"。作者力图将二者结合起来（这也是课题结项的内在要求），任务非常艰巨。按目前的情形来看，这方面的理论工作——无论是广义政府论本身，还是其与功能性分权理论的结合，都还有很长的研究历程要走。

行文至此，想表达对国权教授及其研究团队的敬意，权且作为这篇读书心得的结语：在如今这个"产品过剩"的年代里，对知识的追求反而成为真正的稀缺之品，在这种情形下，读到国权教授的书稿是一件令人欣慰之事；从书稿中我们能感受到某种闪光的东西，有了它，学术探索的星星之火，或许可以燎原。

景跃进

2024 年秋

于清华双清苑

目　　录

第一章　基于当代中国实践的政府自主理论 ………………………… 1
　第一节　理论的普遍性与特殊性 ………………………………………… 3
　第二节　理论分析的"结构—过程"视角 ……………………………… 13
　第三节　研究的比较方法和实践观察 …………………………………… 19
　第四节　自主理论的内生价值 …………………………………………… 26
　第五节　面向中国实践的学术概念、分析框架与
　　　　　自主知识体系 …………………………………………………… 32

第二章　广义政府：当代中国公权力体系 …………………………… 38
　第一节　广义政府：对党和国家的一种理解 …………………………… 39
　第二节　"国家—社会"视野下的中国共产党 ………………………… 48
　第三节　广义政府整体性的"结构—过程"分析 ……………………… 71

第三章　国家意义的广义政府 ………………………………………… 82
　第一节　复合国家：政党形态国家与宪法形态国家的
　　　　　有机整体 ………………………………………………………… 83

第二节　体制环境维度的中美国家机构比较 ·················· 90
　　第三节　权力配置结构维度的中美国家机构比较 ·············· 95
　　第四节　权力运行过程维度的中美国家机构比较 ············· 100

第四章　行政意义的广义政府 ····································· 108
　　第一节　广义政府的双重属性：政党属性与政府属性 ········ 109
　　第二节　人民政府的双重角色：行政机关与执行机关 ········ 122
　　第三节　党政二元视角下地方广义政府的双重属性 ·········· 133
　　第四节　广义政府双重属性的内在矛盾与兼顾 ··············· 138

第五章　作为国家理论的功能性分权 ······························ 155
　　第一节　分权与现代政治文明 ······························ 156
　　第二节　分权的底层逻辑：从专业分工到功能性分权 ········ 167
　　第三节　功能性分权的基本特征与运行机理 ················· 179
　　第四节　功能性分权的向度：广义政府的横向分工与
　　　　　　纵向分工 ··· 185

第六章　作为控权理论的功能性分权 ······························ 198
　　第一节　广义政府的廉政风险及其系统性成因 ··············· 199
　　第二节　权力制约监督与自我革命 ·························· 208
　　第三节　党的自我监督：形成逻辑、实践形态及其挑战 ······ 218

第七章　广义政府监督机关的双重属性与角色定位 ················· 235
　　第一节　广义政府监督机关及其双重属性 ··················· 236
　　第二节　广义政府监督机关的双重角色 ····················· 243
　　第三节　广义政府监督机关的纵向监督控权机制 ············ 250

第四节　破解广义政府监督机关的属性错乱与结构悖论 ……… 256

第八章　广义政府监督体系的运行机制与制度完善 ………… 263
   第一节　广义政府监督体系的逻辑遵循与运行机制 ………… 263
   第二节　广义政府监督体系的基本模式及其适应性 ………… 272
   第三节　广义政府监督体系的优化与完善 ………………… 278

附　录　广义政府与功能性分权理论的探索历程
   　　　　——陈国权教授访谈 ………………………………… 283

参考文献 ……………………………………………………… 295

后　记 ………………………………………………………… 303

第一章
基于当代中国实践的政府自主理论

社会科学起源于18世纪后期的欧洲，是人类社会迈入现代化背景下知识学科化和专门化的产物。中国属于后发型现代性国家，其社会科学知识体系呈现起步较晚、发展曲折、大量移植于西方的特点。新中国成立后，本土社会科学研究虽然获得长期发展的和平稳定环境，但也在某些历史时期一度受阻，乃至停滞。1979年3月，邓小平同志在一次党的理论务虚会上强调思想理论工作的重要性，指出"政治学、法学、社会学以及世界政治的研究，我们过去多年忽视了，现在也需要赶快补课"[1]，中国政治学和公共管理学便起步于向西方"补课"，伴随追踪—回应西方相关理论而发展壮大。此间经历了一个漫长的本土化知识创新过程：从引进和阐释西方学术思想与理论范式，到跟踪和译介西方理论前沿，再到运用西方主流社会科学理论解释中国的政治实践，及至立足"中国经验"以丰富与发展国外政治学/公共管理学理论。步入21世纪，科技快速进步、观念迭代更新，人类社会发生翻

---

[1] 《邓小平文选》（第二卷），人民出版社1994年版，第180—181页。

天覆地的变化，社会科学知识体系的时代叙事场景不断丰富。在此大潮流下，国内政治变迁、经济发展以及工业化和城市化的迅速推进不断重塑社会，中国社会结构悄然转型。中国政治体制机制变革及其在经济、社会等领域取得的成就，大多与中国政治和政府管理的本土实践息息相关，这必然会引发学者们的反思——移植于西方世界的社会科学元概念、元议题、学术理论、分析范式、学术体系在中国政治实践场域已经面临理论与实践相悖的困境。

近年来，国家最高领导人在不同场合多次作出"加快构建中国特色哲学社会科学"，"构建中国特色哲学社会科学学科体系、学术体系、话语体系"，"加快构建中国特色哲学社会科学，归根结底是建构中国自主的知识体系"等论述。[①] 实际上，现实的行动往往先于政策的觉知和政治的倡导。当中国的政治学人/公共管理学人越来越认识到西方的政治概念和分析范式对中国特定的政治/公共管理现象不具备完全的解释力时，对于创新中国政治和政府管理的学科体系、学术体系与话语体系的动力显得尤为强烈，并因之形成构建中国哲学社会科学自主知识体系的学术自主、文化自觉和致用自醒。将西方的政治学/公共管理学知识体系与中国实践相结合，实现中国政治学/公共管理学的本土化发展是摆在中国学人面前的时代命题。为回应这一时代命题，本书基于当代中国政府实践，循序构建出广义政府与功能性分权理论，试图以此在中国政治学/公共管理学自主知识体系大厦筑建中贡献一份力量。本章作为导论，主要从研究关怀、研究视角、研究方法、研究目标、研究进路五个方面，就广义政府与功能性分权理论相关议题加以阐述。

[①] 习近平：《在哲学社会科学工作座谈会上的讲话》，《人民日报》2016 年 5 月 19 日第 2 版；《习近平致中国社会科学院建院 40 周年的贺信》，《人民日报》2017 年 5 月 18 日第 1 版；《习近平在中国人民大学考察时强调　坚持党的领导传承红色基因扎根中国大地　走出一条建设中国特色世界一流大学新路》，《人民日报》2022 年 4 月 26 日第 1 版。

第一节　理论的普遍性与特殊性

　　普遍性与特殊性这组重要的哲学概念，是构建中国自主知识体系难以绕过的话题。较之自然科学，社会科学生产的知识往往受到更多主客观条件约束。自然科学对自然界的物质形态、结构、性质和运动规律的认识具有地域统一性，无需冠名"中国的物理学""西方的自然科学"以示国别差异；社会科学研究深受区域划分、文化差异、制度选择等因素影响，并经由不同背景的多个甚至几代学者的解释和传播，其结论绝难放之四海而皆准。普遍性与特殊性的对立统一关系在社会科学研究中表现得十分明显。一方面，近现代社会科学知识大部分奠基于西方社会现代化的历史经验，起源本就具有特殊性，以中国为代表的后发国家的政治/政府管理实践亦具有本土化的特殊性，中西知识对接难免受时空限制。另一方面，不同国家的经验和知识也承载着人类社会现代化的一般要素，在特殊性中无不体现普遍性。[①] 正因如此，本书将广义政府与功能性分权理论作为解释当代中国政府与政治客观实践的一种理论框架，自觉地观照社会科学理论的普遍性与特殊性，既遵循一般性（普遍性）政治学/公共管理学原理，又进一步思考中国本土化（特殊性）的政治学/公共管理学知识体系创新。要言之，遵循基本政治学公理，挖掘中国政治学研究的特殊性，构成广义政府与功能性分权理论的研究关怀。

[①] 景跃进：《中国政治学的方法论反思——问题意识与本土关怀》，《浙江社会科学》2017年第7期。

一 广义政府与功能性分权理论遵循的普遍性原理

"千百年来，思想家和政治学家通过对政治现象和政治行为的研究，发现了许多重要的政治发展规律，总结了大量政治生活的公理，积累了丰富的政治科学知识，对人类不断改进政治制度，从而推动社会的进步，作出了巨大的贡献。"① 俞可平深刻地指出，政治学公理适用于古今中外的政治实践场域，因以构成人类政治生活更高阶的价值理念和运行规律。"文明新旧两相依，心理东西本相同"，中国和西方国家从传统走向现代都经历了艰苦历程，它们现代化的过程和结果各具特点，没有固定模式，但总结历史经验，深刻认识现代化的挑战，对比借鉴世界不同文明发展的成就却大有裨益。② 人类在文明进步过程中总结出的普遍性公理和共同性经验，对政治学/公共管理学研究亦有启发性意义。从广义政府与功能性分权理论的研究内容来看，其理论构建主要遵循以下三大基础性原理。

原理一，公权力意义上的国家最显著的特征是其掌握至高权力并且合法垄断暴力机器。国家理论是政治学领域的基础性研究，始终占据"皇冠"位置：从古希腊、古罗马等古典时代的哲学家到近代启蒙运动思想家再到现代社会的政治学家，众多学者结合所处时代接连构建国家概念，从不同角度思考国家理论问题。近代以来，关于国家理论的学说也因时代进步不断发展演变，在此列举几个关于国家基础性特征的研究加以佐证。马克斯·韦伯用国家的独特手段——物理暴力来界定现代国家，强调"以暴力维持对一定领土及其居民的有序支配"的国家职能，指出

---

① 俞可平：《政治学的公理》，《江苏社会科学》2003 年第 5 期。
② 蓝志勇：《中西方现代化历程的比较与思考》，《理论与现代化》2022 年第 5 期。

"现代国家是制度化的支配组织,它成功独占了疆域内的支配手段,垄断了正当暴力"。① 马克思主义经典作家将国家视为阶级矛盾不可调和的产物、统治阶级实行阶级统治的工具,强调国家是斗争武器、暴力机器,认为其功能在于维护私有财产、不平等的阶级关系和经济关系、特定的生产方式等。② 吉登斯虽然关切民族国家,仍重点指出国家是在具有清晰边界的领土范围内维持行政垄断的一系列治理的制度形式,它的统治通过法律和对内外暴力工具的直接垄断而得以维持。③ 斯金纳对国家词源概念进行考察,他认为,国家概念在 16 世纪末之前基本成型,随着绝对主义君主制的建立而形成,指为进行统治而建立的各种制度与机构,暗含着国家统治系统的意思。④ 尽管国家概念在流变中激发学者们百家争鸣,但国家具有权力至高性和对合法暴力的垄断特征已成为基本共识。这一政治学公理当然成为广义政府与功能性分权理论的根本遵循,从权力至高性和对合法暴力的垄断的最显著的特征出发,基于当代中国政治实践中普遍存在的"中国共产党领导是中国特色社会主义最本质的特征""党是最高政治领导力量"的客观事实,深入思考当代中国真实的国家以及真实的政府机构。

原理二,分工是一切社会活动达到预定目标的基本途径,基于分工原理的分权学说和实践是现代政治文明的基础。人类社会演化始终与分工相伴,自原始社会起家庭便有采集、渔猎的分工,农业社会形成男耕女织的分工结构,至资本主义工业社会到来,专业化分工更已成为各个

---

① [德] 马克斯·韦伯:《学术与政治:韦伯作品集Ⅰ》,钱永祥等译,广西师范大学出版社 2004 年版,第 204—205 页。
② 《列宁选集》(第三卷),人民出版社 2012 年版,第 112—122 页。
③ [英] 安东尼·吉登斯:《历史唯物主义的当代批判:权力、财产与国家》,郭忠华译,上海译文出版社 2010 年版,第 196 页。
④ [英] 昆廷·斯金纳:《近代政治思想的基础(上卷:文艺复兴)》,奚瑞森、亚方译,商务印书馆 2002 年版,第 3 页。

领域生产力进步、工作效率提高的重要标志之一。在现代社会复杂性治理条件下，分工是组织有效实现目标的必要方式，可视为人类社会进化发展的一种基本规律，这一规律适用于各种经济组织、社会组织和政治组织。分工不仅专指生产领域的劳动分工或社会领域的职业分工，而且包括政治生活和公共管理领域的政治分工。政治分工意指为满足政治活动和公共管理需要而进行的权力之功能性分化。与经济分工和社会分工相似，政治分工是政治体系理性化的产物，这样的分工安排既能够提高效率，又可以增强政治主体间的联结。但与经济分工和社会分工不同的是，政治分工内含着权力属性，本质在于权力的分配。在西方文明源头的古希腊城邦，亚里士多德最早从政治实体角度论及政治分工思想，认为一切政体都包含三个基本要素：议事机能、行政机能和审判机能。[1]后世学者如洛克提出立法权、执行权与对外权的分立，孟德斯鸠提出立法权、行政权与司法权的分立，乃至在此基础上发展出的西方现代国家所尊奉的权力分立制衡理论，都带有政治分工意蕴。可见，作为人类政治活动发展的产物，权力结构和权力运行没有脱离政治分工的基本逻辑，政治分工不失为国家政治制度建构的一种底层逻辑。进一步推知，基于分工原理的分权学说和实践是现代政治文明的基础，民主、自由、法治、清廉等政治价值与公共权力高度关联，要依靠分权制度来实现。[2] 当然，普遍的原理并不完全依赖唯一的形式，以西方"三权分立"为代表的政治分权只是一种具体形式。正是出于这种考量，广义政府与功能性分权理论试图在遵循普遍性的分工分权原理的基础上，对当代中国客观政治体制结构及政府管理实践进行理论抽象，挖掘中国政府与政治的独特形态以丰富普遍性的分权规律。

---

[1]　[古希腊] 亚里士多德：《政治学》，吴寿彭译，商务印书馆 2017 年版，第 218 页。
[2]　陈国权、原桂楠：《功能性分权：建构现代政治文明的中国探索》，《浙江社会科学》2023 年第 3 期。

原理三，政治腐败与公共权力运作密切相关。政治腐败是一种全球性的社会现象，权力则是政治活动的最基础单元，二者息息相关。流行于世的如阿克顿提出的告诫——"权力导致腐败，绝对权力导致绝对腐败"[①]，以及孟德斯鸠的名言——"所有拥有权力的人都倾向于滥用权力，而且不用到极限绝不罢休"[②]，某种程度上可视作对这一经久不息议题的回应，业已发展为当今世界民主政治国家普遍接受的"权力腐败论"。它昭示着一项最基本的政治学常识：任何一种权力，只要失去约束和控制，就会由"趋向腐败"变为"实在的腐败"。这一政治学原理亦贯穿于广义政府与功能性分权理论研究中。揭示腐败现象成因和完善权力制约监督议题是广义政府与功能性分权理论研究的落脚点。面对中国经济高速增长和政治高廉政风险的失衡现象（即"双高"现象），广义政府与功能性分权理论将之与"权力非法治化"联系起来，试图集中分析政治腐败问题与公共权力运作之间复杂的归因逻辑，强调权力结构和权力过程的非法治化弱化了制约与监督等控权方式。这是公共权力腐化的重要机理，也是腐败滋生和扩散的肇端。

以上三条政治学原理构成广义政府与功能性分权理论的研究基底，并据此与西方政治学主流理论体系展开对话。原理一强调国家概念，对应的是具有中国特色的公权力体系——"广义政府"，以中国本土国家构成对比西方民族—民主国家；原理二强调权力分工，对应的是功能性分权的制度安排与控权形态，以功能性分权理论对话西方分权制约学说；原理三强调政治腐败与公共权力之间的联系，对应的是从腐败问题和权力关系角度思考国家治理问题，以党的自我革命和自律机制对话西方社会监督实践。

---

① ［英］阿克顿：《自由与权力》，侯健、范亚峰译，商务印书馆2001年版，第342页。
② ［法］孟德斯鸠：《论法的精神》（上卷），许明龙译，商务印书馆2012年版，第185页。

二 广义政府与功能性分权理论对西方知识的自主化改造

将普遍性的知识进行本土化改造是社会科学研究的重要面向。20世纪末，新一轮全球化与信息化浪潮引领西方本位的欧美文明再次风靡，东西方文化交流更加深入。然而，在全面的学术交流与碰撞中，"西学东渐"往往容易引发外来知识与中国原生性知识的冲突，因而中国政治学及公共管理学相关理论和实践长期存在本土化和西方化的争论。自恢复重建以来，中国社会科学界不断大量移植西方知识体系，许多西方"时髦"理论与著作被译介引入国内。在丰富认知的同时，将西方理论硬套于中国实际的情况也屡见不鲜。究竟如何从西方文明中吸取养料，并使其符合中国的"体质"，在客观真实的学术对话中共同进步，实现"美美与共"，是当前学者热切探讨的命题。近年来，中国学术界对于盲目照搬"西学"甚至削足适履等做法的反思越来越强烈，逐步发展成为具有浓厚的"中国化"色彩的学术自觉。广义政府与功能性分权理论就是在这种背景下萌生、发展的，并作为构建中国政治学/公共管理学自主知识体系的一种探索而存在。总体上说，在自主性改造外来知识、进行本土化创新方面，广义政府与功能性分权理论试图作出以下三个层面的贡献。

第一，实现学术概念创新。概念在学术研究中具有基础性的作用，甚至有学者认为，人文社会科学是由概念、概念间的相互关系以及对其所形成的理论假设进行实证研究的过程建立起来的。[1] 因此，建构中国政治学/公共管理学自主知识体系离不开符合中国政府与政治客观实际的概念体系。目前来看，广义政府与功能性分权理论的学术概念创新主要表现为三个方面（见表1-1）。

---

[1] 汪吉庶：《理解中国政治的概念策略——以〈理解中国政治：关键词的方法〉为研究样本》，《经济社会体制比较》2013年第5期。

表 1-1　广义政府与功能性分权理论部分学术概念创新的分类

学术概念创新类别	概念名称
概念拉伸	国家性质党组织、社会性质党组织
概念改造	复合国家、广义政府
概念创造	裂变式扩散腐败、"第三区域"、"法治悖论"、功能性分权

一是概念拉伸。萨托利认为，概念拉伸指概念的外延覆盖面的扩展导致了内涵精确性的丧失。① 为了与其他概念相区分，任何政治概念都有若干核心要素。然而，由于语言翻译和情景应用等多重因素的影响，一个概念从一种语言体系进入另一种语言体系，其意义的转换过程必然伴随着跨文化场景和跨地域环境的"旅行"过程。当反映西方社会科学"情境—价值"的概念在"旅行"过程中，外延覆盖面有所扩展，内涵精确性逐步丧失，为了保持原有概念的精确性，往往需要进行学术概念拉伸，加特定的形容词或名词界定其特殊性，拓展其内涵。比如，"政党"作为西方概念的舶来品，本意更多的是作为"部分（复数意义）的政党"而存在的，是代表、表达、传递社会不同群体利益的方式和渠道，但其内涵在中国政治场域中早已发生了变化，中国共产党是中国政权建设的核心领导力量，领导国家建设，参与国家治理，推动国家发展。对此，广义政府与功能性分权理论抓住中国共产党在国家政治权力结构安排和运作过程中的实质特征，试图突破传统政党类型学的概念划分局限，认为中国共产党的组织不只是"党在国家中"和"党在社会中"两种状态，而是形成了从国家到社会的连续谱系，将原有的"政党"概念拉伸

---

① 这是萨托利在《美国政治科学评论》上发表的《比较政治学中的概念误构》一文中提出的概念。原文参见 Giovanni Sartori, "Concept Misformation in Comparative Politics", *American Political Science Review*, Vol. 64, No. 4, 1970, pp. 1033–1053.

为"国家性质党组织"和"社会性质党组织"的更具有情境性的学术概念。

二是概念改造。借鉴政治实践或政治理论已有的词汇，对其内涵与定义进行更加具体精细的界定、阐释。比如，基于国家权力至高性和暴力垄断性的特点，本书指出中国的国家具有复合性，是兼具党政形态和宪法形态的"复合国家"。再如，关于"广义政府"这一词，本书所述的广义政府指国家性质党组织和宪法所规定的国家机构的集合。而在传统政治学与行政学研究之中，基于政府范围的理解，也有狭义的政府（国家行政机关）与广义的政府（所有国家机关）的区分。本书则借鉴"广义政府"的概念，进一步将其界定为国家性质党组织与宪法意义的国家机构整合而成的公权力组织。

三是概念创造。概念创造是研究者基于事实观察和研究目的所需，对某些社会现象及其发展规律而创设的新的概念名词。作为基于当代中国政府实践的一种理论建构，广义政府与功能性分权理论在逐步深化的过程中也不断出现一些具有原创性的概念。比如，在物理学原子核"裂变"过程的启发下，形成了"裂变式扩散腐败"的概念，意指腐败在中国从个体到群体甚至到整个组织不断扩散的过程。[①] 再如，通过对以开发区、新城、新区、功能区为典型治理区域的观察，发现它们的治理形态显著区别于传统的城市治理和农村治理，我们将这类具有空间选择性、任务导向性、局部市场性特征的区域称为"第三区域"，进而探讨了"第三区域"治理所呈现的集权化逻辑。又如，地方政府在多重治理目标导向下，既是法治建设的推动者，又成为破坏法治的主体，我们将此现象称为"法治悖论"。为了合理控权、实现法治，我们认为要完善决策权、执行权和监督权相互制约、相互协调的权力体系，此即"功能性分

[①] 陈国权、毛益民：《腐败裂变式扩散：一种社会交换分析》，《浙江大学学报》（人文社会科学版）2013年第2期。

权"思想。

第二，实现学术观点创新。"学术观点是指对学术问题所持的看法、判断。学术观点创新指在前人学术研究基础上，针对客观实际情况，提出不同于现有观点的新意见和看法，包括原始学术观点创新（如提出颠覆性观点）、常态学术观点创新（在相对小的范围内，在他人观点基础上有所发展、有所完善）。"[①] 学术观点创新集中反映了学术研究的本质与精髓，也是推进哲学社会科学繁荣发展的核心所在，没有观点创新就无所谓学术研究。在学术观点创新上，广义政府与功能性分权理论主要紧扣几个关键性的逻辑命题展开叙述论证，提出独创性的见解：（1）中国的国家具有独特性，政党形态国家与宪法形态国家共同构成了中国特色的复合国家。复合国家的机构不仅包括宪法规定的各个机构，也包括国家性质党组织及其机构，即广义政府。广义政府既是当代中国的国家机构，又是当代中国公共管理的主体。（2）广义政府内部存在决策体系、执行体系和监督体系三大子系统，决策体系表现为"党委创议—人大审议"模式；执行体系的主体是人民政府，兼具国家行政机关和党委执行机关双重角色；监督体系主要由纪检监督系统组成，是党的纪律检查机关与国家监察机关的整合，同样具有"政党—国家"双重属性。（3）广义政府的经济基础是公有制，其价值诉求在于公共治理的效率，这使广义政府会遵循有为政府的行为逻辑，形成有别于私有制基础上的有限政府的治理逻辑。（4）广义政府的权力结构与运行机制的非法治化可能会导致当代中国政治经济发展失衡的"双高"现象和"法治悖论"。（5）权力分解是实现权力结构转型、遏制腐败的关键。虽然经济基础和历史文化等多重因素决定了当代中国广义政府不能简单套用西方立法、行政、司法三权分立的政治性分权体制，但仍需要在分工基础上重构分权制衡理

---

① 叶继元：《人文社会科学学术观点创新之对策》，《上海师范大学学报》（哲学社会科学版）2008年第5期。

论，建立决策权、执行权、监督权既相互制约又相互协调的功能性分权体制。这些源于中国政治/政府管理实践观察和理论逻辑推演的学术观点共同构成了广义政府与功能性分权理论脉络的论证链条。

第三，实现学术体系创新。学术体系通常是指由某一学科若干有关事物或某些意识相互联系的系统而构成的一个有特定功能的有机整体。[①] 学术体系创新必然要突破传统学术体系的路径依赖。长期以来，在自由主义的理论范式之中，集权体制与权力制约格格不入，两者是彼此对立的矛盾关系。诚如景跃进所言，如何将集权体制与权力制约结合起来，恰如20世纪90年代初期如何将市场经济与社会主义结合起来一样，从事这项研究可谓"开天辟地"。[②] 就此来说，广义政府与功能性分权理论试图在比较政治学的知识谱系内，重新设置研究议题，探索构建集权结构下的新的权力制约理论，从中国特色社会主义国家的政治生活中概括、总结、提炼、演绎出一套逻辑自洽的政治学/公共管理学知识框架。一方面，当作为一种集权结构下权力分工制约的分析框架时，广义政府与功能性分权意指复合形态国家内决策权、执行权、监督权的三分，从决策权责体系、执行权责体系和监督权责体系的结构及其互动关系可以理解复合国家组织。决策权、执行权和监督权在广义政府体制中的归属及三者间所形成的稳定关系，也就是说，广义政府的制度逻辑可归纳为功能性分权。另一方面，当作为一种理解和回答中国治理形态的理论视角时，广义政府与功能性分权是指对中国国家治理结构的生动描绘和解释的理论体系，其是一种保障权力效率的运作方式，可以根据特定政治活动过程调适权力结构和分工关系，基于决策、执行、监督管理过程划分，围绕特定的公共治理目标不断调整决策权、执行权和监督权之间的配置机

---

① 谢伏瞻：《加快构建中国特色哲学社会科学学科体系、学术体系、话语体系》，《中国社会科学》2019年第5期。
② 景跃进：《中国特色的权力制约之路——关于权力制约的两种研究策略之辨析》，《经济社会体制比较》2017年第4期。

制，这为发挥效率价值提供了权力灵活运用的空间，力图使国家在效率和廉洁两种价值中达成平衡。①

第二节 理论分析的"结构—过程"视角

任何一个实际运行中的政府，不仅是一种体制结构，也是一个因应环境变化的动态过程。② 从这个意义上说，"结构"和"过程"是分析政治现象的两种不同视角，传统理论建构由此形成了主张结构层面的"结构功能主义"、"结构—制度"范式和倡导动态过程的"过程—事件"范式的争论。然而，在实际的学术研究中，过于强调单一的结构分析范式无法深刻描述政治现象的丰富场景和行为细节，比如倘若研究者仅关注静态的党政结构关系而忽略实践中的党政运作过程，则无法窥见中国真实的政治运行机理；过于倡导碎片化的"事件—过程"分析，也容易过度依赖微观事件的细枝末节，陷入"只见树木、不见森林"的理论迷思之中。实质上，"结构"和"过程"并非彼此割裂的关系。正是基于此种认识，广义政府与功能性分权理论注重将"结构"和"过程"的双重研究视角结合起来，"兼顾静态社会结构与动态实践的分析范式，弥合理论建构中宏观结构与微观过程之间的裂隙"③。

权力作为政治制度结构和政治运行过程的交汇点，是政治组织运行的基本要素，如同细胞是人体器官的形成基础。奥尔森指出，"权力问题

---

① 陈国权、皇甫鑫：《功能性分权与中国特色国家治理体系》，《社会学研究》2021年第4期。

② 陈国权、卢志朋：《功能性分权理论探索三十年——陈国权教授访谈》，《学术月刊》2020年第11期。

③ 吴晓林：《结构依然有效：迈向政治社会研究的"结构—过程"分析范式》，《政治学研究》2017年第2期。

历来是政治学研究中的圣杯,但是人们至今也没有发现这圣杯"[①]。无论是罗素在《权力论》中对权力内涵和形式的阐述,还是韦伯对权力的三种合法性基础的论述,抑或是福柯从批判哲学角度对权力主体的研究,无不体现出权力研究在政治学领域中的重要地位和深厚根基。广义政府与功能性分权理论将公共权力作为研究单元和切口,将广义政府作为研究主体和对象,将功能性分权作为分析框架,通过分析广义政府权力结构和过程,解释当代中国国家治理和社会运行的内在逻辑。更进一步,组织功能的实现取决于权力结构与权力过程。广义政府与功能性分权理论从"结构—过程"的研究视角,聚焦国家治理体系中权力结构的制度安排、地方广义政府权力运行的政治过程。

一 国家治理体系中权力结构的制度安排

权力结构是国家政治制度安排和治理体系设计的核心所在。所谓权力结构,本质上是一种由不同权力主体相互联系而形成的相对稳定的、静态的关系模式。在广义政府与功能性分权理论看来,当代中国国家治理体系中权力结构的制度安排具有以下两大显著特征。

一是政党形态国家与宪法形态国家组成的复合国家整体性结构。中国政权意义上的国家权力体系是由国家机构与政党组织结合而成的,可视为宪法形态国家与政党形态国家组合而成的政权体系,是一种复合形式的国家。宪法形态国家由中国宪法所规定的国家主席、中央军事委员会、全国人民代表大会和地方各级人民代表大会、国务院及地方各级人民政府、人民法院和人民检察院、监察委员会等国家机关构成;政党形态国家则主要由行使公共权力、履行公共职责、承担公共

[①] [美] 曼瑟·奥尔森:《权力与繁荣》,苏长和、嵇飞译,世纪出版集团、上海人民出版社2014年版,第2页。

责任、参与公共治理的"国家性质党组织"构成，这是基于当代中国真实的国家政权体系而提出的描述性概念。当代中国政党形态国家和宪法形态国家构成的复合国家形态具有整体性的公权力结构关系，如大部分国家公务员都是共产党员，党通过委员会、领导小组及党组等形式管理国家机构，党政合署办公治理国家事务等。同时，复合国家形态呈现立体结构，在横向上体现为党政的统合状态，在纵向上呈现出央地层级差别（见图1-1）。

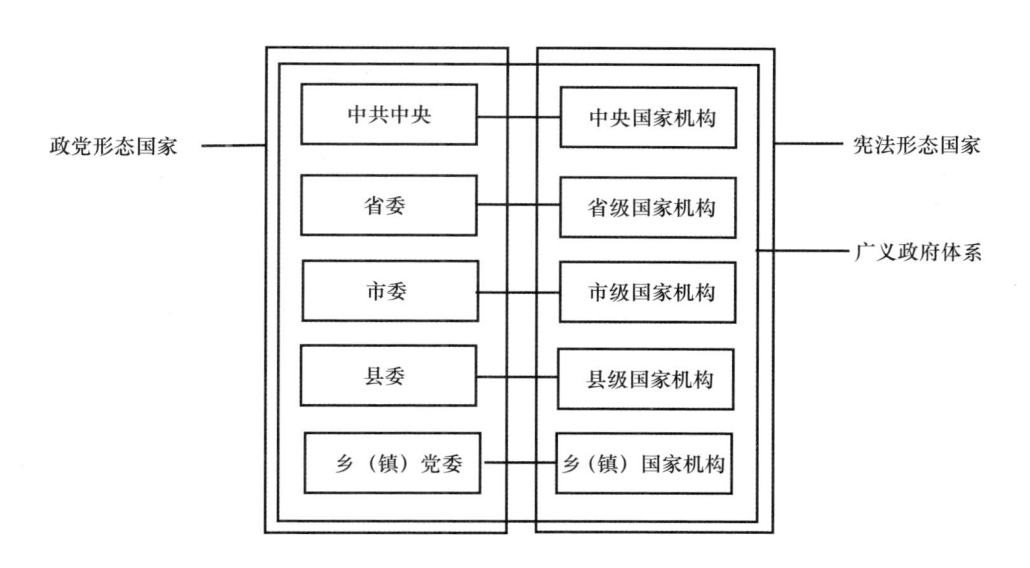

```
政党形态国家 ──┬── 中共中央 ──── 中央国家机构 ──┬── 宪法形态国家
               ├── 省委 ──────── 省级国家机构 ──┤
               ├── 市委 ──────── 市级国家机构 ──┼── 广义政府体系
               ├── 县委 ──────── 县级国家机构 ──┤
               └── 乡（镇）党委 ── 乡（镇）国家机构 ┘
```

图 1-1　复合国家形态

二是决策权、执行权、监督权既相互协调又相互制约的功能性分权结构。当下中国，绝对集中的权力已不复存在，无论是横向上的各类党政机关，还是纵向上的中央与地方，其实都存在着"分工—分权"逻辑和"集权—分权"逻辑，以决策权、执行权、监督权功能性分权理论透视，能够重新认识中国公权力体系的权力结构。本书对中国公权力体系的基本解释是政治集权结构下的功能性分权。政治集权是功能性分权的基本前提，组织分权是功能性分权的主要表现形式。政治集权主要体现为党中央的集中统一领导，所有党和国家机关都在党中央的集中统一领导下开展工作。这当然首先是一种政治传统，中国需要一个强有力的领导核心，这也是近代以来中国实现独立和富强的前提。而历史经验又表明，中央集权有效治理离不开权力的分工与协调，统一的"政权"需要分散而有效率的"治权"才能长期存续。功能性分权的中国实践便诞生于权力既要集中统一，又要有效行使这对看似矛盾的诉求。功能性分权并非以欧美国家那样权力分立的政权组织原则形式存在，而是组织性分权。所谓组织性分权，是指在中国共产党对政治权力的集中统一领导之下，组织内部基于分工协作而形成的分权，即依据现代管理的决策、执行、监督环节，经由事务分工、职能分定、责任分置确立的决策权、执行权、监督权的权力分立结构。这种分权结构强调权力分立的功能属性，而非权力分立的主体属性，同一权力主体可能承担多种功能，在不同的权力结构层面发挥着不同的功能，或决策或执行或监督。从横向上看，各个党政机关承担不同的分工，因分工而产生实际活动上的制约关系，比如在某一层级的党政系统中，党委负责决策、政府负责执行、纪检监察机构负责监督；从纵向上看，不同层级的党政机关在宏观的分工上亦有差别，一般来说，上级党委、上级政府的决策由下级党委、下级政府执行，同时上级借助纪检监督、巡视巡察等相关制度予以监督。由此可见，中国中央集权体制下为有效治理确实存在颇具分权意味的结构性安排。这种权力现象是功能性分权理论发轫的现实基础。

二　地方广义政府权力运行的政治过程

权力过程是观察国家制度运行与治理形态的另一重要切入点。所谓权力过程，是指权力主体为了实现权力目的而执行的一系列相互联系的行为和活动，这些行为和活动在时间上相互连接、在空间上环环相扣。

考虑到当代中国政府履职行为的层级差异和研究观察的可及性，广义政府与功能性分权理论倾向于将当代中国五级广义政府划分为高层广义政府（党中央、国务院与省委、省政府）、中层广义政府（市委、市政府与县委、县政府）、基层广义政府（乡镇党委、乡镇政府与街道党委、街道办事处[①]）三大类别，聚焦于中层政府的具象观察，直指未经衔接的中间地带，将行动和结构并置在一起，以观察、描述和解释市、县政府行为来嫁接抽象理论与实际经验，剖析地方广义政府权力运行的政治过程。基于地方广义政府权力运作的实践观察，可以发现其政治过程所呈现出的以下行为逻辑。

一是地方广义政府的"一体两性"致使其权力运作过程受政党逻辑和国家逻辑的双重逻辑驱动。由于广义政府由国家性质党组织与宪法意义上的国家机构整合而成，这样的权力结构决定了广义政府兼具中国共产党的政党属性与国家机关的国家属性，导致地方广义政府的权力运作存在着政党逻辑与国家逻辑两种不同的治理逻辑。[②] 就角色属性而言，国家性质党组织以党内法规为治理依据，更加注重意识形态的统一性，强调整体利益以及下级对上级的服从，下级组织的权力通常源于上级组织的授予；宪法意义上的国家机关以法律法规为治理依据，更加注重法律和制度的严明性，强调各层级国家机关的属地责任和自主性，下级组织的权力从法理上讲源于同级人大的授予。就治理逻辑而言，当政党逻辑主导权力运行过程时，更多地表现为自上而下的层级控制，更加注重政权是否稳定、权威是否彰显等政治性议题；当国家逻辑主导权力运行过程时，广义政府更多地表现为地方化的自主治理，更加关注如何高效

[①] 街道党委是基层党组织，街道办事处从法律意义上看是市辖区、不设区的人民政府经上级政府同意设立的派出机构，并非一级政府，但二者在实际意义上承担管理基层社会公共事务的职责，这里视为基层广义政府的组成部分。

[②] 陈国权、卢志朋：《广义政府：当代中国公共管理主体及其双重性》，《公共管理学报》2023年第1期。

地进行公共管理和提供公共服务、如何快速发展经济等专业化问题。政党逻辑与国家逻辑对广义政府的权力运行过程在不同情境下、不同时期会有变化。需要说明的是，国家性质党组织和宪法意义上的国家机关虽然具有不同的治理属性和治理逻辑，并不意味着二者一定是冲突和互斥的关系，而是能够借助其灵活性特征，根据广义政府治理需求合理调适以何种逻辑为主导。当治理目标侧重于维护政治秩序和社会稳定时，政党逻辑会更强势；当治理目标侧重于促进经济发展和公共服务时，国家逻辑则会加强。

二是地方广义政府多元任务约束下权力运行过程的"名实分离"。名实分离现象长期且普遍存在于地方广义政府权力运行过程中，这一现象可视为地方广义政府在处理多元任务困境时，通过对组织内外情境加以理性判断后所作出的一种行为选择策略，集中表现为名义上地方广义政府的行为符合明文程序规定，但实际上另有一套潜在的运行规则，潜在的权力过程部分甚至有时完全架空明文规定，且往往在手段或目的上具有不合法性。在当代中国现行的政治体制之中，地方政府在治理活动中普遍存在着政治、经济和法制多元治理任务，与之相应，主要形成了以巩固政权为导向的政治逻辑、以经济发展为导向的经济逻辑和以法律约束为导向的法制逻辑。通常情况下，以巩固政权为导向的政治逻辑居于三重治理逻辑的主导地位，经济逻辑与法制逻辑哪个更具有决定意义，则取决于政治逻辑下中央或上级政府的抉择，地方政府会根据中央的要求和地方的形势作出策略性选择。当发展经济成为主要任务，上升为政治问题时，经济逻辑就会优先于法制逻辑；当法治建设成为主要任务，上升为政治问题时，法制逻辑就会优先于经济逻辑。某些特定时期，为了充分调动发展经济的积极性，地方政府甚至倾向于"经济优先，兼顾法治"的策略。正式权力的非正式化运作现象大量存在于地方广义政府的权力过程，现有的法律法规难以对地方政府行为起到实质性约束，更多表现为一种法律软约束。在此情境下，地方政府公然违背正式的权力运行程序有可能遭到责任追究，而名实分离的行为则因其外在形式的合理性而被地方政府所青睐，往往借用合理性之名，掩盖其违法之实。相比于公然违法，这种名实分离的违法行为更具隐蔽性，很容易导致权力过程中的非正式规则凌驾于正式规则之上。[1] 令人颇为诟病的是，这种制度文本与实践行为之间的"名"与"实"张力，特别是在权力运行规范体系存在结构脆弱性的情况下，"名""实"之间的模糊状态通常会诱导一些地方政府权力的非法治化运作，引发一些地方政府名义上遵循中央政令、维护和推动法治建设，某种程度上却为了地方利益甚至私人利益而各行其是，成为阻碍和破坏法治建设的行为主体。

总的来说，权力是构成政治现象的基本要素，权力结构与权力过程是分析复杂活动的两个关键切入点。广义政府与功能性分权理论从"结构—过程"的研究视角对当代中国国家治理的制度安排和权力运行体制进行审视，侧重于分析中国特殊的权力结构和权力过程相互作用、相互影响塑造而成的公权力配置格局与动态关系，进而认识和理解中国独特的政治现象。

第三节 研究的比较方法和实践观察

研究方法是社会科学研究中观察事物、分析问题、提炼机制和总结规律的重要工具，从事政治学/公共管理学的研究者基于研究目标的达成以及数据资料的可获取性往往都会采用相应的研究方法。长期以来，理论的匮乏始终是中国问题研究的短板。尽管有一大批西方经典理论被广泛地译介到中国，不少学者也以西方理论为中国发展"开药方"。然而，

---

[1] 陈国权、陈洁琼：《名实分离：双重约束下的地方政府行为策略》，《政治学研究》2017年第4期。

一旦将引介的书本理论知识和制度文本设计投射于中国问题的场景，就会暴露出两大弱点：一是西方理论与中国事实的脱离之感。景跃进在反思简单复制和照搬西方社会科学理论范式而陷入"教条主义的泥坑"时就指出："当经验事实与所谓的理想标准不相符合的时候，在一些情况下，需要改变的不是经验事实，而是我们头脑中的观念和标准。"[①] 二是制度文本与政治实践之间的巨大落差。黄宗智曾指出，中国政治活动的一大特点，即存在法律"表达"与"实践"相背离的普遍现象，这也导致大部分的理论建构处于纸面上政治文本制度与实践中政治运行过程的失衡状态。[②] 正是看到了当代中国政府与政治的理论与现实、文本与实践之间巨大的"间隙"，广义政府与功能性分权理论更加观照现实，从本土化实践出发，在实践之问与理论失灵中获得方法自觉，注重比较政治学维度的逻辑推演，又兼顾实践政治学层面的机制提炼，另寻理论构建的出路。

一　比较政治学维度的逻辑推演

比较方法是社会科学研究的一种基本方法，比较能凸显事物的差异、彰显事物的特征，弥补单一主体分析的不足。房宁认为，政治学研究中的普通知识一般是对已经发生的政治现象的描述和解释，而政治学更大的价值在于对趋势的探讨和对未来的认知，即在一定程度上认识政治发展的规律。比较研究有助于政治科学发现和预见政治活动的发展演变趋势，有助于发现政治活动的规律。[③] 比较政治维度的理论推演，关键在于将不同时空状态、不同发展阶段、不同治理单元、不同类型的政治现

---

① 景跃进：《中国政治学的方法论反思——问题意识与本土关怀》，《浙江社会科学》2017年第7期。
② 黄宗智：《中国法律的实践历史研究》，《开放时代》2008年第4期。
③ 房宁：《谈谈当代中国政治学方法论问题》，《政治学研究》2016年第1期。

象纳入一个整合性的分析框架之中，进一步观察、比较、辨析、归纳和解释不同研究对象之间的异同性，从政治现象的相似性寻找政治理论的普遍规律，从政治现象的差异性挖掘政治运行的核心特性与影响因素。总的来看，广义政府与功能性分权理论大致可以归纳为两个层面的比较政治分析。

其一，政治主体及其制度结构之间的差异比较。从多个政治实体或从中选择对象进行观察和比较是比较政治研究最常见的方式。梁启超曾对此论述道："夫欲求人群进化之真相，必当合人类全体而比较之，通古今文野之界而观察之。"① 由此来说，比较政治学维度的理论推演不仅是一种对现实问题进行分析的方法，还是一种对理论或概念进行建构的方法，其中所包含的归纳逻辑可以对处于不同国家或文化背景的同类现象进行归纳，使解释和概念具有普遍性。诚如李路曲所言，"如果不在跨国家和跨文化的广度上进行比较分析和归纳，就无法发现更多的情境因素是否在归纳过程中起作用，不能确定某个假设是否在特定的情境中真实和适用"②。比较的方法被自觉运用于广义政府与功能性分权理论研究中。例如，为了更清楚地凸显中国"国家"的特性，本书选取中国和美国这两个当今全球最具影响力且政治制度迥异的政治实体，从制度基础、权力配置结构和权力运行过程等维度比较二者差异。借助比较，可以看到美国政党制、代议制和竞选制等政治制度贯穿分权制衡的立国原则，创立了西方意义上的现代国家范本；而中国则采用党政体制、精英代表制等政治形式，构建党政统合的大一统国家，二者诞生于特定的历史社会环境，并不能简单地评判优劣。进而，本书遵循社会—历史—文化研究进路，深入不同制度背后的经济发展史、社会演进史、文化传承史，来找寻答案。此外，本书同时兼顾中国国家内部政治制度、社会现象间

---

① 张品兴主编：《梁启超全集》（第一册），北京出版社1999年版，第741页。
② 李路曲：《比较政治分析的逻辑》，《政治学研究》2009年第4期。

的比较。比如，本书穿插比较了共时态的"第三区域"治理模式、权力结构安排与传统行政区党政管理体制结构的异同，来解释差异化政治现象和政治结构如何在不同政治场域之中发展变化和塑造呈现。

其二，政治运行机制及其行为逻辑的差异比较。黑格尔说："假如一个人能见出当下显而易见之异。比如能区别一支笔与一个骆驼，则我们不会说这个人有了不起的聪明。同样另一方面，一个人能比较两个近似的东西，如橡树与树，或寺院与教堂，而知其相似，我们也不能说他有很高的认识能力。我们所要求的，是要看出异中之同，或同中之异。"[①] 显然，如果仅止步于政治主体及其制度结构之间的静态差异比较，则无法探求政治实践概括图景且推寻其所以然。相较之下，广义政府与功能性分权理论研究也聚焦于剖析政治运行机制及其行为逻辑的差异。比如，针对已有文献关于制约与监督两个概念的外延和内涵缺少清晰的界定以及对两个概念不加区分混用的现状，辨析制约与监督两种不同的控权机制之间的微妙关系，比较两种控权制度的权力配置方式、运行机制以及责任追究机制，从而思考传统制约、监督两种控权模式在中国权力体系中所发挥的作用。再如，广义政府与功能性分权理论强调走出以往主要基于法律文本或政府文件解释当代中国政府的片面性，以党政二元视角多维透视基本政治现象。由于党组织在广义政府中具有举足轻重的地位，而法律文本、政府文件无法全面把握党的行动线索，因此必须带入政党视角，以补充政府视角难以解释的部分。因此，本书以"政党—政府"为分析视角，提出广义政府具有双重性、央地关系具有双重性、人民政府扮演双重角色、监督机关扮演双重角色。所谓"双重"，即政党属性与政府属性的叠加。通过政党属性与政府属性的对比，理清和辨别看似习以为常的国家机构或政治现象中所蕴含的制度逻辑及其角色属性的差异，

[①] [德] 黑格尔：《小逻辑》，贺麟译，世纪出版集团、上海人民出版社2011年版，第240页。

进一步探讨和解释政府的本质属性及其内在运行机制。无论是不同国家政治制度的比较、同一国家不同形态政治机构的比较，还是同一政治实体党政逻辑的比较，都显示出比较方法已成为广义政府与功能性分权理论的一种特色方法论。

二 实践政治学层面的机制提炼

在经典人文社会科学理论中，"实践"构成了人类和自然、社会和物质、主体和结构、意识和现实的融汇与统一，[①] 有着"从亚里士多德到马克思再到美国实用主义"[②] 的哲学根基。为了消解主观主义与客观主义之间的长期对立，布迪厄、列斐伏尔、吉登斯等人转向实践概念研究，强调"实践的秩序化横跨空间和时间，而从中产生的效果是社会科学研究的基本领域"[③]。当作为一种认识世界的系统方法论时，实践本身就等于方法，[④] "实践在社会和人文科学的理论方法中占据了突出的地位，该理论方法反对科学主义、实证主义或行为主义的倾向，希望保存一个内容丰富的社会行动和个人行动的概念"[⑤]。于是，有学者如黄宗智则开始主张一种从实践出发的社会科学。[⑥] 受实践理论所蕴含的哲学基础、基

[①] ［英］乔治·莱尔因：《重构历史唯物主义》，姜兴宏、刘明如译，中国社会科学出版社1991年版，第111页。

[②] ［美］戴维·G.斯特恩：《实践转向》，载［美］斯蒂芬·P.特纳、［美］保罗·A.罗思主编《社会科学哲学》，杨富斌译，中国人民大学出版社2009年版，第208页。

[③] Davide Nicolini, *Practice Theory, Work, and Organization: An Introduction*, Oxford University Press, 2013, p.44.

[④] 郑永流、陈鲁夏：《实践哲学与实践理论》，《华东师范大学学报》（哲学社会科学版）2021年第6期。

[⑤] Charles Goodwin, "Professional Vision", *American Anthropologist*, Vol.96, No.3, 1994, pp.606-633.

[⑥] 黄宗智：《认识中国——走向从实践出发的社会科学》，《中国社会科学》2005年第1期。

本命题和核心观念的启发与影响，广义政府与功能性分权理论的构建也主要基于对实践的理解，试图从实践出发来分析当代中国政府与政治场域之中鲜活的政治现象及其背后的运行机制。从这个意义来说，"实践"构成了广义政府与功能性分权理论研究的一种特殊方法论。具体来说，广义政府与功能性分权理论主要包含两个层面的实践政治学向度。

其一，广义政府与功能性分权理论主张"写实"的客观叙事，力主减少对价值问题的关注，转向对政治事实的研究。伊斯顿认为，在政治学研究中应将事实命题和价值命题明确区分开来，因为事实命题和价值命题在逻辑上是不一样的，一项命题的事实方面涉及现实的状况，人们能够根据事实对它进行检验；而一项命题的价值方面只显示人们对于真实或设想的事态的情感反应。[①] 在广义政府与功能性分权理论的构建过程中，其政治研究的旨趣定位于事实命题，而不是价值命题，因此尽可能地防范把价值观念介入研究过程，反对把政治学和道德、伦理问题混在一起。科学关心的是问题，不是应该的问题；是经验的问题，不是规范的问题。[②] 实践政治学的研究方法应更加强调政治学研究要摆脱传统政治学"哲学化"的研究方式，实现政治学研究的"价值中立"，不再局限于探讨一些诸如正义、善、自然法、自然权利等有关政治价值和政治理想的"应然"问题，而是回归对现实政治"实然"问题的研究。因而，广义政府与功能性分权理论更加强调"是什么"，而不是"应当是什么"，更加关切政治现象和政治行为的描述与分析，尤其关注发生在中国大地上的经验事实，特别是中国地方政府创新和民营化过程中出现的问题，对所了解和掌握的事实现象进行概括与抽象，将"经验直观"提

---

① ［美］戴维·伊斯顿：《政治体系——政治学状况研究》，马清槐译，商务印书馆1993年版，第208页。
② ［美］艾伦·C·艾萨克：《政治学：范围与方法》，郑永年、胡谆、唐亮译，浙江人民出版社1987年版，第33页。

炼为"理论直观",而非"总是试图作出决定、提出建议、阐发道德标准、提出价值判断来估计政治行为和政治制度,对一切重要政治问题发表自己的看法"①。比如,广义政府与功能性分权理论并不对"有为政府"与"有限政府"进行优劣判断,而是基于长期的政治实践观察,发现当代中国政府并非单纯地遵循有限政府的逻辑,各级地方政府在经济增长中一直扮演着极其重要的角色,进一步提炼出在高经济增长背后体现的政府主导经济建设的高执政能力以及其中蕴藏的权力专断、滥用的高廉政风险,也即"双高"现象的概括。

其二,广义政府与功能性分权理论强调"实践逻辑"(logic of practice)的分析,而非纯粹的理论演绎逻辑,试图建立理论与实践二元互动融合的联系。黄宗智认为,"我们可以仅凭主观理论设定,或仅凭客观经验堆积获得学术成果,实践则是生发自两者互动所产生的结果。'实践社会科学'不同于简单的客观经验证据,在实践中所呈现的不会是简单顺从主观建构,脱离客观经验的抉择,而是主客观二元互动的结合。正因为如此,我们才要求从实践出发来做研究,目的在超越主客观的二元对立,既照顾到理论假设,也照顾到经验发现,是有意识地聚焦于两者的互动"②。事实上,在布迪厄提出"实践逻辑"之前,主流的理论演绎逻辑坚决将自己的主观建构"客观化"为经验实际,容易陷入主观理论与客观事实二元对立的思维桎梏之中。对此,广义政府与功能性分权理论的构建,更加强调在可观察的经验事实的基础上,借鉴现存的理论体系,提出政治现象之间因果关系的假说或假设,亦即黄宗智所倡导的"通过对现有理论的取舍、对话、改造和推进,来建立带有经验界限的、行之

---

① [美]詹姆斯·A.古尔德、[美]文森特·V.瑟斯比:《现代政治思想:关于领域、价值和趋向的问题》,杨淮生译,商务印书馆1985年版,第163—164页。
② 黄宗智:《"实践社会科学"研究进路:一个总结性的介绍和论析》,《开放时代》2023年第4期。

有效的、更符合经验实际的概括，再返回到经验/实践世界中去检验"①。

需要说明的是，有效的研究方法论是建构学术理论的前提。为了回应当代中国政府与政治的理论与现实、文本与实践之间的张力，广义政府与功能性分权理论侧重于用比较政治学和实践政治学的研究方法，探寻构建中国政治学自主知识体系的出路。当然，任何一种研究方法都不是万能的，研究方法依据研究目标而确定。当代中国政治实践纷繁复杂且变化多端，这就注定了对广义政府与功能性分权理论的研究，应根据研究对象和研究目标的变化，采取更加多元的研究方法。

第四节　自主理论的内生价值

科学研究的主要目的通常有三种——探索、描述与解释。按研究目的划分，科学研究便可分为探索性研究、描述性研究和解释性研究。探索性研究的主要任务是完成对研究对象的初步了解与感知，描述性研究的主要任务是准确描绘研究对象的特征，解释性研究则探讨因果关系、寻找作用机制。社会科学研究概莫能外。广义政府与功能性分权理论研究属于描述性研究，旨在超越价值判断，客观实描中国公权力的结构配置及运行过程。当然，研究过程的价值中立不代表没有价值立场。"人的大量行为都是富有意图的，尤其是管理组织中的个人行为；也就是说，它们是意向目标或指向目的的"②，对政府管理而言，实现良法善治离不开正向价值对公共组织及公务人员的引导。因此，政治学和公共管理学

---

① 黄宗智：《建立前瞻性的实践社会科学研究：从实质主义理论的一个重要缺点谈起》，《开放时代》2020年第1期。
② [美]赫伯特·西蒙：《管理行为——管理组织决策过程的研究》，杨砾、韩春立、徐立译，北京经济学院出版社1998年版，第6页。

的相关研究也会解释不同国家的价值取向对政治与行政的影响，不可避免地涉及国家理论的内生价值。

一个高效、廉洁的政府，无论是对经济的发展还是对社会的进步来说都是不可或缺的，处于社会主义现代化进程中的中国更是如此。在现代化过程中，公权力既是履行善政的工具，具有创造性与生产性，也是"利维坦"扩张和腐败的诱因，具有破坏性和毁灭性。前者表现为积极权力观，主张激发权力的积极作为，提升其运行及产出效率；后者表现为消极权力观，强调充分限制权力负面效应，防止权力任性。因此，在现代国家政治发展的过程中，以何种权力观念和目标导向对公权力进行配置就成为各个国家廉政治理体系建设的现实刻画。然而，正如经济学上公平与效率存在悖论一样，权力法治的廉政导向与有为政府的效能建设的双重目标并非总是呈正相关，有时甚至相互矛盾。面对当代中国经济高速增长与腐败问题高发并存的"双高"现象，广义政府与功能性分权理论的目标愿景，是在现代集权体制框架内构建可以平衡权力运行效率和控制廉政风险的一种国家权力监督制约体系。

一 权力法治的廉政导向

防止权力滥用专断，推动国家廉政治理，是广义政府与功能性分权理论研究的目标之一。如前所述，腐败的本质是公权力的滥用，廉政治理的根本在于权力法治，即通过法治的手段实现权力结构从集权走向制约，实现对权力的有效控制。在广义政府与功能性分权理论体系之中，权力法治内含三种控权逻辑：良法控权、多元控权和分类控权。

其一，通过良法控权，建立科学完备的控权法律体系，实现权力结构从集权走向制约，建立决策权、执行权和监督权相互制约又相互协调的功能性分权制度。良法控权是权力法治的基础。法学意义上的良法既受道德价值的约束，又要符合法的内容、形式和价值。这些要求体现在：在法的内容方面，必须合乎调整对象自身的规律，包括政治权力运行规律、市场经济客观规律、社会规律和法律运行的规律等；在法的形式方面，良法必须具有形式科学性，包括法律规范的统一性、协调性和完备性；在法的价值方面，良法必须符合正义并促进社会成员的共同利益。基于中国的政治现实，良法除了符合上述法学意义上的标准之外，还应遵循控权的内在逻辑，突出控权的优先性。因此，良法的建构需要着眼于政治现实中的权力秩序，系统考察现实中的权力结构和功能，只有从权力内部对权力进行分解，并在此基础上建立决策权、执行权和监督权相互制约和协调的功能性分权制度，才能以权力之间的关系来制约权力，以强制对付强制，有效地控制权力。

其二，通过多元控权，遵循公权力监督机制的优化、协同、高效原则，科学配置多元的监督资源，遏制国家公权力的滥用。权力法治的控权模式是多元的。社会舆论所形成的道德约束是权力法治的社会基础之一，甚至可以说是最根本的、起着决定性作用的。但是，道德是一种社会意识形态，是长期演化形成的行为准则与规范，道德控权在短期内难以形成稳定有效的控权机制。相较之下，权力控权是最直接也是在短期内最有效的控权模式，需要进一步处理好党集中统一领导与监督机关独立行使监督职能的关系，以党内监督为主导，推动人大监督、民主监督、行政监督、司法监督、审计监督、财会监督、统计监督、群众监督、舆论监督有机贯通、相互协调。在压紧压实党委领导责任的前提下，加强反腐败协调领导小组建设，充分发挥党委领导下协调小组的基本作用。同时，强化纪委监委专责监督，发挥纪检监察机关作为监督专责机关的保障作用，从具体化、程序化、制度化等方面对纪检监察工作的双重领导体制加以优化，加强上级纪委监委对下级纪委监委的领导，保证监督权的相对独立性和权威性。此外，以权力控制权力存在"共谋"风险，容易陷入"谁来控制控权者"的循环困境。因此，还要以制度化的方式赋予特定主体履行特定监督职能、行使特定权力，详细制定支持权力制约与监督的具体机制和工作规范，将自上而下的组织监督和自下而上的社会监督连接起来，不断增强各领域、各环节监督的关联性、互动性，压缩权力专断、滥用的空间。

其三，通过分类控权，识别不同的权力行为逻辑，匹配相应的控权模式。分类治理是基于生产性权力和分配性权力的分类控权，其目标在于权力运行效率和廉洁的统一。腐败的本质是利益冲突，是公权力对私权利的非法剥夺，因此腐败往往发生在公私部门的交界处，发生在公权力对私权利具有自由裁量权的地方。国家公权力按其功能可区分为生产性权力（如组织公共基础设施建设）和分配性权力（如规定公共基础设施建设的受益群体、受益范围、受益条件等）。这两种权力具有不同的逻辑关系、目标功能和价值导向。生产性权力是分配性权力的基础。生产性权力运行质量的高低直接决定着生产结果的质量，进而影响着分配质量的高低。分配性权力反作用于生产性权力，分配程序是否民主、分配结果是否公正，直接影响着社会公众对政府权力的信任和支持，影响着政府生产性权力能否顺利和高效地运行。生产性权力和分配性权力不同的运行逻辑决定了它们需要匹配不同的控权模式。制约和监督是两种基本的控权模式，它们具有不同的控权逻辑。制约基于对权力的过程性分权，强调分权制衡，因此更有助于实现公平和廉洁。监督基于权力的功能性分权，强调事权的完整性和集中性，因此更有助于提高效率。因此，生产性权力更需要监督控权来遏制腐败，以保障效率；分配性权力更需要制约控权来遏制腐败，以保障公平和廉洁。权力的不同功能属性以及制约、监督两种控权模式的差异性决定了在国家廉政治理中需要依据不同的权力功能匹配相应的控权模式。[1]

---

[1] 陈国权、陈永杰：《基于权力法治的廉政治理体系研究》，《经济社会体制比较》2015年第5期。

二 "有为政府"的效能建设

效率是国家统治合法性的重要基础，长期保持效率的政治制度才能获得政治合法性。党的十一届三中全会召开后，我国开始实行效率优先战略，更多地将经济增长绩效作为执政合法性的重要基础。显然，这种以效率为导向的改革思路和"有为政府"理念，与西方国家秉持的"有限政府""分权制约"等自由主义理念迥然不同。

经济基础决定上层建筑是马克思主义的观点。在广义政府与功能性分权理论看来，中西方政府理念的差异源于经济基础的不同。中国特色社会主义市场经济体制的基本特征是以公有制为主体、多种所有制经济共同发展，公共资产占社会总资产的比重仍然很高，占主导地位。公有制经济发展模式必然诉诸"有为政府"，否则政府掌握的公共资产就无法得到保值增值和合理利用。因此，中国"公有制+市场经济"的经济形态，就需要一个合适的政府形态与其适应，既要有能力经营好公共资产，又要为市场经济的发展提供公共服务与秩序保障。从这个角度来讲，构建"有为政府"成为广义政府职责体系建设的应有之义。需要说明的是，市场在资源配置中发挥决定作用与以公有制为主体的经济基础并不冲突，以公有制为主体的经济基础意味着公共资产（如土地资源、矿产资源等）掌握在政府手中，但政府也要充分运用市场去合理有效地配置各种资源。实践中，中国的"有为政府"建设主要体现为各地方政府对辖区及其土地等公共资产的经营与保值增值。1994年分税制改革之后，地方政府经营企业的收益减小而风险增大。而随着1998年《中华人民共和国土地管理法》出台，农村土地转为城市建设用地的权力被赋予地方政府，地方政府便逐步形成了由经营企业向经营辖区的转变，而经营辖区的基础即土地公有制。在这种背景下，中国形成了"双层经营结构"。一方面，地方政府通过对土地的整体规划和出让实现土地整体开发；另一方面，企业通过地方政府所提供的土地、基础设施、公共服务进行企业经营，地方政府依此确立税收来源，甚至形成了"土地—金融—财政"的经营格局。特别是在地方政府经营土地的过程中，"第三区域"（如开发区、新城、新区和功能区等）的经营特征最为明显。在"第三区域"，政府基本上垄断了区域内的生产要素，对这些生产要素进行整体化经营，如制定区域土地规划、进行基础设施建设、进行公共服务配套等。从实践效果来看，"第三区域"往往是对地区发展贡献最大的区域。换言之，对土地等公有资产的经营在"第三区域"中得到了最为充分的体现，在此之后形塑的"有为政府"体制也充分发挥了其适应性，产生了较高的绩效产出。

由此可见，公有制与"有为政府"是讨论广义政府权力运作和行动逻辑的前提条件。因而，广义政府与功能性分权理论主张，在资源配置方面政府发挥更大作用，创造灵活的权力运用空间，采取积极政策介入公共资产的运营过程，以提高公共资产运营的效率。在保障公权力运行效率方面，集权、分权与效率并不冲突，但前提是要对权力的类别及权力运行的环节加以区分。详细地说，政治权力的集中统一既可以保障权力运行环境的稳定，还可以保障目标统一、力量集中、决策有力，提高公权力运行效率。此外，决策权、执行权、监督权之间的权力分离有助于分解繁杂的公共事务，以专业化、科学化的方式运行公权力，并在分离的基础上建立起多重协调机制，以避免权力分立的碎片化导致运行效率的丧失。

当前，中国正处于国家治理体系现代化的关键时期。从理论上看，国家治理体系现代化的过程本质上就是现代国家理性构建的过程，其核心在于公权力体系的科学配置。然而，在中国式现代化进程中，地方广义政府的运行过程存在系统性高廉政风险的重大考验。在一段时期内，部分地区和部分领域出现了诸如"能人腐败""边腐败边干事""廉而不为""廉而不能"等复杂现象。从这个角度来说,广义政府与功能性分权理论对权力运行效率和控制廉政风险双重目标的追求,具体到现实的廉政治理体系建设之中,往往表现为"廉能政治"的更高目标。因此,我们在以组织学的分析视角考察和理解广义政府复杂权力现象的基础上,提出"功能性分权"的廉政风控策略。

第五节 面向中国实践的学术概念、分析框架与自主知识体系

当代中国社会科学面临的主要挑战是怎样从实践去认识,而不是从西方理论预设出发,构建符合中国客观实际的理论概念。黄宗智建议,"要从最基本的事实中去寻找最强有力的分析概念。一个做法是从悖论现象出发,对其中的实践作深入的悖论调查"[1]。所谓"悖论现象",就是西方理论不能解释的部分中国实践。比如,中国公权力意义上的国家机构不契合西方理论中对国家至高性的界定、西方"三权分立"理论无法解释中国的权力现象等。西方经典理论与中国现象的矛盾之处,恰恰为研究者提供了一个认识和理解中国的机会。一方面,悖论现象不失为深挖中国实践的重要切口;另一方面,借用西方理论并对其进行理论性批判,亦有望构建出与西方理论并驾齐驱的中国自主知识体系。广义政府与功能性分权理论从中国实际出发,沿着提炼本土性概念、创新分析框架和建构自主知识体系三条基本路径层层推进,铺陈面向实践的社会科学理论。

---

[1] 黄宗智:《认识中国——走向从实践出发的社会科学》,《中国社会科学》2005年第1期。

一 提炼当代中国政府的本土性概念

概念是理论的基础和细胞,学术知识体系都是随着概念生长起来的。詹姆斯·马洪尼认为,"概念对于理论创新是非常关键的。一种新解释的发现或者一种新理论的发展往往与概念的界定与再界定联系在一起"①。随着学界对自主知识体系探索的不断深入,在基于中国经验提炼具有本土性概念方面取得了一些进展。不过,新概念不同于新名词,概念创新不是随意创造新名词,层出不穷的碎片化概念已经引起部分研究者的警惕,有学者提出,"目前的概念建构更多是基于一定经验,表现为个别的、零碎的、孤立的、互不关联的'概念孤儿'状态"②。实质上,学术概念是对特定实践现象的高度概括、提炼与抽象,不同概念相互勾连与对话,形成概念体系,实现学术世界与现实世界的关联。学术概念的总结及运用具有一整套的认识论逻辑体系,需要建立起思维的逻辑结构。广义政府与功能性分权理论便是在遵循思维逻辑的基础上,提炼中国政府与政治的客观实际,以原创性的学术概念为标识,所形成的理论脉络,可以丰富当代中国政府与政治研究的概念体系。

广义政府与功能性分权理论是中国政治学自主知识体系构建的组成部分,其概念应属于当代中国政府与政治研究的概念体系。我们最初关注中国独特的"双高"现象与"法治悖论"。这两个概念是对中国改革开放前三十年经济社会发展模式的总结和概括。改革不断深入,必须健全和完善权力法治化运行,特别是要注重权力制约和监督。为了完成对

---

① [美]詹姆斯·马洪尼:《质性方法论与比较政治》,高奇琦译,《华东政法大学学报》2012年第5期。

② 徐勇:《将概念带入学术体系:为"概念孤儿"寻家》,《中国社会科学评价》2022年第4期。

中国"国家"与"政府"的实描,"功能性分权""国家性质党组织""社会性质党组织"等概念及其关联性又被循序构建,最终形成广义政府与功能性分权理论体系。这些概念相互关联,如"国家性质党组织"是"广义政府"的组成部分、"功能性分权"是"广义政府"的分析框架等,对于解释中国政治实践具有一定的价值,并且形成"概念家族"。广义政府与功能性分权理论的"概念家族"能够与政治学体系的概念簇进一步衔接,如与国家理论、"三权分立"理论对话;能够与现实世界政治与政府的真实运行情况相对照,可以提升这些原创性学术概念的包容性和对实际问题的解释力。因此,这些本土化概念体系具有更普遍性的指导意义。

二 创新当代中国政府的分析框架

明确的问题意识是理论研究的航标。学术研究大多是在"观察现象—发现问题—分析问题—解决问题"这一以问题为导向的逻辑循环中不断深化的。自新中国成立以来开展社会主义建设,到在改革开放大旗引导下发展社会主义市场经济,再到进入新时代探索中国式现代化建设,风起云涌的国家建设催生出一系列特有的政治实践和政治现象。以本土化的现实问题为驱动,各类社会科学研究提出相应的分析框架,来解释国家治理和政治发展的实践场景。如以央地关系、条块关系、财政体制、政府职责体系和行政机构改革等为框架来解析中国政治实践中发生的各类问题。与上述研究的切入角度相比,广义政府与功能性分权理论的创新性在于其构建出了一个更具本源性、关乎公权力主体的框架。广义政府与功能性分权理论倡导"写实"的经验性研究和以问题为导向的学术化表达,是在中国政府与政治实践变迁中生长出来的一种新的分析框架。这个框架围绕中国"国家"和"政府"

主体展开，论及以下三个问题。

一是对原发性问题的解释。所谓"原发性问题"，指的是学术理论研究范式逐渐成为后来者的知识构成与学术传统，被当作研究基础与前提，这些本来还是"问题"的东西被奉为金科玉律，成为不容置疑的"知识"。要想在学术研究上取得根本性突破，就有必要将这些所谓的"知识"重新变成"问题"并加以检视，在此基础上形成新的学术理念与研究范式。诚如黄宗智所述，"我们应该把理论当作问题而不是（很可能的）答案（'假设'）来使用。研究的目的不是要证实某一种理论，而是要借助多种不同和对立的理论来检验经验证据，依赖证据决定对不同理论的取舍，或依赖证据与不同理论对话，从而创立或推进适合新证据的新概括"[①]。比如，对"国家""政党""政府"等核心议题的再阐释，也就是在处理"将问题转换成知识"和"将知识转换成问题"的关系。

二是对悖论性问题的分析。"悖论"是一种特殊的逻辑矛盾命题，表面上同一命题或推理中隐含着两个对立的结论，而这两个结论都能自圆其说，要肯定一种真的判断，就会推出假的判断；反之，要肯定一种假的判断，就会推出一种真的判断。其抽象公式就是"如果事件A发生，则推导出非A；非A发生，则推导出A"。实质上，现实政治现象中总是存在类似于"诺斯悖论"等的命题，比如地方政府既是维护和推动法治建设的关键力量，又是阻碍和破坏法治建设的主要主体，即"法治悖论"。

三是对特殊性问题的提炼。广义政府与功能性分权理论所关注的问题和对象都具有鲜明的"中国性"，尤其注重提炼发生在中国而非西方国

[①] 黄宗智：《"实践社会科学"研究进路：一个总结性的介绍和论析》，《开放时代》2023年第4期。

家的政治事实和政治现象背后的行为逻辑，比如"政党组织国家化""第三区域的兴起""双重领导体制的变化""庞大的纪检监察组织"等。

广义政府与功能性分权理论提供的公权力主体性框架，容纳了国家机构和政党组织两个重要主体，由原发性问题、悖论性问题和特殊性问题切入，从决策权、执行权和监督权关系角度，对中国独特的政治现象展开分析。这个框架先明确了党、政两个公权力主体，具有较强的整合性与客观性；又从决策、执行和监督三个方面对整体性权力进行分解和检视，涵盖国家公共管理活动的各个方面，具有灵活性与全面性；最终用于回答中国本土化的实践问题，具有实践性和适用性。

三 建构当代中国政府与政治的自主知识体系

广义政府与功能性分权理论以系统性的学术知识为指征，推动中国特色学术知识的生产，发展当代中国政府与政治的自主知识体系。哲学社会科学知识生产的普遍到特殊、特殊到普遍，应是一种环状结构的存在，两者具有相互转换的可能。[①] 就此而言，中国特色的广义政府与功能性分权的知识生产应是中国自主知识体系的重要组成部分，也能够为丰富和发展世界哲学社会科学提供具有边际效用的知识积累。在此基础上，转变将西方教科书中的概念和理论简单照搬运用于中国的做法，向理论建构探索者的角色转型。[②] 在参照既有的政治理论及知识生产机制的基础上，进一步深入中国政治运行的内部结构和场景，形成基于中国场景的广义政府与功能性分权的知识生产机制。比如，对中国复合国家形态的探讨，更准确地勾勒出中国的国家特点，即由政党形态国家和宪

[①] 郁建兴、黄飚：《建构中国自主知识体系及其世界意义》，《政治学研究》2023年第3期。

[②] 景跃进：《中国政治学的转型：分化与定位》，《政治学研究》2019年第2期。

法形态国家有机整合而成的、从中央到地方层级分明的政权形态；对广义政府特点的总结，反映出中国横向"政党体制"的突出表征及纵向独具特色的央地关系，拓展至国家治理的制度结构、组织设置和权力关系。

"理论之花"是具有生命力的。任何理论构建都绝非一成不变的，而是需要依据实践向度的考察分析不断地更新与改进理论预设。面对中国纷繁复杂、蔚为壮观的治理实践，当代中国学者有责任将这些改革创新实践总结和提炼成具有中国特色的政治学/公共管理学自主知识体系。总体而言，广义政府与功能性分权理论便是关于构建中国特色政治学/公共管理学自主知识体系的一次有益尝试。

第二章

广义政府：当代中国公权力体系

　　公共权力是政治学/公共管理学研究的核心要素和主要对象。西方自古希腊起，几乎所有政治学者都热衷于就权力现象发表意见。尽管学者们的著述已经构筑出关于公共权力的丰富理论，抽象的公共权力却必须依靠一定的现实载体才会发生作用。一般而言，公共权力的载体是国家机构，公共权力由国家机构行使。但是，国家机构的要素组成以及由何种阶级或团体掌控国家，又涉及公共权力由谁实际行使的问题。公共权力由谁行使这个问题看似简单，现实中国家公共权力机构却随时空转换而发生流变，因此得出的结论必然是多样的。比如在古希腊城邦，上述问题的答案可能是公共权力由公民大会、议事会和行政官员行使；而在古代中国，公共权力则由皇帝及其统领下的官僚群体行使。即便进入 21 世纪，对于这一问题也难以得到统一的回答，通常的答案是由国家或政府行使公共权力，但国家或政府的概念其实也是含混不清的。世界上不同的国家和政府有不同的概念，在有的国家中政府是国家机构的总和，在有的国家中政府是国家机构与执政党之和，在有的国家中政府则是国家机构与宗教领袖集团之和。① 可见，无论国家还是政府，在现实中都不存在统一的标准或模板，而是根据各国政治传统有所差别。研究中国政府与政治现象首先要解决如何理解中国公共权力主体问题，要理清中国现实中"国家"与"政府"的含义。

第一节　广义政府：对党和国家的一种理解

近代以来，构建与基本国情相适应的国家治理体系是中国百余年持续探索的过程，其中要解决的一个前提性问题是塑造什么样的国家。1911年辛亥革命的胜利标志着统治中国两千多年的封建专制体制落下帷幕，中国开始摸索契合本土实际的现代政治制度。经过长期实践，最终历史和人民选择了中国共产党和社会主义道路。1949年中华人民共和国成立以来，革命先驱和政治家们加紧步伐，不断探索如何构建科学的国家治理体系，虽经历过严重波折，但发展道路渐趋清晰。党的十八届三中全会提出了全面深化改革总目标——继续完善和发展中国特色社会主义制度，推进国家治理体系和治理能力现代化，党的十九届四中全会专门讨论并审议通过了《中共中央关于坚持和完善中国特色社会主义制度、推进国家治理体系和治理能力现代化若干重大问题的决定》。党的二十大提出，要不断增强社会主义现代化建设的动力和活力，把中国制度优势更好转化为国家治理效能。这些重大会议的召开和重要文件的出台，凸显了中国推进国家治理现代化的现实需求和坚定决心。学术意义上"国家治理"范围很广，显然，官方文件所说的"国家治理"侧重国家制度的推行和国家秩序的稳定，即"制度执行力"，涉及"做事的方式方法

---

① 朱光磊：《当代中国政府过程》，天津人民出版社2008年版，第10—11页。

和途径"和"治理国家的能力"。① 但是，推动国家治理现代化的主语一直是含糊的，即治理现代化由谁推动。一般认为，党和国家是治理现代化的责任主体，这种理解超越了西方主流社会科学对国家主体的定义，由此引出下一个问题，中国国家治理的现代化是否因与西方主体差异而存在独特的机理，如果是，中国国家治理过程有何不同？因此，在推进国家治理现代化的过程中，需要回答两个极为重要的理论问题：第一，如何界定中国国家治理体系的主体？特别是中国的国家由何构成、如何构成？与西方意义上的国家有什么区别？第二，权力是任何政治组织最基本的构成要素，那么如何理解中国国家治理体系的权力结构与运行机制？其运行遵循着怎样的逻辑？本书也将围绕"何为中国的国家""中国国家运行逻辑"两条主线展开。把握国家主体及其运行后，研究将进一步推进，探讨根据现有体制和制度如何完善国家权力的控权方式与制约监督体系，如何将权力关进制度的"笼子"里，实现全面推进国家治理体系和治理能力现代化的目标。

自党的十八届三中全会提出国家治理体系和治理能力现代化以来，党政机关等实务界人士和理论界学者产出了大量阐释性成果，对这些材料和文献的分析发现，不同语境下的国家治理一词意义并不相同。从国家治理的官方英文翻译来看，大致存在"country's governance""national governance""the governance of China""govern the state""state governance""country governing"等几种。客观来讲，这些翻译都不存在知识性错误，只是涉及不同的指向，"country"主要强调疆域意义上的国家，"nation"更侧重民族意义上的国家，"state"更多指公共权力意义上的国家。一般而言，相关研究涵盖国家机构的组成、职责、结构、运转等诸多方面，是对公共权力的具象化讨论，背后的本源性问题其实是公共权力归属、构造与运行。与之对应，这一领域相关讨论中提到的国家大多

---

① 王绍光：《治理研究：正本清源》，《开放时代》2018 年第 2 期。

意指公共权力的集合。基于此，本书关注的主要对象是公共权力意义上的国家，那么"何为中国的国家"这一问题就转化为当下何者是中国公共权力的现实主体，以及公共权力的组织载体的构成问题。

一 "党和国家"：理解中国政治体制的关键

恩格斯在《家庭、私有制和国家的起源》一书中指出，国家的本质特征是公共权力，[①] 探讨国家理论首先要搞清楚公共权力归属问题。近年来，学术界对中国场景下公共权力的讨论大致可以分为三条路径：行政路径、国家路径与党和国家路径。行政路径侧重于考察国家行政机关，主要聚焦于行政组织、行政职能、行政行为、行政效能、行政责任、行政与社会关系的研究等；国家路径对国家的研究主要集中在考察立法机关、行政机关、司法机关、监察机关等国家机构上。行政路径与国家路径的研究大体上遵从传统的社会科学范式（尤其是西方传统社会科学范式），认为公权力体系的组织载体通常由立法机关、行政机关、司法机关共同组成，对国家体制的探讨多集中在国家机构配置方式及其相互关系上。这两种路径对理解中国的公权力体系与国家治理大有裨益，推动了相关研究的进展。然而，上述分析路径却忽视了一个关键性事实，即中国共产党也是中国公权力体系的重要组成部分。一方面，如果关注官方文件，不难发现，中国党政系统内部涉及公共权力主体的重要表述常以"党和国家"的形式出现，诸如"党和国家领导人"（特定称谓）、《党和国家领导制度的改革》[②]（国家领导人报告题目）、"健全完善党和国家监督体系"（党的理论）、《深化党和国家机构改革方案》（官方文件）等。显然，"党"作为政治表达已经进入公权力体系中。另一方面，"政府"

[①] 《马克思恩格斯选集》（第四卷），人民出版社2012年版，第132页。
[②] 邓小平：《党和国家领导制度的改革》，《人民日报》1987年7月1日第1版。

的意涵在中国历来是广义而丰富的,它几乎是国家公共权力机关的代名词。2016年12月,王岐山在会见美国前国务卿基辛格时就指出,"完善国家监督,就是要对包括党的机关和各类政府机关在内的广义政府进行监督"①。2017年3月,王岐山在十二届全国人大五次会议上进一步提出,"在中国历史传统中,'政府'历来是广义的,党的机关、人大机关、行政机关、政协机关以及法院和检察院,在广大群众眼里都是政府"②。可见,中国的百姓从生活体验中感知到党政机构是一体的,中国的官员也清楚地认识到这一点。从中国现实来看,宪法中规定的以全国及地方各级人民代表大会为代表的立法机关,以国务院和地方各级人民政府为代表的行政机关、以人民法院和人民检察院为代表的司法机关所组成的公权力体系显然不能拼凑成完整的国家。这些机构也并未掌握全部公共权力,事实上只能被称为宪法意义上的国家机构,作为部分构成中国公权力体系。反观当前的中国政治实践,中国共产党实质地行使公共权力,领导国家建设、参与国家治理、推动国家发展。因此,只有将中国共产党视为公权力体系的重要组成部分,才能构成与中国实践相一致的国家概念,此即党和国家路径。

  不少学者敏锐地发现了这一点,他们指出,"理解当代中国,必须从理解中国共产党开始"③,并相继提出"党政体制""以党的领导权为核心的国家权力结构"等观点,④ 这意味着党和国家研究路径兴起。党和

---

  ① 刘华:《王岐山会见基辛格》,《人民日报》2016年12月2日第1版。
  ② 《王岐山在参加北京代表团审议时强调　构建党统一领导的反腐败体制　提高执政能力　完善治理体系》,《人民日报》2017年3月6日第4版。
  ③ 姚洋、席天扬主编:《中国新叙事:中国特色政治、经济体制的运行机制分析》,格致出版社、上海人民出版社2018年版,第3页。
  ④ 景跃进、陈明明、肖滨主编:《当代中国政府与政治》,中国人民大学出版社2016年版,第13—33页;周光辉、彭斌:《国家自主性:破解中国现代化道路"双重难题"的关键因素——以权力、制度与机制为分析框架》,《社会科学研究》2019年第5期。

国家路径的研究既在一定程度上触及中西方政党的根本性差异，又比较准确地抓住了中国共产党在中国公权力体系和国家治理中的特殊意蕴与重要作用。具体来说，西方政党的根本目标是通过竞争夺取或参与政权。与其不同，中国共产党建政后不存在政党竞争与政权争夺的问题，其基本任务是组织国家建设、参与国家治理、推动国家发展。从功能来看，在西方政党理论中，政党具有代表和表达功能，[①] 在某种程度上充当选举工具。而中国共产党不仅具有代表、表达功能，更为重要的是具有国家公共治理功能，发挥着引领、整合、分配的作用，扮演着"使命型政党""治理型政党"的角色。[②] 实践中，中国共产党的治理属性远远超越了西方政党理论的范畴，体现为管理国家事务与社会事务、解决公共问题的治理职能。[③] 换言之，中国共产党不仅具有西方政党所承担的政治统治功能，还具有独特的公共治理功能。从政党与国家机构产生的先后顺序来看，在以英国、美国为代表的西方国家，政党通常后于国家机构产生，多产生于议会中的意见分歧与利益冲突，不同政党通常代表不同的利益群体。而中国共产党先于新中国产生并缔造了新的国家机构、领导了新中国建设，历史事实赋予了政党内在的"国家身份"。[④] 不难发现，无论是从政党的性质、政党的功能还是从政党与国家机构产生的先后顺序来看，中国共产党与西方政党都有本质的区别。至于政党及国家机构的互动关系，中国与西方主流实践范式则更大相径庭。

[①] [意] G. 萨托利：《政党与政党体制》，王明进译，商务印书馆 2006 年版，第 56—57 页。

[②] 唐亚林：《使命型政党：新型政党理论分析范式创新与发展之道》，《政治学研究》2021 年第 4 期；郭定平：《政党中心的国家治理：中国的经验》，《政治学研究》2019 年第 3 期。

[③] 罗晓俊、孔繁斌：《执政与施政——执政党双重功能的一个理解框架》，《江海学刊》2014 年第 2 期。

[④] 陈明明：《作为一种政治形态的政党—国家及其对中国国家建设的意义》，《江苏社会科学》2015 年第 2 期。

通过以上讨论，可以发现在中国实际的公共权力载体问题上，基本可以采纳党和国家路径的相关研究成果，认定中国公共权力主体既包括中国共产党，又包括国家机构。但同时，"党和国家"是一个频繁出现、极为重要又非常复杂的词汇。"党和国家"一词的模糊多样源于政党身份的多样性，即使对于中国共产党这样的执政党来说，也并不是每一个党组织、每一位党员都以参与国家治理活动为天职，故而"党和国家"中党的具体内涵值得深入讨论。总体而言，现下政治表达或政治实践中"党和国家"这一词汇至少存在以下两种不同的语义。

一是组合概念的"党和国家"。在某些情境下，"党和国家"既包括党的组织，也包括国家组织，意指中国共产党的组织和宪法意义上的国家机构在称呼上的组合体。组合概念的党和国家反映出中国公权力体系的复合性，但也侧重党的体系与国家体系的差异性。以政府文件为例，2018年中共中央印发《深化党和国家机构改革方案》，其标题中提到的"党和国家"就属于组合概念。首先，这种表述意味着改革既包括党的机构的改革，也包括国家机构的改革，从方案具体内容来看，包括党中央机构改革、全国人大机构改革、国务院机构改革、全国政协机构改革、行政执法体制改革、跨军地改革、群团组织改革、地方机构改革，基本涵盖党的体系和国家机构体系。其次，组合概念表述通常将党和国家机构视为两种不同的系统，承认二者各有其制度体系、组织规则和运行逻辑。比如，我们常说的"国有国法，党有党规"，就体现出调整国家机构与党组织行为的规范有所差别，在国法之外党员、党组织还要遵守更严格的党规党纪。

二是整体概念的"党和国家"。在某些情境下，"党和国家"指向国家公权力体系，反映中国共产党与宪法意义上的国家机构的整体性关系，以及公共职责在党和国家之间的统筹配置，突出二者的统一性。例如，

"党和国家监督体系"表述中的"党和国家",意指党的监督体系和国家监督体系的整体关系,可以党内监督贯通其他诸如人大监督、行政监督、政协监督、群众监督、媒体监督等各类监督力量,形成监督合力。① 在监督体系中,党的纪委和国家监察委的合署办公是"党和国家"整体性最为集中的反映。党和国家的整体性最重要的功能是确保"党"与"国家"之间的分工协同、整体协作,有效完成国家治理任务。仍以《深化党和国家机构改革方案》为例,改革的措施虽然分别针对党的系统与政的系统,但就目的和方向而言,机构改革要实现党政整体职能优化协同,提高效率效能。在具体的改革实践中,中央组织部统一管理公务员工作、中央宣传部统一管理新闻出版工作和电影工作、中央统战部统一管理宗教工作和侨务工作等。在这其中,党的部门对相关事务的管理不只是宏观的领导,而是落到实处,负责完成具体事务的管理。以中央组织部统一管理公务员工作为例,中央组织部的主要职责既包括宏观上把握"党管干部"原则,又包括微观上的具体事务,如统一管理公务员录用调配、考核奖惩、培训和工资福利等。在理论上,中国共产党将自身的组织机构、行动逻辑、意识形态、价值导向等深层基因植入国家机构体系,形成具有系统性、整体性和协同性的治理结构。② 上述事实都指明"党和国家"是公共权力意义上结合紧密的整体。

二 广义政府:党和国家的有机统一

从语义上看,党和国家这一并列结构的表述已经显示出中国公权力

---

① 王锐、倪星:《政党引领的权力监督模式:生成逻辑与内在机制》,《政治学研究》2022年第1期。

② 王浦劬、汤彬:《当代中国治理的党政结构与功能机制分析》,《中国社会科学》2019年第9期。

主体的本土性、复杂性和党政统合性。欧美主要国家并不会以"党和国家"来指代公权力体系，而是多采用"共和党政府"或者"民主党政府"等偏正结构来表达，这种表述显然偏重"政府"，而政党名称不过起到修饰作用，以示某党是当前的执政党，不同表述体现了中西方对公权力主体的认识差异。另外，在中国某一特定语境下党和国家的关系究竟是整体性的还是组合性的需要进一步辨析。党和国家的关系在不同历史时期，有诸如"党政一体""党政分开""党政分工"等表述，贯穿于广泛的政治生活中，是中国政治体系中最根本的关系。

中华人民共和国的成立标志着中国共产党由局部执政正式转为全国执政，党政关系正式成为关乎全国发展的核心问题之一。伴随国家建设不断推进，党政关系随社会环境的变化持续发生变化，并对经济社会发展产生重大影响。新中国成立初期，党政关系采取相对分离的原则。然而，1952年的"新税制改革"等引起了中央高层对党政关系的反思，随后党和国家领导人选择强化党对国家的"一元化领导"。不过，这种"一元化领导"在后来的实践中被过度强化了，尤其是随着"五年计划"、赶超战略的实施以及反右斗争的扩大化，党政关系逐步走向"以党代政、党政不分"。"文化大革命"期间，党政关系遭到严重破坏，极大地影响了国内政治生活和经济社会稳定。"文化大革命"结束后，国家秩序亟须恢复，在此情形下，党的高层领导开始反思党政关系问题。具有代表性的是1980年8月邓小平同志在中共中央政治局扩大会议上发表的《党和国家领导制度的改革》的讲话，讲话深刻反思过分集权问题，明确提出要实行党政分开，解决"以党代政、党政不分"的问题。但在此后的实践过程中，过度实行党政领导分任制，在一些国家机关中撤销了党的组织，甚至在党政之间实行组织制衡，这些举措非但没有科学地提高行政效率和治理效能，反而导致党的领导弱化、地方官员各行其是、社会问题层出不穷。后不再推行。20世纪90年代至今，党政关系在法治化、制度化、规范化的要求下进行了深入持续的探索。[①] 尤其是党的十八大以来，在优化党的领导方式和系统推进国家治理体系和治理能力现代化的背景下，形成了党政关系整体化之下的党政分工格局，一体推动党政关系整体性、制度化和规范化建设。

当然，无论历史上党政关系是分是合，中国共产党始终与公权力体系紧密关联，区别大体上在于党组织直接入场执行具体的国家事务还是以领导的方式间接影响公共治理活动。现实的复杂性延伸到理论领域，以致仅通过国家机构的视角无法描述政治现实，在学术表达上也往往用党和政府涵盖之。

中国发展至今，党和国家研究路径虽然大体上与现实契合，但是，"党和国家"的表述却不能完全展现当下中国公权力体系中的党政关系，至少难以涵盖以下两方面事实。一是"党和国家"未区分事实上存在显著差异的各类党组织。众所周知，中国共产党组织众多、规模庞大，是名副其实的大党。不过，并不是所有党组织都代表公权力。一方面，党中央和地方党委代表国家权威，掌握国家权力；另一方面，有的党组织设立在企事业单位和基层群众性自治组织中，并不掌握决定国家重大事项的权力。显而易见，后者不能被纳入公权力体系。所以，"党和国家"的表述在讨论国家治理的语境下对象指向不够明确，至少在党的方面是缺少分类分析的，需要在区分党组织类型的基础上发展出一个更具包容性的概念，清晰且符合实际地描述中国公权力的运行。二是"党和国家"概念中将党、国家以"和"字相连，容易使人联想到"党"和"国家"两个组织的拼接，故而对"党和国家"的整体性阐释不够，难以凸显中国共产党与国家体系的整体性特征，也无法直接体现出中国共产党与西方政党的本质区别。如今的中国，可以说，党和政府绝不是机械的组合

[①] 朱光磊、周振超：《党政关系规范化研究》，《政治学研究》2004 年第 3 期。

概念，也不是简单的执政组阁关系，"以党领政、党政分工"①已经逐渐发展为党政关系的主线，正如习近平总书记所说，"在国家治理体系的大棋局中，党中央是坐镇中军帐的'帅'，车马炮各展其长，一盘棋大局分明"②。可见，党和国家体系并非独自运行、各成体系，而是统筹协同的治理结构。

因此，用"党和国家"来描述当前中国公权力体系，不能完全突出不同类型党组织的差异性，也没有很好地体现党政协同性、整体性。事实上，就政党与国家机构的关系而言，中国共产党的部分党组织与国家机构同属于一个治理结构，围绕着共同目标采取行动，形成一个统合整体化的组织，是中国实际意义上的公权力主体，本书称其为"广义政府"。中国的公权力体系是广义的，从组成来看，广义政府包容了行使公共权力的中国共产党的组织和国家机构，突出二者的有机统一；从功能来看，中国共产党特别是党的中央到地方各级委员会履行国家公共职能、承担国家公共责任、行使国家公共权力、参与国家公共管理，是国家治理的核心主体。中国共产党现有500多万个组织，是一个庞大且复杂的体系，认识广义政府，要从认识中国共产党的组织开始。

第二节 "国家—社会"视野下的中国共产党

政党是近现代政治生活中的重要组织。从历史沿革来看，近代意义上的政党最早出现在17世纪资产阶级革命时期的英国，即代表旧贵族利益的"托利党"和代表新兴资产阶级利益的"辉格党"，而初具现代特

---

① 郑永年：《大趋势：中国下一步》，东方出版社2019年版，第84—89页。
② 《习近平关于全面建成小康社会论述摘编》，中央文献出版社2016年版，第96页。

征的政党则诞生于 18 世纪末的美国。① 19 世纪末至 20 世纪初，随着政治实践发展，欧美学者对政党现象也进行了非常深入的研究。韦伯敏锐地发现了政党与实现客观政策目标及谋取个人政治利益紧密相连，进而指出，政党的定义是"形式上招募成员的联合体"，"它的活动目的是确保其领袖在组织内部的权力，以使它的活跃成员得到理想上或物质上的利益"。② 韦伯的弟子米歇尔斯基于权威支配理论将政党划分为庇护型政党（parties of patronage）、利益型政党（parties of social or economic）和教义型政党（parties of doctrinaire consistency），③ 并且进一步结合 19 世纪末欧洲特别是德国政党的内部组织机制和发展历程提出"寡头铁律"，即政党随时间推移不可避免地走向寡头统治，④ 大大推进了韦伯在政党研究领域未完成的事业。在韦伯、米歇尔斯后，欧美社会科学领域一批优秀学者又为政党研究提供了非常丰富的材料。如美国政治学家拉斯韦尔和卡普兰则从选举活动的角度来阐释政党的内部关系，他们认为"政党是一个在选举中全面的表达问题和提出候选人的群体"，一方面涉及"共享政治观点的个体的集合"，另一方面则被视为"地位已经正式化的内部权力群体（通过正式地协调选票来获得并行使权力）"。⑤ 拉斯韦尔等将现代政党的定义与竞选制度相结合，认为政党具有内部一致性、获得权力的程序性与正式性等特征。作为责任政党政府理论的首倡者，美国政治学者谢茨施耐德则更关注政党的国家功能，认为只有通过高度集中的政

---

① 王长江：《政党论》，人民出版社 2009 年版，第 24 页。
② ［德］马克斯·韦伯：《经济与社会》（第一卷），阎克文译，世纪出版集团、上海人民出版社 2010 年版，第 401—402 页。
③ Roberto Michels, "Some Reflections on the Sociological Character of Political Parties", *The American Political Science Review*, Vol. 21, No. 4, 1927, pp. 753-772.
④ ［德］罗伯特·米歇尔斯：《寡头统治铁律——现代民主政治中的政党社会学》，任军锋等译，天津人民出版社 2003 年版，第 317 页。
⑤ ［美］哈德罗·D. 拉斯韦尔、［美］亚伯拉罕·卡普兰：《权力与社会——一项政治研究的框架》，王菲易译，上海人民出版社 2012 年版，第 158—159 页。

党体制才能建立责任政府，重整美国的民主制度。① 法国政治社会学家迪韦尔热提出政党形成方式可分为内生性起源（the electoral and parliamentary origins of parties）和外生性起源（extra-parliamentary origins of parties），其依据为政党产生于议会等立法机关的内部派系还是议会外部的社会群体，② 无论哪种起源都反映出政党代表着不同团体的利益。意大利政治思想家萨托利则认为，政党可分为"作为部分的政党"和"作为整体的政党"，西方多数政党是代表部分社会群体的政治组织，借助一定的程序，服务于它们的集体福祉，使人民与政府连接起来，政党也就担负起代表功能和表达功能。③

政党社会学相关理论已经对欧美政党进行了深入的研究，但也有学者提到此类研究对新兴民族国家的关注还很不充分，④ 中国政党研究便在此列。虽然西方学者十分关注中国问题，但由于对中国社会历史和政治实践并不完全熟悉，因此他们提出的不少理论与中国实际相差甚远。其中，最为突出的是中国共产党与欧美政党在政治地位和社会功能方面有很大差异。在21世纪初，中国社会科学院欧洲研究所曾对欧洲和美国政党进行过一次深刻比较。研究指出，欧洲政党有明确党纲和严格纪律，竞选活动受法律和制度双重监护，选民通过代表自己利益的政党参与政治活动，形成欧洲特色的"社会伙伴关系"；而美国的政党则组织松散、纪律涣散，只在选举时期开展活动，是"选举党"或"干部党"，竞选

---

① 参见［美］谢茨施耐德《政党政府》，姚尚建、沈洁莹译，天津出版传媒集团、天津人民出版社2016年版。
② Maurice Duverger, *Political Parties: Their Organization and Activity in the Modern State*, Translated by Barbara and Robert North, London: Methuen & Co. Ltd. and New York: John Wiley & Sons Inc., 1959, pp. 24–30.
③ ［意］G. 萨托利：《政党与政党体制》，王明进译，商务印书馆2006年版，第51—57页。
④ 杨典：《以党的治理体系现代化引领国家治理现代化——基于政党社会学的分析》，《社会科学》2020年第7期。

活动依靠竞选公司、财团和智囊机构，这些利益集团迫使当选者（总统）代表它们的利益，因此美国利益集团和行政当局发挥重要政治功能。①虽说欧美政党也有差异，但大体来看，二者都处于社会之中，作为政治参与的工具，以赢得选举为根本目标，通过胜选进入国家、成为执政党来履行本党意志，因此它们围绕政权展开表达政治诉求、谋取政治利益的活动，起到连接政府与社会的桥梁作用。

如果说欧美政党是现代国家的产物，中国共产党则建立于救亡图存运动，通过领导人民革命建立政权、缔造国家、重建社会。这决定了在与国家、社会的关系中，作为中国领导核心的中国共产党具有决定性作用。②一方面，它与国家政权的联系更为紧密，不仅构成国家的一部分，而且是国家制度的创设者，本身具有很强的国家性，不完全依赖竞选制等西方国家的政治程序实现政治功能。另一方面，从客观实际来看，中国共产党不仅是政权组织，党组织还遍布于各个企事业单位、基层组织等社会团体中，领导和管理各类社会性事务。无论是从社会基础、政党功能还是从组织结构和运作方式来看，中国共产党都不属于西方经典理论讨论的政党，显然也无法依靠西方经典理论理解中国共产党及其治理逻辑。而认识中国共产党恰恰对于理清公权力主体至关重要，应基于实际情况，寻找合适的分析框架。

一　从"国家—社会"视角分析党组织

组织可能是现代社会最突出的特征，几乎所有社会运转都离不开它们。西方社会学较早地开启组织领域研究，主要关注经济组织和官僚组

---

①《欧洲模式与欧美关系：2003—2004年欧洲发展报告》，中国社会科学出版社2004年版，第3页。

② 林尚立：《集权与分权：党、国家与社会权力关系及其变化》，《复旦政治学评论》（2002年辑），上海辞书出版社2002年版，第152—153页。

织。事实上，政党首先是组织，政党的组织分析属于一种传统的研究路径。从世界范围来看，使共产主义政治行动显得更加有力的根本机制就是组织，① 组织是共产主义的力量源泉。中国共产党尤其重视组织建设，新民主主义革命时期，组织就是革命的主要武器；新中国成立后，党组织在国家政治生活和经济社会发展中发挥着举足轻重的作用，党的二十大报告中明确指出，"严密的组织体系是党的优势所在、力量所在"②。各级国家机关、事业单位及基层社会组织等都设有党组织，党借助党组织与国家、社会紧密连接起来。一直以来，党的路线、方针与政策也依靠各级党组织落实推行，可以说，党组织在党总揽全局、协调各方的过程中发挥着堡垒和枢纽作用。概言之，党的组织体系及其运行是中国政治中的重要现象，对党组织进行深刻的学理认识是研究中国权力体系的理论原点。

《中国共产党党内统计公报》显示，截至2023年底，全国共有党的各级地方委员会3199个，其中省（区、市）委31个，市（州）委397个，县（市、区、旗）委2771个；党的基层组织517.6万个，其中城市街道党组织9125个、乡镇党组织29620个、社区（居委会）党组织119437个、行政村党组织488959个、机关基层党组织77.1万个、事业单位基层党组织99.7万个、企业基层党组织160.0万个、社会组织基层党组织18.3万个。③ 数量如此众多的党组织，究竟如何分类？不同类型的党组织又有哪些特点？按《中国共产党章程》（以下简称"《党

---

① H. F. Schurmann, "Organisational Principles of the Chinese Communists", *The China Quarterly*, No. 2, 1960, pp. 47-58.

② 习近平：《高举中国特色社会主义伟大旗帜　为全面建设社会主义现代化国家而团结奋斗——在中国共产党第二十次全国代表大会上的报告》，人民出版社2022年版，第67页。

③ 《中国共产党党内统计公报》，共产党员网（https://www.12371.cn/2024/06/30/ARTI1719735578467540.shtml），最后访问日期：2024年7月13日。

章》"），党组织被划分为党的中央组织、党的地方组织和党的基层组织。这一分类主要突出党组织的层级特征。《党章》相关规定完成了对党组织的结构化安排，更重要的是《党章》确立了"个人服从组织，少数服从多数，下级服从上级，全党服从中央"的组织原则。在此组织原则的统摄下，党员必须服从党组织安排，党组织讨论问题必须按少数服从多数表决决定，党的下级组织必须坚决执行上级组织的决定，全国性重大政策问题只能由中央决定。这样的组织原则使重大事项、关键信息等决策资源由下级向上级传递，由地方向中央传递，最终聚拢于党中央，以保证上级和中央党组织作出正确决策；党中央各项决定、任务与政策则自上而下传导，最终在各地区、各组织得以贯彻执行。《党章》中关于组织体系分类和组织原则的规定，形塑出中国共产党内部纵向层级严密，党员统一思想、统一意志、统一行动的组织格局。

《党章》对党的组织层级、组织制度、组织原则和组织纪律作出明确规定，这些规定能够帮助我们认识党的内部组织结构。但党与国家机关、社会组织等外部系统的关系也始终是学术研究的重要面向，政党与社会群体之间有着怎样的互动关系，一直以来也是西方社会学关注的核心问题之一。[①] 在中国，党与社会群体的互动关系既存在于政治生活中，也存在于社会生活的各个方面。因此，我们引入"国家—社会"分析框架。国家与社会是社会科学研究领域的基本范畴，也作为一个基本分析框架而被广泛应用。比如，杜赞奇使用国家与社会分野来研究 20 世纪的华北农村，不过他用"社会"指代国家政权外的乡村社会；[②] 米格代尔则更明确地提出国家观念有社会边界，将国家与其他非国家或私人成员、社

[①] 张跃然：《反映社会还是塑造社会？——国外社会学讨论"政党—社会关系"的两条路径》，《社会学研究》2018 年第 3 期。

[②] 参见［美］杜赞奇《文化、权力与国家——1900—1942 年的华北农村》，王福明译，江苏人民出版社 1996 年版。

会力量区分开，并基于此来研究国家和社会的相互关系。① 国内理论界运用"国家—社会"框架时，往往赋予国家、社会以实质内涵，其研究大致可分为两类：一类将"社会"视为国家之外的范畴，将不能纳入国家的分析对象全部划归社会；另一类则试图在中国发现或否定如想象中的"国家"一样严整、系统性的社会组织。② 在前一类研究中，国家可视为与政府/公共权力机构等值，它与市场和社会组织对称，后者便属于社会范畴。在后一类研究中，社会被赋予更具体的内涵，比如有学者将脱离国家全能主义控制的专业社团作为国家组织的反面。③ 本章所使用的"国家—社会"视角更偏向上述第一类研究，以是否行使公权力划定国家边界，将国家之外、发挥市场和社群功能的组织全部归入社会范畴。用"国家—社会"框架分析中国共产党，既可以与西方"整体的政党""部分的政党"等观点形成理论层面的对话，又能够深入探讨党在国家体系、社会系统中的结构性位置。景跃进也曾主张以国家和社会为基本范畴进行学术分析时要"将政党带进来"，然而当引进政党视角后，一个新的难题也会出现，即"要将政党带到哪里去？是带进社会之中，还是带入国家之内，抑或在国家与社会之外自设一个独立的节点？"④ 换言之，中国共产党与国家、社会存在怎样的关系？

　　欧美现代意义上的政党始终处于社会之中，正如萨托利所描述的，政党作为"部分"而存在，表达和传递不同利益群体的诉求。社会中的政党一旦赢得竞选，就能够组建政府，进入国家，成为执政党；执政期

---

① ［美］乔尔·S. 米格代尔：《社会中的国家：国家与社会如何相互改变与相互构成》，李杨、郭一聪译，江苏人民出版社2013年版，第18页。

② 肖瑛：《从"国家与社会"到"制度与生活"：中国社会变迁研究的视角转换》，《中国社会科学》2014年第9期。

③ 顾昕、王旭：《从国家主义到法团主义——中国市场转型过程中国家与专业团体关系的演变》，《社会学研究》2005年第2期。

④ 景跃进：《将政党带进来——国家与社会关系范畴的反思与重构》，《探索与争鸣》2019年第8期。

满或难以满足选民诉求便会下野，成为在野党。因此，处于社会中的西方选举型政党，通过竞选机制在社会和国家之间流动。在中国，党领导人民革命取得执政党合法地位，组织政权、领导并管理社会，其与国家、社会关系的紧密程度远非西方国家可比。林尚立认为，国家与社会的关系不是简单的两者之间的关系，因为作为领导中国发展的核心力量，中国共产党不仅是国家政治生活的领导核心，而且是中国社会的组织核心，[1] 并较早在研究中建立政党、国家、社会的三元关系框架，其中政党是基础和轴心。其后，景跃进借村庄中乡镇党委和村支委特殊的"两委"关系，指出党政关系与国家和社会之间的联系存在着相当程度的重叠和交织，[2] 继而他进一步提出在"党政体制"的国家中，国家只有与政党一起才能构成完整的公权力概念。[3] 我们则根据事实考察进一步指出中国共产党的组织部分置于国家之中，还有相当的部分处于国家公权力体系之外，存在"党在国家中"与"党在社会中"两种状态，并且形成从国家到社会的连续谱。[4]

上述学者针对政党、国家和社会关系的研究，相关结论都具有很强的启发意义，从中我们可以至少得出两点结论。第一，必须认识到中国共产党的地位，党是领导一切的，是政党、国家和社会三方关系中的核心，从这个角度来看，党在国家和社会之上。第二，党组织与国家、社会存在重合、交叠之处，党与国家的联系尤其紧密，忽视这点就无法展

---

[1] 林尚立：《社区自治中的政党：对党、国家与社会关系的微观考察——以上海社区为考察对象》，载上海市社科联等《组织与体制：上海社区发展理论研讨会会议资料汇编》，2002年，第48—58页。

[2] 景跃进：《党、国家与社会：三者维度的关系——从基层实践看中国政治的特点》，《华中师范大学学报》（人文社会科学版）2005年第2期。

[3] 景跃进：《将政党带进来——国家与社会关系范畴的反思与重构》，《探索与争鸣》2019年第8期。

[4] 皇甫鑫、陈国权：《基于国家—社会分析的党组织属性识别与分类建设》，《江海学刊》2023年第1期。

现党组织与国家、社会的互动,更难以呈现党组织在国家建设和社会管理过程中发挥的巨大作用及其创造的生动实践。林尚立曾言,现代政党不是制度的直接组成部分,许多国家的宪法都未明确规定政党地位,但任何政治制度的运行都离不开政党,因此政党拥有"形"在制度外、"体"在制度内的独特角色定位。① 不妨按这个思路来重新审视政党与国家、社会的关系。从实质来看,作为整体的中国共产党是国家与社会的核心,处于至高领导位置;具象来看,党的组织分别嵌入国家和社会,形成国家性质党组织和社会性质党组织,将党的意志投射到国家和社会中去,以实现领导功能,可以说,形式上党又在国家、社会之中,形成"质"在其外、"形"在其中的立体性结构(见图2-1)。

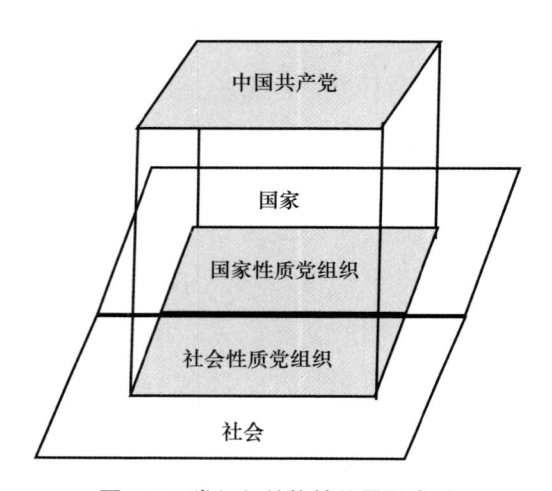

图 2-1 党组织结构性位置及类型

总之,中国共产党与国家、社会间的关系不是简单的三元分立。整体来看,国家与社会都是围绕中国共产党这个核心发展起来的,党以其

---

① 林尚立:《政党政治与现代化——日本的历史与实践》,上海人民出版社1998年版,第1页。

强大的领导力统领国家和社会,实质上居于至高位置。具体来看,党在形式上又通过组建党组织连接了国家和社会,无论所谓"以党建国""党政体制""政党国家",① 还是所谓"政党与社会一体化""政党组织社会",② 这些结论都是党组织内嵌于国家和社会之中的现实情况。易言之,中国共产党的 500 多万个党组织与国家和社会紧密嵌连,一部分党组织与国家机关相结合,行使公共权力;一部分党组织则处于社会之中,担负引领社会主体及处置相关社会事务的责任。根据组织场域性质的差异,将党组织分为国家性质党组织和社会性质党组织。③ 一方面,党的中央组织、地方组织与各级国家机构都存在紧密的联系,特别是党的地方组织按地方行政区域建立,省、市、县(区)、乡镇(街道)等各级行政区域都设有党委,各个层级的国家机构也都设有党组织,这些党组织与宪法意义上的国家机构共同构成完整的国家公权力体系。另一方面,事业单位、基层社会组织和一些企业亦都设有党组织,《党章》规定企业、农村、机关、学校、医院、科研院所、街道社区、社会组织、人民解放军连队和其他基层单位,凡是有正式党员三人以上的,都应当成立党的基层组织,可见,还有一部分党组织广泛嵌入社会,在处理社会事务时发挥重要作用。前者如党中央,党的省级、市级、县(区)级、乡镇(街道)委员会以及设置在国家机关中的党组,可以称为国家性质党组织;后者如各企事业单位、农村、街道社区、社会组织等团体中的党组织,可以称为社会性质党组织。总的来说,中国共产党组织的独特性体现为其在国家和社会中的结构性位置。这种结构安排一定程度上影响

---

① 任剑涛:《以党建国:政党国家的兴起、兴盛与走势》,《江苏行政学院学报》2014年第3期。
② 肖存良:《政党与社会的一体化:中国共产党执政规律新认识》,《甘肃理论学刊》2013年第5期;叶敏:《政党组织社会:中国式社会治理创新之道》,《探索》2018年第4期。
③ 为方便说明,这里我们将一些处于公域和私域混合地带的党组织,如国有企业、事业单位、基层自治组织党委视为国家和社会之间的组织进行简化处理,也视为社会性质党组织。

了党的组织属性和治理结构。一方面，借助国家性质党组织和社会性质党组织，党的意识形态、价值取向、方针战略和工作机制在国家、社会中得以顺利推行。另一方面，国家和社会运行都遵循各自的逻辑，嵌入其中的党组织在治理国家、管理社会的长期实践中也会不可避免地衍生出有别于政党本身性质的组织属性。

二 党组织的双重属性：国家属性与社会属性

由于建立在不同场域，国家性质党组织和社会性质党组织在长期实践中获得了不同的组织特性。国家性质党组织履行国家公共职能，承担国家公共责任，行使国家公共权力，参与国家公共管理，其成员皆为国家公务员，具有国家机构的公权力性质，是中国特色的"国家"的核心组成部分。因此，国家性质党组织具有国家属性。同样，社会性质党组织内嵌于企事业单位、基层社会中，履行社会职能，承担社会责任，参与社会管理，处理社会事务，其成员拥有社会组织成员身份。因此，社会性质党组织具有社会属性。国家属性和社会属性的差异，明显地体现在国家性质党组织和社会性质党组织的日常运行之中。

实际上，在共性之外聚焦不同党组织的特性，不难发现国家性质党组织和社会性质党组织在组织目标、成员身份、权力性质、组织功能、组织责任及组织逻辑方面都存在显著差别，这些差别集中反映了党组织的国家属性和社会属性（见表2-1）。

表2-1　　　　　　　　中国共产党的双重属性比较

双重属性	国家属性	社会属性
组织目标	实现公共利益	实现本组织愿景

续表

双重属性	国家属性	社会属性
成员身份	国家公务员	社会组织成员
权力性质	公共权力	社会组织管理权
组织功能	法定职责	社会功能
组织责任	国家建设责任	组织发展责任
组织逻辑	政治逻辑、行政逻辑	市场逻辑、专业逻辑

国家性质的党组织具有国家属性。从组织目标上看，国家机关之所以存在，是为了保障公民权利与安全、满足公众需求、形成公正良善的政治秩序，以维护公共利益。因此党组织的国家属性强调公共利益为先，以彰显公共性为导向。从成员身份上看，国家性质党组织中成员不仅拥有党员身份，同时也是履行公职、拥有行政编制、享受国家财政的国家公务员，他们要对国家行政管理活动负责。从权力性质上看，国家性质党组织所行使的权力带有明显的公共性，致力于保障国家整体利益，本质上是国家公共管理权。从组织功能上看，国家性质党组织在落实党的政治建设责任、凸显党和国家机关的政治属性之外，还必须履行宪法和法律赋予的各项职责。从组织责任上看，国家性质党组织全面承担着国家建设责任。如《中国共产党地方委员会工作条例》规定党的地方委员会对本地区经济建设、政治建设、文化建设、社会建设、生态文明建设实行全面领导，对本地区党的建设全面负责；《中国共产党党和国家机关基层组织工作条例》规定党和国家机关基层党组织不领导本单位业务工作，但要承担协助本单位负责人完成任务、改进工作的责任。国家建设的核心在党组织，国家性质党组织必然也对国家建设负责。从组织逻辑上看，国家性质党组织的成员又是公务员，行为上不仅要遵循党章的规定，也要受宪法和法律的约束，根本上要遵从顶层政治设计、服从科层

管辖，体现为一种政治逻辑和行政逻辑。

　　社会性质的党组织具有社会属性。从组织目标上看，不同社会组织设立之初都有其特殊的组织愿景，如企业以营利为追求、高校以育人为本分、慈善组织等第三部门以公益为使命、基层组织以实现自我管理和自我服务为目的等，组织涉及的领域不同导致组织目标存在多元化和差异化，这决定了社会性质党组织在实现政治建设、政治引导目标之外，还要致力实现组织愿景。从成员身份上看，社会性质党组织的成员在党员身份之外，还有独特的职业化角色，如企业董事会成员、经理人员、医生、学校教师、居民和村民等，其在组织内的工作由职业要求、职业道德、行业规范及组织责任所规定。从权力性质上看，社会性质党组织的权力因组织管理需要而诞生，影响力及于组织内部成员，本质上是组织管理权。从组织功能上看，社会性质党组织更突出的功能是引领和保障本组织经营发展，实现社会分工所赋予本组织的功能。从组织责任上看，社会性质党组织的工作内容决定着其要承担好本组织发展的责任，如《中国共产党普通高等学校基层组织工作条例》中规定高校党的建设与人才培养、科学研究、社会服务、文化传承创新、国际交流合作等深度融合，中组部发布的《关于在个体和私营等非公有制经济组织中加强党的建设工作的意见（试行）》中明确党建工作和思想政治工作要与搞好企业的生产经营紧密结合。这些规定内含着社会性质党组织要具备对本组织业务负责的精神。从组织逻辑上看，社会性质党组织更具灵活性，更强调尊重市场规律和行业发展规律，如企业按市场需求调整和分配资源、学校根据人才发展规律培养学生、医院的医生要恪守职业道德依专业技能开展活动等，这是市场逻辑、专业逻辑的体现。

三　党组织的双重治理结构：自我治理与国家治理

　　在理顺与外部环境的关系、党权与政权的关系后，中国共产党还面临两大治理问题。一方面，中国共产党的组织数量众多、无处不在，国家机关、企业、学校、村庄、社区都设有党组织，必须保证每个党组织发挥应有的作用，那么，规模如此庞大的党组织该如何进行内部管理确保其发挥领导功能？另一方面，中国共产党肩负国家和社会建设责任，如何使党的路线、方针和政策在国家活动中得以贯彻？如何组织、整合、管理社会以推动社会迅速发育、自主性成长？

实际上，以上问题都涉及党的内部治理和治国理政方式。前者涉及治党问题，后者涉及国家治理问题。自1978年以来，中国共产党一直在探索如何调整自身的建设以及党、国家和社会的互动关系，以更好地适应国家和社会的现代化建设。考察中国共产党的长期实践，可以发现中国共产党治理国家始终沿着两条主线进行。首先，党的领导是第一位的，不管如何改革，党组织在国家和社会中的领导地位没有改变，"打铁必须自身硬"，党确保自身领导地位的前提是不断保持自身先进性，这意味着要从严管党治党不松懈。其次，不同于新中国成立初期高度集中的体制，地方和基层越来越多地掌握了主动权，社会中许多非国家组织越来越多地掌握了对许多活动的管理权，党组织也不直接执行具体业务，而是更多地发挥领导作用，在国家和社会领域由专业工作系统负责具体业务。于是，中国共产党逐步形成一种既确保党的领导又兼顾分工治理的"双层治理结构"，即党通过党规党纪引领党组织建设，管理国家性质党组织和社会性质党组织，形成第一层治理结构；再由国家性质党组织和社会性质党组织分别领导国家机构、各企事业单位和社会团体，实现国家治理、社会管理，形成第二层治理结构（见图2-2）。

在第一层治理结构中，以党中央为核心统领党员和各级党组织，本质上遵循政党行动逻辑。政党逻辑主要体现为加强党组织建设，建立健全党管干部体制，坚持"个人服从组织，少数服从多数，下级服从上级，全党服从中央"原则，要求国家性质党组织和社会性质党组织的党员绝对忠诚、严守纪律、团结一致，不断进行自我净化、自我完善、自我革

```
┌─────────────────────────────────┐
│     ┌──────────────────┐        │──── 第一层治理结构
│     │   中国共产党      │        │
│     └──────────────────┘        │
│  ┌──────│──────────────────┐    │
│  │      ↓      国  家       │    │
│  │  ┌──────────────────┐   │    │
│  │  │  国家性质党组织   │   │    │
│  │  └──────────────────┘   │    │  ╮
│  │      │         │         │    │  │
│  │      ↓         ↓         │    │  ├── 第二层治理结构
│  │  ┌──────────────────┐   │    │  │
│  │  │  社会性质党组织   │   │    │  │
│  │  └──────────────────┘   │    │  ╯
│  │            社  会         │    │
│  └─────────────────────────┘    │
└─────────────────────────────────┘
```

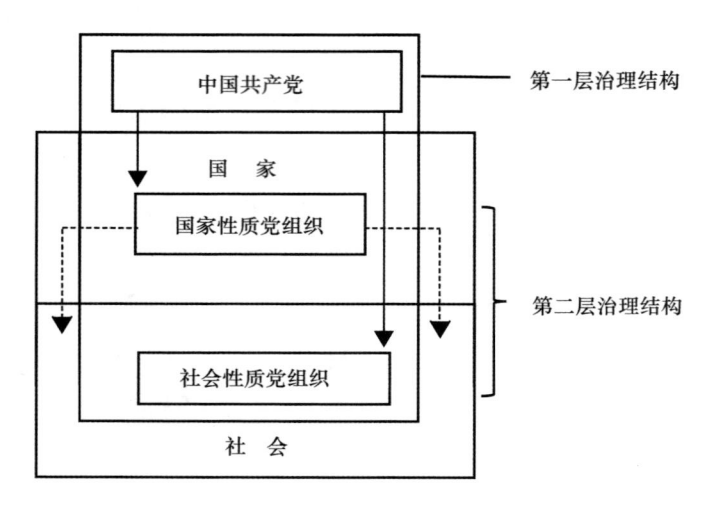

图 2-2　中国共产党双层治理结构

新与自我提高，增强党的自我管理与组织建设力度。具体来说，党以其高度的组织性和纪律性并借助意识形态、党规党纪去组织领导、教育管理和约束党员，通过党组织建设引领国家性质党组织和社会性质党组织，实现党要管党、全面从严治党目标，完成自我治理。

中国共产党以政党逻辑统领国家性质党组织和社会性质党组织，实现自我治理的表现可归结为以下四个方面。第一，以统一的意识形态凝聚思想。不同时期党的历史使命融合于强烈的意识形态中，党组织中心工作通过意识形态得以阐释，党员的宣传教育也围绕意识形态展开，全体党员思想因党追求的目标而统一起来。第二，以严格的政治纪律统一行动。党的政治纪律是维系思想统一的保证，也是确保党员行动一致的保证。鲜明的政治纲领、严密的组织体系、严格的党规党纪形成党组织的基本特征，这些特征决定了党员的基本行动模式，表现为"讲政治""守规矩"，不得逾越意识形态底线等，党员言论与行动必须紧紧围绕党的路线、方针和政策展开。第三，以党管干部原则作为管理机制。凡是干部管理及相关事务均由党的各级委员会及职能部门专责处置，无论是国家性质党组织还是社会性质党组织，其领导干部的考察、选拔、任用之权均专属于党。第四，以党内监督实现对各级党组织的监督指导。党的中央组织、党委（组）、党的纪律检查委员会、基层党组织和党员是党内监督主体，通过自上而下的组织监督、自下而上的民主监督、同级相互监督等形式增强自我净化、自我完善、自我革新、自我提高能力，确保党章、党规、党纪在全党有效执行。

在第二层治理结构中，党通过国家性质党组织与社会性质党组织实现国家和社会治理。毫无疑问，国家性质党组织是国家机构的核心，政权组织中的党委或党组承担着重大事项的决策责任，以归口管理、领导小组及党组等形式领导国家机构及其部门，进而完成对国家公共事务的治理。社会性质党组织，比如各类国有企事业单位、农村、社区中的党委（党支部）是治理社会事务的领导核心，领导和保障社会领域的管理，社会性质党组织一般不直接用党的命令指导具体业务工作，也不用党组织自身替代这些社会团体，而是发挥党委总揽大局的领导指挥和组织保障作用，通过干部输送和党员管理等机制推行党的意志，把控社会各团体的运转方向。

需要说明的是，国家机关本身也担负管理社会的职责，因此国家性质党组织作出的许多决策也会影响社会领域。有的社会组织是由国家机构派生的，在人事、财务和核心决策等方面附属于政府部门，[1] 二者因隶属或派生关系而产生国家机构对社会组织的直接和间接管理关系，如国资委系统直接指导国有企业、教育行政管理部门直接管理高校。此外，虽然不存在严格意义上的隶属关系，有的国家机构与社会组织存在对口管理的关系，如民政部门与其对口的第三部门组织、司法行政部门与律

---

[1] 史普原、李晨行：《派生型组织：对中国国家与社会关系形态的组织分析》，《社会学研究》2018 年第 4 期。

师事务所等。所以，一部分国家性质党组织在某种程度上引领社会建设，也是不容忽视的现实情况（这些情况在图2-2中以虚线表示）。

与运用政党逻辑实现自我治理不同，在国家性质党组织和社会性质党组织领导国家和社会的过程中，党员不仅仅是党的成员，也是国家和社会建设的参与者，这样的情境导致了不同性质党组织的行动要遵循国家和社会发展的规律，即国家性质党组织要遵循国家治理逻辑，社会性质党组织要遵循社会治理逻辑。为加深认识，我们从治理主体、治理对象、治理行动三方面入手，来比较国家治理逻辑与社会治理逻辑的差别（见表2-2）。

表2-2　　　　　　　　　中国共产党的双重治理逻辑比较

比较维度		国家治理逻辑	社会治理逻辑
治理主体	组织性质	国家性质党组织+国家机构	社会性质党组织+社会组织
	成员身份	国家公务员	职业化身份
治理对象	治理对象类型	公共事务	准公共事务、私人事务
	治理对象性质	强政治性	强社会性
治理行动	行动依据	党纪国法	法律法规、行业或社会规范
	行动模式	刚性科层制	弹性化、参与化、专业化

从治理主体来看，在国家领域的治理中，国家性质党组织及国家机构发挥主体作用，其组织成员拥有国家公务员身份。社会性质党组织及所属社会组织则是社会领域的治理主体，其本质不是国家机构而是社会组织，成员拥有职业化的社会身份。从治理对象来看，国家性质党组织的事务大多为公共事务，这些事务具有政治性，关乎国家和地区稳定与发展；而社会性质党组织属于基层党组织，治理事务具有较强的社会性，可以调动社会力量来处理。从治理行动来看，国家性质党组织成员作为党员，尤其要严格遵守党规党纪，作为公务员，其行为受行政法体系下

的法律法规约束，必须依法行政。无论是党的体系还是国家机构体系，都是层级分明、结构完整的体系，具有很强的科层制色彩。社会性质党组织因内嵌于经济、文化、社会等多种组织之内，而这些组织除受法律法规约束外，实践中也受行业或社会规范约束，如企业强调依本行业约定俗成的规范行事，村规民约、民风民俗对村庄起到制约作用等。此外，不同社会组织的行动模式差异较大，比如参与市场竞争的企业，会随时根据市场变化调整组织行为，以慈善机构为代表的第三部门更希望以参与式治理的方式吸纳更多成员；而高校治理中，专家、教授作为专业人士可能会发挥很大作用，因此，在行动上社会组织更讲究弹性化、参与化和专业化。

　　虽然形成了稳定的双重治理结构，但不意味着当前党的治理体系已经实现高效率、高质量运转。国家性质党组织呈现政党与政府双重属性，而社会性质党组织则具备特有的社会属性。如果不能清晰认识和科学区分党组织的不同类型、主要功能、行动逻辑，一定程度上就会影响组织效能的发挥。实际上，在涉及上述所有主体的治理实践中，党必须正视三组矛盾，即政党逻辑与国家逻辑、政党逻辑与社会逻辑、国家逻辑与社会逻辑之间的张力。前文已讨论过，政党逻辑要求共产党员意识形态统一、行动一致、纪律严明，服从上级、服从全局，强调整体利益。就国家治理而言，中国各地区自然条件、发展程度各不相同，各地对公共管理、公共服务的要求差异也很大。这样的治理过程就要求各地发挥主观能动性，根据具体情况制定和推行相关政策。而政党逻辑的一致性与国家治理的差异性是一组对立概念，一些地方党委在政治实践中可能容易忽略国家属性，不能充分发挥中国共产党的公共管理者角色的作用，导致政党逻辑遮蔽国家逻辑，不恰当地强调政党属性而突破规则制度、损坏经济效益，不恰当地强调服从而不能充分调动地方和基层的积极性，不恰当地强调统一性而不尊重地区差异性等。

　　就社会治理而言，不同行业、不同领域社会组织的任务与诉求更是千差万别，全靠一致的行动很难保证社会组织繁荣和发展。国家治理与社会治理的张力则更为突出。许多情况下，国家机构因隶属或业务关系对社会组织进行直接或间接的管理，由于治理逻辑不同，可能出现国家机构不恰当地强调国家利益而忽视社会利益，不恰当地强调政治统治而忽视社会组织的自治性、专业化及市场化，不恰当地将公权力侵入社会领域等现象。这几类矛盾与张力在新中国70多年的治理实践中留有很深的印记。因此，党组织在自我治理和国家治理活动中，要尊重国家和社会发展规律，认识到国家性质党组织和社会性质党组织的功能差异，调和党组织不同属性间存在的张力，处理好国家治理与社会管理的关系，以迎接现代化建设中要面临的各种挑战。

　　总的来说，一方面，认识到党组织嵌套在国家和社会中，形成了国家性质党组织和社会性质党组织的差异，才能有针对性地对党组织进行分类建设。另一方面，从理论上划分国家性质党组织和社会性质党组织能够帮助我们分别从内部和外部以新的角度理解中国共产党的治理逻辑。中国共产党的领导体制及治理方式，呈现出"整—分—合"的逻辑关系。首先，中国共产党有处于国家、社会之上的领导地位，形式上又将党组织内嵌于国家和社会之中，党组织便有国家性质和社会性质之分。无论是国家性质党组织还是社会性质党组织，其成员必须严格遵守党规党纪，听从党的号召，这是党的第一层治理结构即党员管理或自我管理。其次，党对国家和社会的治理其实是有分工的，国家性质党组织和社会性质党组织分别领导、管理国家和社会事务，形成党的第二层治理结构。最后，国家性质党组织和社会性质党组织并不是分离的，最终两者相互协调，统合于作为整体的执政党——中国共产党的统一领导之下。此外，"国家—社会"视角下对党组织的讨论，进一步明确了上文提及的"党和国家"这一公权力概念的具体含义，即广义政府是国家性质党组织与宪法意义上的国家机构的总和，亦即中国国家治理体系的主体。

四　国家性质党组织与社会性质党组织的分类建设

实践中，由于没有清晰认识和科学区分党组织的不同类型，一定程度上影响了组织效能的发挥。因此，需要在坚持党的政治原则的基础上，依据党组织的不同类型分别引入国家建设和社会建设的相关理论，通过党组织双向嵌入的方式构建国家与社会的良性合作关系，从而提升党治国理政的整体水平。

（一）将国家理论带进国家性质党组织建设

中国共产党是政治领导的核心力量，嵌入国家体系的党组织要发挥好引领国家建设的作用，而引领国家建设离不开科学的国家理论。中国共产党先于新中国诞生，领导国家建设、参与国家治理、推动国家发展，这决定了中国共产党必然具有一定的国家属性，区别于西方政党。因此，我们要避免用西方政党理论分析国家性质党组织，也不能只以政党的视角来看待国家性质党组织，还应当带进国家公权力和国家公共治理的视角。换言之，中国共产党不仅具有传统政党所具有的政党属性和功能，在公共治理维度还具有较强的国家属性和功能。当前，中国共产党在健全、完善政党属性和功能的同时，越来越凸显出国家公共治理属性和功能，全面领导经济社会发展和公共事务治理。因此，需要明确国家性质党组织在坚持党建原则和政党逻辑的基础上，还要遵循国家治理的基本原理，将科学的国家理论引入国家性质党组织建设，从而丰富党建理论。在国家理论中，央地关系、国家与社会关系、法治、权力结构与过程的分析等是最核心的议题，处理好这些议题在当前的国家性质党组织建设中非常重要。

央地关系是国家建设中极为重要的关系类型，央地关系的调整反映出国家运行逻辑的侧重。一些研究认为，改革开放以来中国经济快速增长的主要原因之一就在于中央向地方进行经济放权，激发地方政府的积极性和竞争性，主张地方政府因地制宜谋发展。值得注意的是，当前关于央地关系的研究更多地强调政治服从，这在政党政治建设中有其特定意义。但当认识到各级地方党委除了具有政党属性之外还具有国家属性的时候，就需要重视政党系统在领导地方经济建设时的央地关系问题。在当前的各级地方治理中，党委是最为核心的决策者，这就需要地方党委等国家性质党组织根据地方的基本情况实事求是地做好科学决策，在地方决策与中央政策之间实现协调统一，处理好政党系统内部的央地关系问题。此外，将条块关系理论引入政党理论也有其必要性。条块关系不仅是治理目标调整的制度工具，也是推动央地协调发展的重要举措，在国家性质党组织中条块之间不同的关系模式通常会产生不同的治理效果。例如，纪委实行双重领导机制，当实行双重领导并以同级党委领导为主时，一级地方纪委会更多地被地方党委统合，其专责监督职能的发挥会有所限制，服务于经济中心工作的功能会被强化；反之，纪委实行双重领导并以上级垂直领导为主时，一级地方纪委将会更多地接受上级纪委的领导，纪委的监督主责会加强，非监督职能会弱化，从而产生监督效果佳、政治生态好的效果。因此，如何配置央地关系对于国家治理效能的发挥至关重要，可以将央地关系的国家理论带入国家性质党组织建设，讨论党组织的央地关系及其条块关系。

国家—社会关系是国家理论的重要面向。当前对国家—社会关系的讨论通常有两条路径：一条是讨论国家机构与社会的关系，如乡镇政府与村庄、地方人民政府与企业的关系；另外一条是不加区分地讨论公权力与社会的关系。事实上，党组织与社会的关系、国家机构与社会的关系存在差异。但在当前党建相关研究中，相对缺乏党组织与社会关系的讨论。基于此，可以首先讨论国家性质党组织与社会性质党组织的关系，如讨论地方党委与企业党委、社会组织党委的关系，进而讨论国家性质党组织与社会体系中各类组织以及人民群众的关系。此外，国家—社会关系理论还研究国家与社会之间的对抗或合作关系的建构。显然，如何在治理过程中形成党组织和群众之间的良性互动关系,既是提升党治国理政水平的需要,也是践行以人民为中心的要求。

在国家理论中,法治与法的建设研究历史悠久,可追溯至古希腊与古罗马时期诞生的任期制与法制,而后逐步发展出庞大的法治国家理论体系。当前枝叶繁茂的法治理论体系在一定程度上是围绕国家机构所行使的公权力与私权利的互动关系展开的。在中国治理实践中,党的法治建设极为重要,其在一定程度上会带动国家法治建设。近年来,党内法规研究的兴起在某种意义上是将国家法治理论带入党的建设的典型例子,学界运用国家法治理论丰富和完善党内法规建设,以切实规范国家性质党组织的合规运行。此外,系统研究党内法规与国家法律的衔接,也是统筹推进公权力规范运行的必要路径。

(二) 将社会理论带进社会性质党组织建设

社会体系(学校、企业、社会组织、基层村社等)的发展有其自主性和内在逻辑,当前社会体系的过度行政化一定程度上源于过多地将国家建设的政治原则带入了社会性质党组织建设。因此,需要将社会理论带回社会性质党组织建设,以更加科学的方式加强党对社会体系的领导,实现党的领导和社会体系发展的统一。

其实,当前中国已逐步开展社会体系中党的建设的探索,主要体现在高校、医院和中小学教育等社会领域。在高校管理领域,2016年,中共中央、国务院颁发的《关于加强和改进新形势下高校思想政治工作的意见》提出,要坚持和完善党委领导下的校长负责制,必须坚持党委的领导核心地位,保证校长依法行使职权,建立健全党委统一领导、党政分工合作、协调运行的工作机制。在医院管理领域,2018年,中共中央办公厅印发的《关于加强公立医院党的建设工作的意见》鲜明地提出,要提升公立医院基层党建工作水平,实行党委领导下的院长负责制;同时,规定二级及以上的公立医院、市属及以上的公立医院、设党委的公立医院,应当实行党委书记、院长分设,其中,党委等院级党组织发挥把方向、管大局、作决策、促改革、保落实的领导作用,院长在医院党委领导下,全面负责医院医疗、教学、科研、行政管理工作。在中小学管理领域,2021年通过的《关于建立中小学校党组织领导的校长负责制的意见(试行)》,确立了党组织领导的校长负责制,提出要协调好中小学管理的政治目标与教育目标。

从以上可以看出,在社会体系中普遍存在"专长交错"的治理模式。所谓"专长交错",主要是指政治权力与专业能力交错配置,政治权力相对较小的行政领导(医院院长、学校校长、企业经理等)往往选择专业能力较强的人来担任;而政治权力相对较大的党组织领导,一般不会特别强调任职人选的专业能力。这种"专长交错"的制度安排形成了事实上的制约关系,这种事实上的制约关系具有控制、激励与调试等功能。与之不同,在地方党政机关中,"专长交错"现象则较少存在,这是因为党政机关需要形成专长一致的关系模式。简而言之,"专长交错"的制度安排是国家原则与社会原则结合的产物,是将自主性原则带进社会性质党组织建设的探索之一。

在中国场景下,社会体系的健康快速发展既需要加强党的领导,又需要遵循社会体系运行的一般性规律,二者不可偏废。若一味地将政治原则带入社会体系中,那将会使社会体系自身的发展活力受到约束,从而降低社会生产的效率;反之,若只强调社会体系运行的自主性,而忽视加强党的领导,可能会出现无序发展的局面。因此,二者需要统筹发展。就目前来看,过度行政化的问题在于一定程度上忽视了社会体系运行的一般性规律和逻辑。因此,我们需要将这一逻辑带回来,即将社会理论带进社会性质党组织建设,从而在实践中加强社会性质党组织建设,引领社会体系发展。例如,对国有企业党组织的建设不仅要关注党务能力和水平,还要注重其经营性,并且其经营性职能要更加独立自主。在学校、医院甚至基层治理中亦如此,学校应更多地遵循教学科研逻辑,医院应更多地遵循医疗逻辑,在基层治理中要实现党的领导与基层自治的有效统一等。总之，我们需要明确社会性质党组织在具有政党属性的同时还具有较强的社会属性，要重视社会性质党组织的相对自主发展和组织社会的基本原则。同时，要运用科学的社会理论指导社会性质党组织建设，避免简单地套用国家性质党组织甚至国家政治建设的原则来建设社会性质党组织。

第三节 广义政府整体性的"结构—过程"分析

如前文所述，党组织可以被划分为国家性质党组织和社会性质党组织，广义政府是国家性质党组织与国家机构组成的统合整体。那么，如何理解广义政府的整体性？广义政府的统合整体有哪些具体表现？一言以蔽之，在广义政府中党组织与国家体系同属于一个治理体系，在同一治理体系中党组织通过权力机构和制度安排领导国家机构，形成统一的、系统的整体性关系，在整体性之下，党组织又与各国家机构协作分工，最终实现国家治理的功能。当下，广义政府呈现整体化特征有其历史延续性和实践连贯性。

第一，中国共产党与国家机构整体性关系格局的形成有极深的近代史渊源。20世纪初，清王朝退出历史舞台，中国却并未结束半殖民地半封建社会的状态，国家衰弱，军阀割据，社会组织涣散。在此历史背景下，中国亟须一个强有力的政治机构或政党改造国家、重塑社会。同一时期的苏俄革命为中国提供了极为可行的政治构想。"除了组织，没有别的武器"[1]，以列宁为首的布尔什维克党建立了一个集中的、严密的、纪律严格的组织，以党领政，以党治军，以党创制国家。列宁的组织理论得到近代中国政治精英的认同，特别是中国共产党，吸纳苏俄经验，把

---

[1] 《列宁选集》（第一卷），人民出版社2012年版，第526页。

党建成一个具有群众基础的政党，将组织化的力量发挥到极致，发动和实行"组织革命"，把现代资本主义冲击下溃散的中国社会重新组织起来，重建了现代化取向的中央集权国家。① 在革命时期严酷的社会环境下，以内部整齐划一和高度凝聚来抵御压力，形成了严格的组织纪律、严密的组织结构，塑造出共产党独特的政党特性和行动逻辑，建立了党的一元化领导体制。质言之，中国共产党一手完成建党、建军、建政，搭建起中国公权力体系，广义政府的整体性便是历史痕迹的体现，也是革命时期形成的党一元化领导体制的延伸。

第二，中国共产党与国家机构整体性关系格局形成于约束条件下国家建设的探索和实践。中国的国家发展与现代化历程建立在党的领导及社会主义公有制的经济基础上，这是一切政治活动的出发点。新中国成立后，一系列体制、机制和制度都围绕党的全面领导和建设社会主义的目标而设计。比如，1949 年，中共中央发布《关于在中央人民政府内组织中国共产党党委会的决定》和《关于在中央人民政府内建立中国共产党党组的决定》，确立了党对政府机构的领导。再如，1953 年，中共中央作出《关于加强干部管理工作的决定》，建立分部分级管理干部队伍的制度，全体干部从此被纳入中央及各级党委组织部管理范围，确立了党管干部原则。此外，1958 年，中共中央又发出《关于成立财经、政法、外事、科学、文教各小组的通知》，指出党中央决定成立财经、政法、外事、科学、文教各小组，负责各个领域的大政方针和具体部署。诸如此类的制度和体制设计保证了党组织统合国家机构、干部群体、重大公共事务，实现了在工、农、商、学、兵、政等方面党是领导一切的。20 世纪 80 年代，党中央开启新一轮党和国家领导制度改革，总设计师邓小平同志指出，"改革党和国家的领导制度，不是要削弱党的领导，涣散党的

---

① 陈明明：《发展逻辑与政治学的再阐释：当代中国政府原理》，《政治学研究》2018 年第 2 期。

纪律，而正是为了坚持和加强党的领导，坚持和加强党的纪律"①。历次改革都是在原有制度基础上的改革，党政结构的整体性随着实践一直延续至今。

一 效率导向下广义政府的整体性

广义政府及功能性分权理论是特定社会历史文化发展的产物，在组织场域中又不断被形塑和调整。马克思在《〈政治经济学批判〉序言》中指出，物质生活的生产方式制约着整个社会生活、政治生活和精神生活过程，② 概言之，经济基础决定上层建筑，它引领着一个国家的政治理念、权力分配和政策导向。历史引导中国选择了广义政府，而公有制的经济基础催生了广义政府的效率诉求。无论处于哪个历史阶段，物质资料生产所有制都是重要的经济基础，它能反映社会最基本的生产力情况、经济活动状况。从所有制角度来看，生产力在其中居于根本地位，对历史过程具有决定性意义，它不仅决定了一个社会所能采取的所有制形式，同时也决定了这种所有制的权力结构。③

从历史角度看，马克思擘画出未来的共产主义社会图景，革命时期中国共产党便以此为引领，凭借彻底的土地革命纲领，领导解放区完成土地改革运动，推翻中国几千年来的土地私有制，将农民从旧经济组织的束缚中解放出来，使农民成为民主革命的主要力量。土地革命是党建政立国的重要举措，实现公有制是这一时期党的理想蓝图。可以说，革命时期公有制是一面凝聚社会、引导工农联盟的重要旗帜。抗日战争胜利前夕，毛泽东在党的七大上作《论联合政府》的报告，指出新中国在

---

① 《邓小平文选》（第二卷），人民出版社1994年版，第341页。
② 《马克思恩格斯选集》（第二卷），人民出版社2012年版，第2页。
③ 陈广思：《权力、结构与方法：论马克思主义的所有制思想——兼论历史唯物主义的若干命题》，《中国社会科学》2020年第1期。

土地问题上要使"耕者有其田",帮助农民成立生产合作社,在工业上政府要采取切实举措使中国由农业国变为工业国。① 新中国成立后,根据马克思列宁主义国家建设理论,共产党人很快通过社会主义三大改造,建立起公有制和集体经济所有制。

公有制实际上给中国政府提出了更高的要求。一方面,政府管辖和支配着大量资源性资产,如森林、湖泊、矿产、土地等,手握如此体量的重要资源势必承担更多发展经济的责任,必须确保这些重要生产资源保值增值;另一方面,政府必须兑现承诺,即带动国家走向富强,保证人民过上富裕的生活。所以,对效率的追求从来都深植于公有制的中国。

新中国成立初期,虽然社会上弥漫着平等理念,特别是分配上的平等思潮,但中国的顶层设计并没有抛弃效率。改变鸦片战争以来中国的落后和贫弱,重新点燃中华民族自信心是历史赋予新政权的使命。为了摆脱落后状态,党和国家领导人多次强调要实现工业化,而且给出了时间上的规划,1953 年毛泽东同志就明确提出,"党的任务是在十年至十五年或者更多的一些时间内,基本上完成国家工业化和社会主义的改造"②,这实际上是要用十几年时间完成西方几十年乃至上百年完成的任务。此外,国际环境也不容乐观,西方国家采用经济上围堵、军事上震慑的方针对待中国,而 20 世纪 60 年代中苏关系也走在破裂边缘,中国需要增强军事实力,而这也要建立在经济基础上。"一万年太久,只争朝夕"是当时极为现实的反映。高效率实现工业化和军事现代化目标,不仅要依靠经济上的谋划,更离不开国家机构的合理运行。而当时的顶层规划并没有充分地利用国家机构,反而在"大跃进"等一场场运动中损坏了党政机构的正常运作,贬损了效率。

改革开放以来,国家工作重心转移到经济建设上来,效率则名正言

---

① 《毛泽东选集》(第三卷),人民出版社 1991 年版,第 1074—1082 页。
② 《建国以来毛泽东文稿》(第四册),中央文献出版社 1990 年版,第 251 页。

顺地成为市场经济体制所倡导的价值，深入社会生活各个领域。党和国家领导人认识到此时中国社会的主要矛盾是人民日益增长的物质文化需要同落后的社会生产之间的矛盾，作为全国人民共同利益的代表，中国共产党必须回应人民诉求，高度关注经济，调整政策。不同于前一个阶段，此时顶层设计已经着手通过党和国家机构改革，借助相应的体制机制实现经济发展目标。"发展是第一要务""增长共识"被纳入党的纲领中，地方官员树立起"为增长而竞争"的政绩观，形成一大批行之有效的发展模式。① 学术界围绕这些发展模式展开关于国家、政府及官员行为的研究，并产生大量成果。比如地方官员比拼经济增长速度开展的"晋升锦标赛"②、地方政府为获得"土地财政"而大兴土木扩张城市③、地方政府控制土地要素参与地区竞争④等。此外，政府讲求经济效率的另一层含义是地方政府化身为经营者，将辖区当作一家企业来经营，凭借资源支配权，从整体上控制和经营地区经济，政府机构在地区上呈现集权化趋势。政治集中、经济效率等特征集中体现在开发区、新城、新区、功能区等"第三区域"的开发与建设领域。"第三区域"的开发建设以效率为导向，表现为党政统合、政企统合、成立大部门制的管委会等再集权化手段，实现关联事权一体化以及重决策执行、轻监督的权力配置关系，提高决策和执行效率。⑤

在经济增长成为国家发展的重要任务的背景下，效率随着顶层设计

---

① 张军：《为增长而竞争：中国之谜的一个解读》，《东岳论丛》2005年第4期。
② 周黎安：《中国地方政府官员的晋升锦标赛模式研究》，《经济研究》2007年第7期。
③ 周飞舟：《大兴土木：土地财政与地方政府行为》，《经济社会体制比较》2010年第3期。
④ 曹正汉：《为增长而控制——中国的地区竞争与地方政府对土地的控制行为》，《学术研究》2011年第8期。
⑤ 陈国权、毛益民：《第三区域政企统合治理与集权化现象研究》，《政治学研究》2015年第2期。

传递到国家体系的各个机构中去。以经济建设为中心的国策具体化为以 GDP 增长考核和竞争为导向的激励机制，经济效率诉求形塑着国家机构中的权力运行机制和政府行为方式。改革开放后，国家重视经济增长、追求绩效目标，在公有制经济体制和"有为政府"价值观的引导下，以政府为代表的国家机构表现出高集权化、高掌控性、高效率导向的权力运行方式，这套权力运行方式不但特点鲜明而且影响深远，造就了广义政府的整体性特征，表现为党的机构和国家机构紧密结合，掌握决策权的党委同负责执行的政府机构协同运作。总的来说，公有制使国家天然承担提高经济效率的压力，执政的共产党必须寻求实现国家机构高效运行的方式，受革命及建设时期的历史经验、自身政党特性、国外经验等多重因素影响，再经过实践检验，党委集中决策、政府快速执行的模式逐渐确定下来。实现这种效率的基础是党组织与国家机构高度统一，党的决策一旦作出就能迅速落地，且执行过程中党能够掌握全局，及时纠偏，国家机构也要实时掌握决策初衷与动态变化，以便对决策作出正确反应。总之，国家性质党组织与国家机构形成统合整体，成为公有制下社会主义中国以极高效率推动经济发展的必然结果。

二 权力结构维度广义政府的整体性

权力结构主要体现出权力主体间在共时态维度形成的相对稳定关系。在权力结构维度，广义政府的整体性具体表现为国家性质党组织和国家机构的行为目标具有一致性，治理主体的整合、治理职责的归总、治理功能的分工等特征在广义政府内部更加明确。当前，中国广义政府内部国家性质党组织与国家机构之间的整体性关系在权力结构维度主要有以下三种具体的表现形式。

第一，中国共产党组织对部分公共事务进行直接决策与管理，与国家机构呈现出基于公共事务管理的分工关系。一方面，党直接管理和控制公共生活中的关键领域。比如，国家的所有干部都由党的组织人事部门（组织部）统一管理；公共思想文化领域也都统一由党的宣传部门（宣传部）管理等。另一方面，党组织直接管理公共事务还体现为党中央及地方党委实行政治、思想和组织领导，集体讨论重大公共决策。《中国共产党中央委员会工作条例》和《中国共产党地方委员会工作条例》等党内法规赋予党在国家机构中总揽全局、协调各方的领导地位，负责抓好带有全局性、战略性、根本性和前瞻性的重大问题。实际上，在各级地方，党委书记始终扮演权力体系中的"一把手"角色。上述党内法规和客观事实侧面反映出党与国家机构的整体性。

第二，中国共产党与国家机构以个体嵌入和组织整合的方式共同参与公共治理过程。所谓个体嵌入，是指中国共产党的党员通过考试、选拔等途径成为国家公务员，参与国家治理。所谓组织整合，是指党的机构与国家机构以协作的方式治理特定公共事务，最常见的方式是联合发文、合署办公、"一个机构两块牌子"等。例如，2007年，中组部、中宣部、司法部、全国普及法律常识办公室共同印发《关于进一步加强领导干部学法用法，提高依法执政能力的意见》。2013年，中组部、中宣部、教育部党组共同印发《关于加强和改进高校青年教师思想政治工作的若干意见》。又如，组建国家监察委员会并和中央纪律检查委员会合署办公，组建新的中央党校（国家行政学院）并实行一个机构两块牌子。此外，2018年，《深化党和国家机构改革方案》还提出，要统筹设置党政群机构，在省、市、县对职能相近的党政机关探索合并设立或合署办公，市、县要加大党政机关合并设立或合署办公力度。上述政治实践可以清晰地反映出广义政府内部的整体性关系，如此广义政府既扩大了治理主体的权威性，也增添了治理方式的可选择性，以党政合力解决重要问题，提高组织效能。

第三，中国共产党通过设立党组，成立委员会、领导小组进行归口管理等形式来领导、协调、统合国家机构。根据《党章》和《中国共产党党组工作条例》规定，党组设立于中央和地方国家机关、人民团体、经济组织、文化组织和其他非党组织的领导机关中。党组的设置使各国家机构包括行政长官在内的全体党员干部都要受党内民主集中制的约束，过组织生活。归口管理主要通过党组织牵头成立委员会和领导小组实现。所谓"口"，指按工作性质划分的国家政治生活中的特定领域和各个组成部分，① 比如综合口、计划口、工交口、财贸口、农林口、文教卫口、科技口和政法口等。归口管理的领导核心是各级党委及其常委会，其中，党委常务委员同时担任相关专业机构的领导职务，由此形成了常委分工把"口"、各自负责某一系统工作的归口管理机制，实现党委对国家事务的领导。所谓委员会，主要指为完成特定任务专门成立的组织，由党委集体领导，如中央全面依法治国委员会、中央审计委员会等。所谓领导小组，是党的一种组织方式和领导机制，比如中央教育领导小组、中央农村工作领导小组等，其办公部门多设立在对口行政机构。党组、归口管理、委员会与领导小组等相关机制和组织形式，将党、政、军、法、检、监察系统等整合起来，统一于广义政府体系之中。

三 权力过程维度广义政府的整体性

权力过程主要体现为权力主体在历时态维度上的动态关系。阿尔蒙德等将政治过程看作从政治要求和支持的输入到权威性政策输出的转换过程，并指出这一过程由四个环节构成，分别是利益表达、利益综合、政策制定、政策实施。② 朱光磊认为，政府过程的核心概念包括意见表

---

① 景跃进、陈明明、肖滨主编：《当代中国政府与政治》，中国人民大学出版社2016年版，第23页。
② ［美］阿布里埃尔·A.阿尔蒙德、［美］小G.宾厄姆·鲍威尔：《比较政治学：体系、过程和政策》，曹沛霖、郑世平、公婷、陈峰译，上海译文出版社1987年版，第16—18页。

达、意见综合、决策和决策的施行。① 陈国权等人则认为，决策、执行、监督是任何一项现代管理活动都具备的三个环节。② 总的来说，权力过程反映政治活动前后衔接、依次推进的环节和动态变化。从这个角度来看，权力过程维度广义政府的整体性是指国家性质党组织和各个国家机关同属于一个政治过程，一项公共事务的完成既离不开党的介入，也离不开国家机构的相关工作。在国家重大发展事项的规划、重大决策及其实施的过程中，国家性质党组织和各国家机关都参与其中，形成了整体性基础上的分工关系。

一项政策或法令的决策与实施，基本上涵盖以下几个环节。首先，党发挥领导核心作用，领导各级国家机构，团结社会各阶层，整合各种政治资源并听取各方意见，形成决策或立法动议。其次，国家机关党组讨论决定形成某项政策或由人大召开会议审议，将党的意志转化为具有普遍约束力的法律。再次，由人民政府执行法律和政策。最后，整个执行过程由监督机构全面监督。此外，诸如监察体制改革等事关国家发展的重大事项，基本由国家性质党组织和各国家机关共同参与决策与执行。由此可见，无论是从意见表达、意见综合还是从决策和决策实施角度来看，党和国家机构都存在不可割裂的整体性关系。

就具体的政治活动而言，国家与地方国民经济和社会发展规划的制定和实施过程清楚展现出国家性质党组织和国家机构的整体性协作。以《中华人民共和国国民经济和社会发展第十四个五年规划和2035年远景目标纲要》（以下简称"十四五"规划）为例，在其制定与实施过程中，党中央、国务院及其职能部门、全国人大等相关机构都派员参与、各司

---

① 朱光磊：《当代中国政府过程》，天津人民出版社2008年版，第15页。
② 陈国权、皇甫鑫等：《功能性分权：中国的探索》，中国社会科学出版社2021年版，第54页。

其职，并形成了相对稳定的、制度化的运行流程。① 由国家发展改革委牵头对"十三五"规划实施情况进行评估，在对"十三五"规划总体评估基础上围绕"十四五"发展环境、主要目标开展研究，形成"十四五"规划基本思路并递交党中央、国务院；在中央政治局领导下成立《中共中央关于制定国民经济和社会发展第十四个五年规划和二〇三五年远景目标的建议》（以下简称《建议》）起草小组，起草《建议》讨论稿。2020 年 10 月，《建议》经由党的十九届五中全会审议通过并对外公布。在国务院直接领导下，国家发展改革委对标对表《建议》，拟定《中华人民共和国国民经济和社会发展第十四个五年规划和 2035 年远景目标纲要（草案）》（以下简称《"十四五"规划纲要（草案）》），广泛征求社会各方面的意见后，提交党中央、国务院审议，最终提交全国人大审查。2021 年 12 月，十三届全国人大四次会议审查通过《"十四五"规划纲要》；表决通过后，由人民政府确定职责分工方案，各部门依据该方案进行五年规划的具体实施（见图 2-3）。

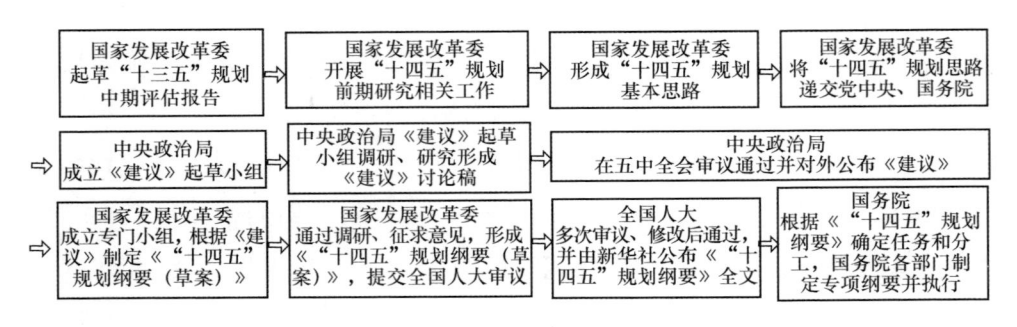

图 2-3 "十四五"规划制定的结构与流程

---

① 规划制定过程参见《专访国家发改委相关负责人：揭秘"十四五"规划和二〇三五年远景目标纲要草案诞生过程》，国家发展改革委官网（https://www.ndrc.gov.cn/xwdt/xwfb/202103/t20210308_1269143.html），最后访问日期：2024 年 7 月 13 日。

从"十四五"规划制定与执行的整个程序可以看出,中国共产党和各个国家机关同处于五年规划制定、实施的过程中,协力完成规划拟定与发布这一重大政治活动。

第三章

国家意义的广义政府

公权力归属对象的差异造就不同类型的国家。如公权力最终归属于君主，则这个国家是君主制国家；公权力最终归属于人民，则这个国家是民主制国家。无论是在君主制国家还是在民主制国家，君主和人民都不会事必躬亲，他们会将公权力授予国家机构，由后者行使权力、履行职责，完成管理国家和社会的任务。本章要讨论的，就是这个层面公权力意义上的"国家"。前文已经指出，中国实质上的国家由整体性的"党和国家"组成，是复合性的，具有政党形态和宪法形态。复合国家的国家机构当然也不是单一的，它不仅包括宪法中规定的国家机构，还包括一部分党组织。因此，广义政府意指复合国家的机构之和，与公权力层面上的国家等义。在这种国家形式下，国家机构的结构配置、运行方式必然有一定的独特性。那么，以"党和国家"为主体的广义政府，有怎样的国家特性？其形成的基础是什么？我们用对比的方式，以美国国家机构为比较对象，在差异中刻画中国真实客观的国家机构形象。

第一节 复合国家：政党形态国家与宪法形态国家的有机整体

在16—17世纪西方民族国家兴起的时期，摆在启蒙思想家和制度设计者面前的重要问题是建立一个怎样的国家，其权力如何分配。基于资产阶级勃兴的时代背景，卢梭等提出社会契约论，以权力让渡解释国家合法性，承认国家拥有公认的至高权力，是"保障每个结合者的人身和财产的结合形式"①，同时也强调"社会始终保留权力，以保卫自己不受任何团体的攻击和谋算"②。思想家们意识到实现良政善治、经济繁荣需要强大的共同体保驾护航，但同时也要对国家之"恶"始终保有警惕。因此，在政治思想方面，无论是洛克的立法权、执行权、对外权分立，还是孟德斯鸠的立法权、行政权、司法权分立，无不围绕权力制衡展开。具有开创性历史意义的是，18世纪后期美国实现独立及商定签署1787年宪法使"三权分立"学说得以践行，行使立法权的国会、行使行政权的总统、行使监督权的最高法院三大机构组成公权力意义上的国家。作为"古老"的现代国家，美国虽有别于欧陆民族国家，却成为西方社会科学的重要关注对象，其内涵、结构、制度、运作方式被视为现代国家建构的范本。

然而，西方主流国家理论所界定的许多概念在中国语境下充满着矛盾，在很多方面，中西方差别很大，甚至相互对立。因此，源自欧美的现代国家理论绝不能硬套于中国实践。

---

① [法]卢梭：《社会契约论》，李平沤译，商务印书馆2011年版，第18—19页。
② [英]洛克：《政府论：下篇——论政府的真正起源、范围和目的》，叶启芳、瞿菊农译，商务印书馆2017年版，第94页。

一 民族—民主国家与大一统王朝：中西方传统国家的历史类型

国家是人类文明发展的产物，在人类历史进程中因时代变迁、地域差异而不断被赋予变化性的、差异性的使命与意义。西欧崛起标志着主权民族国家的诞生。1100—1600 年在欧洲出现的国家被视为现代国家的起源，这些国家足够强大、足够有力量保护商业、贸易和公民私人财产，正如美国中世纪史研究的权威专家斯特雷耶所言，在现代世界，最可怕的莫过失去国家。[①] 英、法、德等西欧国家建立政权、垄断权力，与资本主义初期王权兴起、重商主义和海外贸易等背景具有强相关性。17 世纪的启蒙运动中，洛克、卢梭、孟德斯鸠等启蒙思想家又将自由主义气息和理性精神注入国家，使其承载自由、民主、平等、公正等政治价值，当然这也是资产阶级民主革命的诉求。因此，肇始于西方的现代国家既是合法垄断权力、拥有主权的民族国家，又是讲究分权、注重制衡的民主国家。前者强调统合性，传递了封建制的分散化权力向主权国家转变的一族一国的历史经验，[②] 国家集中表现为人口、领土、政权、主权的统一体；后者强调制衡性，要求政治权力最终归属于民主化，使国家与市场、社会关系有机化，推进国家对社会经济变化和利益要求的有效回应，[③] 主张国家建构要与权力分立制度、代议制、选举制、多党制等民主制度相结合。实际上，西方民族—民主国家力图在统一民族的引领下，建构国家与社会、市场相互牵制，各个国家机构分权制衡的政权形式。

[①] ［美］约瑟夫·R. 斯特雷耶：《现代国家的起源》，华佳、王夏、宗福常译，格致出版社、上海人民出版社 2011 年版，第 1 页。

[②] 杨光斌、释启鹏：《历史政治学的功能分析》，《政治学研究》2020 年第 1 期。

[③] 杨雪冬：《民族国家与国家构建：一个理论综述》，《复旦政治学评论》（2005 年辑），上海辞书出版社 2005 年版，第 96 页。

中国国家的建构逻辑、历史演进、文化传统等与西方不尽相同。中国是典型的大一统国家。与西方城邦林立不同，早在西周时期，先民便存在"溥天之下，莫非王土；率土之滨，莫非王臣"的意识。秦始皇统一六国后，废分封、行郡县，"车同轨、书同文、行同伦"，统一度量衡，从政治、经济、文化、社会等各个方面建立起大一统的中央集权国家，"百代都行秦政法"生动地描绘出大一统体制对中国的深远影响。汉武帝时期，以董仲舒为代表的儒生推动"罢黜百家，独尊儒术"，再次夯实大一统体制的思想基础。自秦汉后，以皇权为核心的一统体制，不仅是现实的政治制度，又是一种文化观念、生活方式，还是中华文明绵延不绝的维系点，古代游牧民族在中原建立政权后也不免融入其中。经过多次民族大融合，大一统业已成为以汉族、满族、回族、蒙古族、藏族等为代表的多民族国家完整存续的黏合剂。近代以来，面对西方文明的冲击，中国大一统曾一度破碎，有志之士虽学习西方器物、制度与思想，却发现都无法使中国这艘巨轮驶向统一、独立和富强。随着不断深入的革命探索，中国共产党逐渐认识到，要实现中国振兴必须将国家重新组织起来，将城市和农村结合起来，将社会各阶级结合起来，最终缔造军队、建立政权、重塑国家。中国共产党在大一统的框架下重建中国，延续了国家的历史传统，[①] 将中国这个统一的多民族国家重新粘连起来，实现独立，并以新的一统体制造就新中国，中华文明也因此得以延续。

回顾历史，可以发现，当下中西国家所呈现的面貌肇基于不同的社会基础和发展进路。现代欧美国家基本经历了从封建君主统治到民族民主国家的过程（美国虽然没有君主，但作为殖民地仍有很强的封建特征）。这一进程中分散的封建领主在经济、思想、技术全面进步的驱动下以战争的形式相互统合，使国家权力与占有一块领土并有着许多共同点

---

① 陈明明：《中国政府原理的集权之维：历史与现代化》，《公共管理与政策评论》2021年第1期。

（如历史、文化、语言）的民族概念合并到一起，形成民族国家。① 近代资产阶级又通过革命与改革，将资本主义理念注入民族国家，建立民主国家。总的来说，西方用了近 500 年的时间完成国家由分散到统一。中国早在两千多年前，就完成了大一统任务，建立了大一统王朝。统一王朝又依靠自然经济、成熟的官僚体制和以儒学为正统的官方思想得以延续千年，直至 1840 年鸦片战争动摇其统治根基。中国没有经历西方意义上的民族民主化过程，而是直接在外力推动下找寻新路径以追求独立与富强，因以迈向现代化国家。这个过程中，短暂的中华民国没有将中国引向西方现代化道路，上述转型任务基本是由中国共产党完成的。故此，中国国家的形成与发展必然无法绕开中国共产党这一关键变量。

二 广义政府：中国真实国家机构的客观描述

究竟如何定义国家？韦伯指出，在功能上国家以暴力维持对一定领土及其居民的有序支配，② 即国家垄断合法性暴力。马克思主义者则认为，国家是"维护一个阶级对另一个阶级的统治的机器"③，拥有凌驾于社会之上的权力，④ 这说明国家的另一个关键特征在于它是至高无上的。国家最本质的特征是其拥有至高性权力及合法垄断暴力。从组织角度来看，西方在最广义上将国家界定为统治机器，它对社会存在的集体组织负有责任，并且由得到公共财政支持的各种政府机构组成。⑤ 质言之，

---

① ［美］迈克尔·罗金斯、［美］罗伯特·科德、［美］詹姆斯·梅代罗斯、［美］沃尔特·琼斯：《政治科学》，林震等译，华夏出版社 2001 年版，第 32 页。
② ［德］马克斯·韦伯：《经济与社会》（第二卷）上册，阎克文译，世纪出版集团、上海人民出版社 2010 年版，第 1036 页。
③ 《列宁选集》（第四卷），人民出版社 2012 年版，第 31 页。
④ 《马克思恩格斯选集》（第四卷），人民出版社 2012 年版，第 187 页。
⑤ ［英］安德鲁·海伍德：《政治学》，张立鹏译，中国人民大学出版社 2006 年版，第 108 页。

西方国家的内涵即为法律意义上的各类国家机构之和。而在中国宪法中国家机构不具有至高性特征。《宪法》第一条第二款规定，中国共产党领导是中国特色社会主义最本质的特征，《党章》总纲中也写道，党是最高政治领导力量。党政军民学，东西南北中，党是领导一切的。可见，最高领导权在中国共产党是中国的客观事实。同时，"党指挥枪""支部建在连上""政治委员制度"等基本原则和制度安排反映出中国共产党对军队的绝对领导也是客观事实。这是探讨中国国家问题的实践前提。

一直以来，国内学术界中与国家相关的理论研究受西方社会科学影响较大，特别是西方行为主义政治学、社会中心论、新制度主义等将国家理论与政治系统、官僚体制、社会互动作用、微观因果机制等结合，产生了丰硕的研究成果。上述大部分研究对具体事实和案例的关注大大多于对国家概念本身的探索，尤其缺乏对中国语境下宏观意义上国家的相关分析。国内也有不少学者关注宏观国家的主体性及其在现代社会应发挥的作用。陈军亚和王浦劬指出，在现代化进程中产生的国家，其基本特征在于构建了一个集中统一的国家政权。[①] 可见，无论是社会建设还是政权建设，都离不开国家的参与。随着近年来世界范围内公共事务复杂程度剧增，国内学者也越来越重视以"国家"为中心的论述视角，如任剑涛认为，在全球治理中国家的主权重构无法避免，因而国家概念可能在全球舞台实现"凯旋"；[②] 王丽萍着重探讨了"寻找国家性"的重要规范性价值和方法论意义。[③] 理论层面"国家复归"越来越成为一种学术研究趋势。但联系中国现实，不难发现中国和西方产生的国家源自不同的历史传统，西方意义上的国家概念似乎并不能完全涵盖中国的国

[①] 陈军亚、王浦劬：《以双重革命构建新型现代国家——基于中国共产党使命的分析》，《政治学研究》2022年第1期。

[②] 任剑涛：《找回国家：全球治理中的国家凯旋》，《探索与争鸣》2020年第3期。

[③] 王丽萍：《寻找国家性：比较政治学中的国家研究》，《天津社会科学》2023年第2期。

家,甚至与中国客观实际难以完全契合。回答"何为中国真实国家"是"找回国家"进程中需要首先回答的理论命题。

1949年成立的新中国,既顺应世界范围内现代国家兴起的时代潮流,又承继古代大一统王朝铸就的文化特征,但其实质上不同于欧美民主国家和传统中国皇权国家。当代中国是中国共产党领导下建构的现代国家,探讨国家不能脱离政党,严格来说,中国政权意义上的国家是由国家机构与政党结合而成的,是一种复合形式的国家。有学者曾指出,夏、商、西周等由"内服"王室及"外服"诸侯邦国构成的结构状态,是一种"复合国家"。[1] "复合制"在政治学领域包容了"联邦制"和"邦联制"两种国家形式,用于描述由若干国家或政治实体通过协议而组成的联合体。[2] 当今中国的国家形态,其实也是复合式的,但与前两者不同,这种复合是宪法形态国家与政党形态国家组合而成的政权体系。一方面,西方政治学理论认为,国家由立法、行政和司法等国家机构组成,中国宪法规定的国家机构包括国家主席、全国人民代表大会、国务院、中央军事委员会、地方各级人民代表大会和地方各级人民政府、民族自治地方的自治机关、监察委员会、人民法院和人民检察院等,我们将宪法规定的国家机构称为"宪法形态国家"。另一方面,从中国当代客观政治活动实践来看,中国共产党缔造国家、掌握军队,维系中国统一,拥有最高领导权,这是不容忽视的客观现实。因此,中国共产党不仅仅是西方意义上的政党,更是国家的一部分,我们称为"政党形态国家"。

当代中国政党形态国家和宪法形态国家构成复合国家。复合国家是一种国家形式,从概念上把握复合国家比较抽象,因为公权力意义上的国家基本上与掌握权力的公共机构等义,为方便理解我们用"广义政府"

---

[1] 王震中:《中国王权的诞生——兼论王权与夏商西周复合制国家结构之关系》,《中国社会科学》2016年第6期。

[2] 王浦劬等:《政治学基础》,北京大学出版社2014年版,第202页。

这一公权力国家概念指代中国复合国家的国家机构。复合国家与广义政府既是对中国"政党体制"的客观反映，又是对西方国家理论的回应。将政党带进国家后，党的组织与国家机构之间的整体性关系更加突出。王立峰将中国共产党与政府之间的结构性嵌入与系统性耦合称为"党政复合体制"。① 王浦劬等也认为，党通过政治领导，在组织和意识形态层面深刻塑造并融入中国国家体系，形成集中统一的党政治理结构。② 实际上，学者们对政党体制的敏锐洞察正是政党形态国家和宪法形态国家有机融合的侧面反映。只有从国家层面认识党政关系时，产生的认识才能弥合西方国家理论经典定义与中国现实间的巨大差距，重塑中西方社会科学国家对话体系，避免因概念不一致而产生分歧。

  西方的国家机构是指公权力机构，包括立法、行政和司法机关；中国的"国家"是复合的，国家性质党组织和宪法意义上的国家机构构成了事实上中国特色的国家机构。明确中国"国家"的内涵及国家机构的组成后，需要进一步深化对这些概念的具象感知。比较方法是社会科学研究的基本方法，能凸显事物的差异、彰显事物的特征，弥补单一主体分析的不足。沿着上述思路，我们选择西方世界具有代表性的美国为比较对象，与当下中国国家体制进行对比，以发现中国"国家"的特性。稳定的国家体制必须与特定外部环境的约束相适应，并通过不断调适来适应环境。因此，政治、经济、文化等因素是国家各类制度产生和发展的基础，也是分析国家体制的重要切入点。另外，从静态来看，国家系统内部依据某种规则对公权力进行横向、纵向上的权威性整合和分配，同时为实现有效治理而安排权力分工，最终形成国家权力配置结构；从动态来看，国家公权力系统及所属官员的操作性活动——如何负责、如

---

① 王立峰：《中国特色党政复合体制的运作逻辑与治理效能》，《河南社会科学》2020年第10期。

② 王浦劬、汤彬：《当代中国治理的党政结构与功能机制分析》，《中国社会科学》2019年第9期。

何行权、如何选官、如何受控等都有一定的规则，主要表现为国家权力的运行过程。综合上述讨论，便可得到一个用于比较国家体制的框架：作为基础因素，体制环境会影响权力配置结构及权力运行过程的设计，而权力的配置结构与运行过程之间也存在相互影响的关系，使体制得以稳定和巩固。我们从体制环境维度归纳出经济基础、政治态度、国家—社会关系，在权力配置结构维度归纳出横向权力结构、纵向权力结构、内部分权结构，在权力运行过程维度归纳出合法性来源、代理方式、官员选拔、控权途径，共十个方面，并以之形成比较分析中美国家机构的基本框架。

第二节　体制环境维度的中美国家机构比较

一　经济基础：公有制与私有制

经济基础是社会生产力所决定的生产关系的总和，其中生产资料所有制形式是生产关系中最基本的、起决定作用的。把握经济基础是研究政治体制的重要切入点。由于中美在经济基础，特别是所有制形式方面的差异，以致国家机构承担的责任、履行的职能大不相同。

以公有制为主体是中国现阶段所有制结构的基本特征，公有制经济结构意味着公有资产在社会总资产中占主导地位。理论上，公有资产归全民或集体所有、共同经营，但在实践中，全民共同经营资产在操作上有一定难度，通常的做法是由政府替全民代为经营，因而大量生产资料（土地、矿产等自然资源）和社会财富其实最终掌握在国家手中，国家机构要担负起经营公共资产的职责。因此，中国的广义政府除承担经济调控、市场监管、社会管理、公共服务、环境保护等职能外，还积极参与经济活动，力争实现国有资产保值增值。基于此，"组织系统层面就需要更好发挥'看得见的手'的功能，政府积极作为，建设'有为政府'"①，"有为"的核心是政府积极行动，利用手中的资源推动经济增长。这对国家能力提出了极大的挑战，需要制度设计满足效率要求，促成中国政党权力与国家权力不断融合，国家与社会谋求合作，最终形成基于效率配置国家权力的体制格局。

美国社会建立在以私有制为基础的市场经济之上，生产资料私有制决定了社会财富聚集在私人手中。社会掌握财富，国家则仅掌握少量经济资源，政府缺乏充分的动力和条件参与经济开发活动。美国政府的主要职能集中在维护市场秩序、保护私人财产不受侵犯等方面，致力于保障市场、社会的有效性，借助市场和社会的力量实现各类资源高效运转和配置。大量公共产品和公共服务的供给责任由市场、社会承担。市场与社会的崛起使强大的经济利益集团随之产生。为实现利益诉求，各社会团体积极参与政治活动，在政治层面形成制约国家的权力。同时，市场和社会对政府过分干预经济保持高度警觉，希望政府始终恪守边界，在法律设定的轨道上运行。因此，与中国相比，美国的国家机构无论是从权力强度还是从整体规模、职能范围来看都是有限的。

二 政治态度：有为政府与有限政府

一般来说，"国家权力的配置与社会制度的安排背后总是隐含着对人性的规定性以及人的行为取向的主观预期和理论预设，此类预设很大程度上影响着权力规范的建构及制度选择"②。政治是人的政治，由于人性预设的不同，政治态度可以分为积极权力观与消极权力观两种。积极权

---

① 陈国权：《经济基础、政府形态及其功能性分权理论》，《学术月刊》2020 年第 11 期。
② 王照东：《政治文明视野中的权力问题研究》，中国社会科学出版社 2006 年版，第 160 页。

力观建立在人性本善的假设之上，认为权力持有者会善用权力来满足社会对公权力的需求与期待；消极权力观则认为，人性是恶的，权力是恶的，所以要时时对公权力保持警醒与戒惧的态度。中美社会两种不同的政治态度塑造着民众对政治权力的不同期待。

在中国传统文化中，对待权力往往秉持积极的态度。在积极权力观的影响下，人们希望政府有所作为，用好权力，服务于民。有为政府理念的形成与历史文化传统、近代以来的政治实践及中国公有制的经济基础紧密相关。自秦以来，实现并维护好国家大一统几乎成为历代王朝一致追求的目标，维系大一统体制必然要求统治者集中权力、善用权力。在意识形态方面，汉代推行"罢黜百家，独尊儒术"，儒学中敬天保民的性善、德政思想广泛而深远地传播，用好权力、造福苍生的传统政治理想成为中国历代统治者的执着追求。中国近现代史是中国共产党领导人民以高度使命性纲领与自觉性行动实现民族独立、国家富强的过程，也是中国共产党秉持积极权力观聚合资源、统辖权力的过程。由中国共产党组织的政府必然也是追求有为的政府。新中国成立伊始，举国上下对发展的热切盼望使党和国家领导人民走向富强，以公有制为基础的经济体制也要求国家有效履行职能特别是经济发展职能。发展压力下的政府不仅自身要追求权力效率价值，还要极力调动社会力量完成既定目标，实现国家与社会整体的合作。当然，有为政府并不意味着国家总是真正有所作为，积极有为是主观上的追求，历史实践表明，达成政府有为的实际效果离不开科学的决策体制、有效的执行体制和有力的监督体制等制度建设。

美国政治传统恰恰相反，人们对公权力的态度建立在消极权力观之上，认为政府是必要的恶，需时刻提防权力恶的属性，主张建立权力制衡的有限政府。此类传统与欧洲历史上的自由市场和市民社会发展紧密相关。为了防止公权力被滥用，西方国家注重充分发挥"看不见的手"——市场的作用，自由主义经济学家主张最好的政府是管得最少的政府，政府仅发挥有限作用，充当"守夜人"的角色。西方近代政治哲学家均强调权力的有限性，构想出权力制约的控权模式，强调权力应当在法律限制下运行。美国宣布独立后，其得天独厚的自然、社会条件使自由市场、宪政体制、有限政府的政治构想得以实践。当然，20世纪初经济大萧条以来，凯恩斯主义经济学、罗斯福新政、建设福利社会等社会思潮和政治实践对西方政府产生了巨大影响，"行政国家"趋势愈发成为潮流，政府迅速拓宽权力边界，权力也不断膨胀。但总体而言，美国有限政府理念仍时刻警惕权力专断滥用，将制衡视为政府建构和运行中应优先遵守的准则，这与中国有为政府理念大不相同。

三 国家—社会关系：合作关系与制约关系

国家与社会的基本关系是影响国家制度设计的又一重要因素。米格代尔认为，国家通过宣称合法的垄断武力而拥有广泛的社会控制能力，但国家同时也作为乞求者生长在社会之中，[①] 由此提出"国家—社会"二元分析框架。他指出，"国家、社会共同在相互作用的过程中改变各自的结构、目标、规划以及社会控制，它们是持续相互影响的"[②]。按国家对社会的控制强度可分为国家渗入并全面控制社会、国家与社会合作、国家与社会相互制衡、国家与社会完全分离等情况。中国的国家与社会长期保持合作关系，而美国的国家与社会则是互相制衡的——国家管理社会，社会监督国家。

在中国，国家与社会的合作关系由来已久。回顾近代中国走向现代化的艰难历程，陈明明曾指出，缺乏自组织机制的社会难以支持民族国

---

① ［美］乔尔·S. 米格代尔：《强社会与弱国家：第三世界的国家社会关系及国家能力》，张长东、朱海雷、隋春波、陈玲译，江苏人民出版社2012年版，序言第2页。
② ［美］乔尔·S. 米格代尔：《社会中的国家：国家与社会如何相互改变与相互构成》，李杨、郭一聪译，江苏人民出版社2013年版，第58页。

家建设，唯有运用政党来克服中国低组织化或无组织化的现状，方能完成现代民族国家建设任务的强烈意向。[1] 以孙中山为首的国民党较早地提出建立有社会基础的现代政党，然而，国民党主导的社会合作在实践中并未完成其预定目标。中国共产党却能把党组织扎根于以广大农村为支撑的基层社会，以其强大的组织力推动广泛的社会合作，最终取得新民主主义革命胜利，并积累了丰富经验，在社会主义建设实践中反复运用，此类经验在改革开放后发展经济的过程中也得到了充分运用。具体来看，中国共产党通过自身机制促成与社会互动合作，在国家与社会间"形成紧密联系、合作共赢的协同关系"[2]，主要方式是将党组织广泛嵌入企事业单位、农村和城镇自治组织等社会团体，通过社会性质的党组织领导、联系并调动基层民众，完成大规模的社会动员。简言之，历史传统、发展的实际需要以及中国共产党的政治实践深刻塑造了国家政权与社会的紧密合作关系，二者是紧密嵌套、不可分离的。

在西方世界，国家与社会呈现出相互制约的关系。与近代中国的低组织化社会不同，西方国家繁荣的私有制经济孕育了发达的社会组织。市场组织和社会组织不仅拥有强大的自我管理能力，而且生长出高度的自治精神，并逐步形成以社会权力制衡国家权力的设想——"诉诸社会的力量，把社会与政府的分权制衡作为政府内部分权制衡的基础，即为'驯服'政府必须保证自由市场与多元而有组织的市民社会的存在（社会制约国家的思路）"[3]。社会对国家的制约性较强。发达的市场与社会组织以行业协会、利益集团、第三部门、大众传媒等为载体，借助影响

---

[1] 陈明明：《党治国家的理由、形态与限度——关于中国现代国家建设的一个讨论》，《复旦政治学评论》（2009年辑），上海人民出版社2009年版，第223页。

[2] 郭道久、杨鹏飞：《国家与社会协同："社会治理共同体"的一种理解》，《中国治理评论》2020年第2期。

[3] 陈远星、陈明明：《有限政府与有效政府：权力、责任与逻辑》，《学海》2021年第5期。

公众、游说政府、制造新闻舆论等多种途径表达自身诉求，从而影响立法和政府决策，制约国家。如果说中国广义政府通过政党嵌入社会带动国家与社会合作，那么美国政府则是在与社会的互动中实现国家与社会制约的。国家与社会的合作关系或制约关系长期塑造着权力的结构安排与行使过程，从而影响体制设计。

第三节 权力配置结构维度的中美国家机构比较

一 横向权力结构：党国统合与"三权分立"

美国国家体制最基本的特征是立法权、行政权和司法权的"三权分立"。细究美国的"三权分立"体制，实则是立法权、行政权与司法权三种不同性质的公共权力之间存在的制衡关系。"三权分立"不仅是宏观上国家政权组织的抽象原则，同时"它们之间的关系显示的是不同性质的社会公共权力的横向权力关系"[1]，即国家机构内部的横向分权关系。然而，如果在中国广义政府体系中寻找与之层次相同的横向分权关系，就非常困难。这是由于中国分权体系从属于集中的领导权，即在中国共产党的统一领导下进行治理权力的分工。也就是说，在分权之上，公权力还受到集中原则的约束。景跃进将中国政治体系中的这种分权称为"集权体制下的权力制约"[2]。中国广义政府体系内的分权并不能与西方"三权分立"在层次上对应。但不难发现，在广义政府系统中，政党组织与宪法规定的国家机构是紧密结合的，我们不仅能将这种关系视为中国

---

[1] 王浦劬等：《政治学基础》，北京大学出版社2014年版，第83页。
[2] 景跃进：《中国特色的权力制约之路——关于权力制约的两种研究策略之辨析》，《经济社会体制比较》2017年第4期。

国家政权的组织方式，而且能将其视为中国国家体制中横向权力关系的体现。党的权力与国家机构的公共权力之间呈现"党国统合"的横向关系，党的权力与国家机构的权力呈现高度整体性，其中党居于中心地位，起到统辖与整合整个权力体制的作用。从政权组织的权力性质来看，中国的"党国统合"与美国的"三权分立"其实处于同一的可比较层面（见图3-1）。

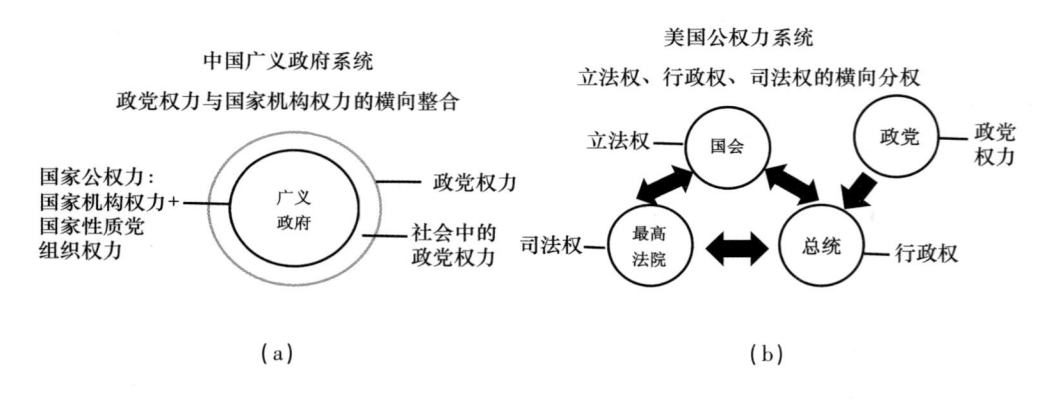

图 3-1 中美国家机构横向权力结构比较

政党、国家与社会三者的关系是当代中国基本的政治关系，"党国统合"反映了中国政党权力与宪法意义上的国家机构（为方便表述，我们简称为"国家机构"）权力的横向结构状态 [见图3-1（a）]。中国共产党将一部分权力借助国家性质党组织嵌入国家机构中，使其在权力体系中居中心位置，形成广义政府 [见图3-1（a）圆心，表示国家机构权力与政党权力重叠]，确保党能够发挥领导作用。政党中的另一部分权力则嵌入社会 [见图3-1（a）圆环部分]，以社会性质党组织的形式统领和管理社会。在中国国家体制横向权力的基本格局下，从静态治理体系看，党与国家机构同属一个治理结构，行动目标具有一致性，组织体系存在直接的结构关系；从动态的治理过程看，党与国家机构的治理同属一个治理过程，同属于利益表达、利益综合、政策制定与政策实施的政治过程。①

美国公权力横向结构表现为立法权、行政权、司法权三种政治权力的分立制约［见图3-1（b）］。美国建国政治家们普遍主张，"立法权、行政权和司法权应该保持依据一个自由政府的性质所容许的那样的独立和彼此分离"②，不同权力分属特定的国家机构，如国会行使立法权；总统行使行政权；最高法院行使司法权。同时，各国家机构相互牵制，比如国会控制预算、拥有对行政官员的弹劾权，总统有权否决议案、任命联邦法院大法官，最高法院则能够对国会通过、总统签发的法案进行司法审查等。此外，为了更好地与中国广义政府体系进行对比，我们将美国政党代入权力结构中观察，可以发现，美国政党与国家机构彼此分离，政党权力并不直接作用于国家机构内部，而是通过竞选体制进入政府而间接发挥作用。需要特别指出的是，"党国统合"和"三权分立"除了作为国家体制中的横向权力结构外，也真实反映了中美两国宏观政权组织原则，体现出中美两国为追求效率与制衡理想，对权力采取积极利用或消极警惕、集中整合或分立制约等不同方式的权衡。

二　纵向权力结构：单一制与联邦制

纵向权力结构集中体现在不同层级之间的权力关系上，其中最为重要的是央地权力关系。按照中央和地方权力关系的不同，可以分为单一制国家和复合制国家。在单一制国家中，各个层级国家权力机关之间大多是服从与被服从的关系；复合制国家虽有联邦制和邦联制之分，但共

---

① 陈国权、皇甫鑫：《功能性分权：中国的探索》，中国社会科学出版社2021年版，第80—82页。
② ［美］汉密尔顿、［美］杰伊、［美］麦迪逊：《联邦党人文集》，程逢如、在汉、舒逊译，商务印书馆1980年版，第248页。

同点是其内部政治实体之间并不存在隶属关系，各政治实体在所管辖的行政区域内独立行使公共权力。

中国是典型的单一制国家，从纵向来看，广义政府体系可划分为中央、省、市、县（区）、乡（镇）五个层次，中央统辖地方，遵循"下级服从上级，全党服从中央"的原则，各层级间存在严格的领导与被领导关系，这深刻影响着中国广义政府间的纵向关系及其职责构成。地方各级广义政府担负属地管理责任，同时受中央广义政府约束，对上级负责，形成具有中国特色的央地关系。在职责设置方面，不同层级的政府在职能、职责和机构设置上高度一致，有学者将这种现象称为"职责同构"。① 然而，在中国纵向权力体系中，最不容忽视的是中央统一领导与地方自主性之间的矛盾。中央层级的广义政府特别是党中央更加注重国家利益整体性，强调纲领统一、步调一致、纪律严明以及区域合作；地方层级的广义政府则担负区域经济开发和社会发展的责任，更加关注地方利益，为了实现地方利益而对外竞争，有时甚至突破权力底线，出现与中央讨价还价的情况。统一性与自主性、整体性与区域性、合作性与竞争性的矛盾始终贯穿中国纵向公权力体系。如何协调中央与地方利益、发挥中央和地方两个积极性，成为当下中国需长期思考的体制问题。

美国是典型的联邦制国家，政府系统在纵向结构上分为联邦政府、州政府和地方政府。在政体设计上，主权和自治权被分别赋予联邦、州和地方政府。联邦政府享有国家主权，防止政治分裂，维护国家统一。州政府有独立施政的权限，可以"根据本州的具体条件规划制度、制定政策以及进行变革，不必唯联邦政府马首是瞻"②。许多州政府也出台"自治条款"，允许特定的地方政府拟定自己的宪章。地方政府涵盖县、

---

① 朱光磊、张志红：《"职责同构"批判》，《北京大学学报》（哲学社会科学版）2005年第1期。

② 张定河：《美国政治制度的起源与演变》，中国社会科学出版社1998年版，第108页。

乡镇、自治区和其他特别区等，它们在"提供警察和消防、交通、教育、环境、医疗等影响公民生活的公共服务方面扮演重要角色"①。美国地方政府因各具特色、数量庞大而显得杂乱无章，其组织模式甚至被戏称为"百衲被"式的。当然，美国的州、地方政府也常常各行其是，地方自治与官僚制自上而下支配的矛盾日益突出，联邦政府不得不积极寻求与各级政府合作、建立纵向政府间伙伴关系来缓和矛盾。但总的来说，美国地方政府拥有较强的自治性，各地市长等行政长官扮演"经理人"角色，会优先考虑实现本区域利益、更重视满足区域内公民的诉求。

三 内部分权结构：决策、执行和监督活动分工与政行分途

中国广义政府横向结构是"党国统合"式的，政党与国家权力呈现整体性特点，纵向上强调领导与服从；美国公权力体系横向上是"三权分立"的，不同性质的权力间相互制衡，纵向上更注重地方自治。但是，在处理复杂公共事务的过程中，为了防止权力的独断滥用、实现国家有效治理，国家体系内部必然存在分权的倾向。就中国广义政府而言，在遵循"党国统合"、上下统辖逻辑之下，也强调内部政治分工，呈现出国家治理的分权逻辑。对美国的国家机构来说，政府与国会、法院保持"三权分立"关系，政府内部则遵循政治事务、行政事务相分离的政行分途逻辑。

分工是管理活动的基本遵循，公共事务越复杂，对分工的诉求则越强烈。在现代政治体系中，决策、执行与监督三项事务的分工是维系组织有效运行的逻辑起点，后经由职能分定、责任分置，必然形成决策权、执行权和监督权的分立。中国政府体系内部遵循决策、执行、监督的三

---

① [美]文森特·奥斯特罗姆、[美]罗伯特·比什、[美]埃莉诺·奥斯特罗姆：《美国地方政府》，井敏、陈幽泓译，北京大学出版社2004年版，第1—2页。

分逻辑。比如各级党委与各级人大共同组成决策架构，行使决策权，掌控立法及施政方针；各级政府及其职能部门行使执行权，执行并落实党委和人大的决策；人民法院和人民检察院、党的纪委与国家监委行使监督权，对整个权力体系的行为及结果起到约束作用。在政府内部也遵循同样的逻辑，中央和上级政府作出决策后，由地方及下级政府执行，而有决策权的政府还会督办执行情况。总体而言，中国国家体制内部存在决策、执行和监督分开的制度设计，具有权力分工和追求效率的鲜明特征。

美国政府内部同样存在分工，其基本遵循为政行分途，即政治与行政二分。威尔逊在《行政学研究》一文中提出，政治事务与行政事务相分离，[1] 是为"政行分途"。政行分途的运行机制是通过政治事务和行政事务的分工，保证政府内部决策和执行工作互不干扰又能相互制约与协作。在具体分工方面，由选举或者政治任命产生的任期制官员（政务官）行使决策权，政务官居于上位，有权签署法令，与政党共进退；由公开选拔考试产生的永聘制文官（事务官）行使执行权，事务官价值中立，能够不受党派纷争、任期限制的影响，公正无偏地履行职责，保证行政工作的连续性和稳定性，两者构成相互协作、相互牵制的关系。

第四节　权力运行过程维度的中美国家机构比较

一　合法性来源：绩效合法性与胜选合法性

对国家来说，合法性问题关乎政权与社会稳定，是公权力持续运行

---

[1] Woodrow Wilson, "The Study of Administration", *Political Science Quarterly*, Vol. 2, No. 2, 1887, pp. 97–222.

的核心，也是政府官员各项操作性活动的起点。美国政权偏重追求韦伯式的合法性，争取"超凡魅力组织权威的理性化过程，即获得民主性质的正当性"[①]，强调政党在大选获胜后组织政府以彰显自身正当地位。而在中国，党因领导中国革命胜利并取得政权，获得革命合法性，因以长期执政。进入和平时期，为适应发展需要，中国广义政府转而强调绩效合法性，即通过高水平实现与民众利益诉求相一致的目标来赢得民众的支持与认同。

共产党是中国唯一的执政党，中国公权力没有政党之间的竞争。中国共产党以全心全意为人民服务的承诺及担当有为的责任意识回答了因何赢得民众信任的问题。然而，党的承诺转化为广义政府行动的动力，同样也赋予了广义政府压力，那就是要以高绩效兑现党向人民作出的承诺。杨宏星和赵鼎新则给出了较为精准的阐释："绩效合法性对百姓的许诺太具体，使得百姓对国家的期望马上就会转换成对政府执政的压力。"[②] 在特定历史时期，中央决策层会将那个时期最受人民关注的任务设定为执行层的工作目标，并通过强激励驱使执行层高绩效完成任务来彰显国家政权的合法性。如改革开放后在以经济建设为中心的背景下，广义政府整体追求高经济绩效，甚至出现"以 GDP 论英雄"的现象；再如当生态环境保护、高质量发展成为人民关注的时代议题时，各级政府会竞相完成环保绩效；等等。中国共产党通过高绩效兑现承诺，使承诺不仅停留在意识形态领域，而且转化为维护自身合法性的高效行动，同时带动整个国家机构高效率运行。

在美国，政党遵循"民主性质的正当性"，强调经由民主投票产生的政府才是正当化的政府，执政党政治生命的延续全赖赢得选举，即获得

[①] ［德］马克斯·韦伯：《经济与社会》（第一卷），阎克文译，世纪出版集团、上海人民出版社 2010 年版，第 380 页。

[②] 杨宏星、赵鼎新：《绩效合法性与中国经济奇迹》，《学海》2013 年第 3 期。

胜选合法性。在这样的制度设计下，胜选便意味着政党的施政纲领得到了全国大多数选民支持，进而拥有合法执政资格。因此，为选举做准备是美国政党执政无法绕开的重要环节，比如大选期间各党派都忙于组织推出本党派候选人、进行民意调查、争取竞选资金等系列活动以获得入主白宫的机会，甚至当某党候选人成为国家总统后，仍旧会"挂念"他的选民，这是由于他们"拥有较高支持度为总统说服官僚系统和议会通过法案提供额外的政治支持"[①]。执政党在组织政府时，通常会优先考虑推行本党在选举时宣扬的政策，以兑现竞选时对选民的承诺，保证在下次大选中仍然得到支持。简言之，胜选合法性驱使美国政府为胜选、连任而围绕大选和选民开展工作。

二 代理方式：精英代表制与民主代议制

代理方式是指国家体制采用何种方式表达民意和实现民意。现代国家摒弃神权政治、君主政治、贵族政治等一人或少数人的统治，选择代议制或代表人政治。代议制或代表人政治遵循一种委托代理关系，即民众将政治权力委托给他们的代理人，代表他们管理国家事务。就具体代理方式而言，美国秉持西方社会传统的民主代议制原则，而中国共产党的代表大会制度与人民代表大会制度可以称为精英代表制。

在中国，中国共产党实际上是职业化的政治精英集团，通过代表大会的形式对委托人负责，实现授权、回应和问责。易言之，中国采用"精英分子+代表大会"的方式代表人民治理国家。一方面，国家权力被委托给政治精英团体——以共产党为核心的广义政府。中国共产党是中国人民和中华民族的先锋队。先锋队即精英团队，以国家性质党组织为

---

① ［美］斯蒂芬·施密特、［美］马克·谢利、［美］芭芭拉·巴迪斯：《美国政府与政治》，梅然译，北京大学出版社2005年版，第281页。

核心的广义政府是广大人民根本利益的代表者。另一方面，代表功能主要通过召开代表大会来实现。具体来说，代表大会包括党的代表大会和人民代表大会，党和国家机构中主要工作人员的任免、重要工作报告的审查等涉及委托人向代表人授权或行使监督权、罢免权的重大事项均需在代表大会上表决通过。

美国则按照民主代议制原则实现代理。代议制政体的基本原则是，"全体人民或一大部分人民通过由他们定期选出的代表行使最后的控制权"[1]，人民是支配政府一切行动的主人。西方民主代议制与中国的精英代表制存在很大不同。美国大部分民选的政务官不是职业化的政治精英，历史上很多美国总统的身份是律师、商人甚至演员。国家权力机构中的代表仅被视为民众的代理人，表达、执行选民意志。从形式上看，国家走向由选民的选票决定，民意大于政治精英的选择，所以无需过分依靠政治家的执政经验。美国的政党更多地充当代表机构和表达工具，发挥代表和表达功能，其主要任务是通过选举进入国家机构，获得立法权和行政权来管理国家。

三　官员选拔：选任制与竞选制

在权力运行过程中，官员群体特别是担任领导职务的官员是整个国家公权力的核心，如何选拔官员会直接影响权力能否被公正、合法和高效地行使。中美两国在官员选拔方面存在很大差别，中国通过"党推荐干部+人大选任"的方式选拔广义政府的领导干部；而美国官员则有政务官和事务官之分，事务官经考试选拔后常任、与中国主要领导干部基本对应的政务官则由选举产生。

中国的领导干部经选任产生。党委控制着干部的任用权，"涉及干部

---

[1] [英] J. S. 密尔：《代议制政府》，汪瑄译，商务印书馆2009年版，第65页。

管理及其相关事务必须由党的各级委员会及其职能部门管理,察人、选人、用人之权专属于党"①,这就是通常所说的"党管干部"原则。在"党管干部"的原则下,国家机关领导的选拔基本遵循党组织推荐干部、人大完成任免程序的路径。党委在干部选任中发挥领导作用,各级党组织的人事部门根据党的路线、方针和政策,对干部进行培养和考察,再经党委集体研究确定国家机关领导干部的人选;各级代表大会根据相关程序选举、任免,完成国家机构各级领导干部的人事安排。就领导干部选拔任用而言,中国共产党在国家系统中具有决定性权力,由党委及其组织部门为国家机构推选符合党的要求、服从党的意志的领导人才,从而确保党的决策得到有效执行。

在美国政府中,常任文官公开招考选拔,负责执行行政工作,但一般情况下,常任文官对政治决策的影响有限。而负责决策的政务官均由竞选产生并有严格的任期限制。竞选制的设计避免了政治权力长期被某一政党和个人掌握,竞选活动加强了公民与国家的政治联系,"为公民表达意见提供合法渠道,刺激公众对公共事务的兴趣,激发公民参与政治活动的积极性,各党派候选人也会为赢得选举而整饬形象、修改纲领,进而形成合乎实际、兼顾各方的政策"②。美国的选举制度与政党制度、联邦制度、分权制度有密切的联系,体现了"美国政权体系中权力分散、权力多元、权力有限的特点"③。与选任制相比,竞选制下胜选官员与民众的联系往往比较紧密,但胜选官员的能力和品质却很难得到保证,因选出"异类"而损害国家公信力的现象时有发生。

---

① 景跃进、陈明明、肖滨主编:《当代中国政府与政治》,中国人民大学出版社 2016 年版,第 24 页。

② 谭君久:《美国总统选举制度刍议》,《武汉大学学报》(社会科学版) 1988 年第 4 期。

③ 张立平:《美国选举制度剖析》,《当代世界与社会主义》2005 年第 2 期。

四 控权途径：自我监督与社会监督

对公权力进行监督是法治社会的基本要求。为防止权力运行偏离政治目标、遏制政治腐败，公权力必须处于被监督和受控制的状态。一般而言，对权力控制有内部自我监督和外部社会监督两种模式。广义政府主要依靠自我监督实现控权，而美国政府则采用"三权分立"与社会监督的方式来控制权力。

中国国家与社会的关系以合作为主，这种关系会导致社会监督的缺乏，实现权力控制主要依靠公权力机构内部自我监督。中国经过多年的制度建设，逐步形成了一整套自我监督体系，"在党内形成党委（党组）全面监督、纪律检查机关专责监督、党的工作部门职能监督、党的基层组织日常监督、党员民主监督五种模式，在国家层面监督体系的构成以人大监督为核心，以监察监督、行政监督、司法监督、审计监督、统计监督为主要监督形式"[1]。从形式上看，中共党内监督和国家机构监督体系相对比较发达和完善，但是由于发达的公权力体系挤压了民间力量的发展空间，导致"社会和民众的监督体系则缺乏核心规则的保障，其监督作用发挥不足"[2]，针对公权力的外部监督力量不足。

美国主张建立有限政府，强调社会对国家的制约。早在19世纪，托克维尔考察美国后，认为"法制比自然环境更有助于美国维护民主共和制度，而民情比法制的贡献更大"[3]。美国社会监督实践极为丰富，如拥

---

[1] 宋伟、过勇：《新时代党和国家监督体系：建构逻辑、运行机理与创新进路》，《东南学术》2020年第1期。

[2] 何增科：《中国政治监督40年来的变迁、成绩与问题》，《中国人民大学学报》2018年第4期。

[3] [法] 托克维尔：《论美国的民主》（上卷），董果良译，商务印书馆2015年版，第388页。

有"第四权力"的大众媒体曾多次掀起揭丑运动，揭露政府效率低下、官员腐化堕落、社会贫富分化加剧、对外战争残酷等。[①] 再如农业、商业、劳工等众多利益群体建立协会，游说政府，表达多元利益诉求，抵制公权力膨胀和威胁。发达的社会监督虽然降低了政府的高廉政风险，新闻媒体、利益集团也会为了少数人的利益干扰司法独立、政府行政等，导致公权力运行效率贬损，阻碍国家职能顺利实现。但社会监督仍然在美国发挥重要作用，是控制权力的关键力量。

综上，从体制环境、权力配置结构、权力运行过程三个维度考察中美国家体制，可以发现两种体制存在十个方面的差异（见表3-1）。

表 3-1　　　　　　　　　中美国家体制的比较汇总

比较维度		中国国家机构	美国国家机构
体制环境	经济基础	公有制为主体	私有制为基础
	政治态度	积极权力观下的有为政府	消极权力观下的有限政府
	国家—社会关系	合作关系	制约关系
权力配置结构	横向权力结构	党国统合：政党权力与国家权力横向整合	三权分立：立法权、行政权、司法权横向制约
	纵向权力结构	单一制：上下统辖	联邦制：地方自治
	内部分权结构	决策权、执行权、监督权分工	政行分途：政治事务与行政事务分离，政务官与事务官相互协作、相互牵制

[①] 19世纪末20世纪初，美国新闻界对社会上政治、经济等方面的丑行进行揭露，以吸引读者的注意力，当时的美国总统西奥多·罗斯福称新闻记者为"扒粪者"，因此这次运动被称为"扒粪运动"；到了20世纪60年代，媒体则重在报道越南战争、黑人民权运动等，以宣传反战和平权。

续表

比较维度		中国国家机构	美国国家机构
权力运行过程	合法性来源	绩效合法性	胜选合法性
	代理方式	精英代表制	民主代议制
	官员选拔	选任制：党推荐干部+人大任免	竞选制：胜选出任+文官常任
	控权途径	自我监督为主，辅以社会监督	三权分立+社会监督

总而言之，广义政府是对中国情境中公权力体系的客观描述，不同于美国强调建立分权制衡、受社会制约的有限政府，它主张建立讲求效率、与社会合作的有为政府；也不同于美国政党处于国家政权之外的社会之中，它因高度统合政党组织和国家机构而成为政党与国家的统一体。相异的体制环境与国家构造使西方传统政治理论不能很好地解释中国现象，但承认差异绝非浮于表层片面强调中国的特殊性，而是应当基于中国现实深刻挖掘并发展出符合中国客观现实的社会科学理论。我们知道，制度没有优劣之分，唯有与特定的社会环境相平衡、与国情相适配，才能发挥出最大效用。就中国而言，"有为政府"并不意味着政府运行权力时客观上一定能发挥出积极作用，国家建设过程中仍然要注意防止权力滥用而造成政府"乱作为"，平衡好效率和限权两种价值，正确履行国家职能。

第四章

行政意义的广义政府

"政府"（government）词条在《牛津词典》中，既有"内阁"或"政府机构"之意，也可以表示"政体"与"国家体制"；《布莱克维尔政治学百科全书（修订版）》中也提到"government"意为"国家权威性的表现，正式功能包括制定法律、执行和贯彻法律以及解释和应用法律"，"但是政府还可以指对社会进行统治的方法"。[①] 可见，从词义上看，政府其实蕴含着大、小两种概念。从大的方面说，政府体现了整个国家公权力的组织形式，如"民主政府"和"独裁政府"的表述反映了国家权力是集中在人民手中还是集中在少数统治者手中。从小的方面说，政府是一个国家行政机构的代名词，行使国家行政权，如"美国联邦政府""纽约市政府"便指一国、一地的行政机构。依此逻辑，作为描述中国公权力体系的广义政府，亦可有与国家结构及行政机构对应的两种概念，即"大概念的广义政府"与"小概念的广义政府"。所谓"大概念的广义政府"与上一章中国家意义上的广义政府对应，指中国真实的

---

① ［英］戴维·米勒、［英］韦农·波格丹诺英文版主编，邓正来中译本主编：《布莱克维尔政治学百科全书（修订版）》，中国政法大学出版社2002年版，第312页。

"国家",它由国家性质党组织与宪法意义上的国家机构组成,指代复合国家的国家机构;所谓"小概念的广义政府"即行政意义上的广义政府,指中国真实的"政府",它由国家性质党组织与宪法意义上的行政机构组成,指代复合国家的行政机构。本章重点讨论的是行政意义上的广义政府。

第一节 广义政府的双重属性：
政党属性与政府属性

19世纪末,行政学从政治学中分离出来,集中研究国家行政系统,是国外公共管理学发展的重要阶段,此后,公共管理主体——行政机关正式成为行政管理学的研究对象。国内行政管理学发展起步较晚。20世纪80年代中国社会科学重建后,起先作为政治学分支的公共管理学也得以恢复,独立的公共管理学科建立起来,经过几十年的发展,其研究范围现已涵盖政府的组织目标、组织体系、职能分工、人员管理以及政府行政的宏观系统、微观机制、道德伦理、治理绩效等方方面面。然而,有一个问题如同"房间中的大象"始终鲜被深入探讨——当代中国公共管理客观现实的主体是什么？这个问题看似简单,中国公共管理主体当然是国家行政机关,即人民政府,但是同公权力意义上的国家一样,人民政府并非完整的公共管理主体,公共管理研究也无法脱离政党。因此,如何表述中国公共管理主体问题值得进一步探讨。

一 当代中国公共管理主体及其"一体两性"

通常来说,公共管理主体是政府,当代中国公共管理主体是当代中国政府。国家行政机关是国务院及各级地方人民政府。但联系现实思考这个问题,中国的"政府"是否仅指宪法规定的国家行政机关?一般而言,政府是指为立法机构执行法律、履行行政管理职能的机构。在中国,党中央与各级地方党委同样具有政府的基本特征,实际行使公共权力,承担公共行政责任,管理公共行政事务,这就引发值得进一步思考的问题,诸如党中央、省委、市委、县委等政党组织是不是中国的"政府"?以国家—社会二分理论逻辑分析欧美典型西方国家,政府属于国家,政党来自社会,政府独立于政党,公共管理主体不包含政党组织。但是,中国公共管理主体——政府包含政党,有必要申明这一客观事实,并理清其具体内涵、组成及特点等。

相比于英美等西方代议制民主国家的政党,中国共产党的中央委员会和各级地方委员会事实上肩负公共管理责任,作出公共管理决策,乃至直接履行公共管理职能。因此,共产党事实上是当代中国公共管理主体的一部分,理应成为中国公共管理学研究的重要对象。近年来,诸多学者已经认识到这种独特现象,提出"党政科层制""党政统合""党治国家"等概念,[①] 将政党纳入公共管理研究视野。此类观点对政党国家化、国家政党化以及公共管理中的政党和政府的多向互动进行了多种阐释。实质上,在中国共产党 500 多万个党组织中,国家性质党组织扮演政策执行者的角色,行使直接管理国家事务与社会事务的政府职能,比如执行党中央和上级党委决策部署、保证党组织主张转化为政府政令等。由此进一步得出结论,中国公共管理主体是国家性质党组织和宪法意义上的国家行政机构的有机整体。同"国家"概念相同,中国的公共管理主体也是广泛的,是一种广义政府。这样一来,广义政府就有大概念与小概念两个含义。大概念的广义政府指中国真实的国家机关,是国家性

[①] 王清、刘子丹:《统领式改革:新时代党政体制的结构功能分析——基于 A 省的案例研究》,《政治学研究》2022 年第 3 期;陈明明:《作为一种政治形态的政党—国家及其对中国国家建设的意义》,《江苏社会科学》2015 年第 2 期;王阳、熊万胜:《党政科层体系:"制度—关系"视野下的政党治理与国家治理》,《开放时代》2021 年第 6 期。

质党组织和宪法意义上的国家机构，与"党和国家"概念相对应；小概念的广义政府指中国真实的政府，指国家性质党组织与宪法意义上的国家行政机构，即大概念的广义政府剥离人大机关、监察机关、法院和检察院等国家机构后的剩余部分，与"党和政府"概念相对应。国家性质党组织与宪法意义上的国家行政机构整合而成的广义政府，是在中国共产党长期执政、不存在政党竞争和政党轮替条件下形成的政治制度集合，也是对当代中国特定情境下"党和政府"统合整体更加明确的概念化。由于国家性质党组织与行政机构在性质上存在明显差异，它们所组成的广义政府兼具两类组织的属性，即政党属性和政府属性。政党属性和政府属性是分析行政意义的广义政府的关键概念。

（一）广义政府的政党属性

尽管广义政府是中国事实上的政府机构，但广义政府的领导核心是中国共产党，广义政府的成员绝大部分是中共党员，因此广义政府具有鲜明的中国共产党的政党属性。中国共产党是中国工人阶级的先锋队，同时是中国人民和中华民族的先锋队，也是领导中国人民进行社会主义现代化建设的精英团队。中国共产党在建党之初及至建政后领导中国人民进行社会主义建设的历史进程中，都被赋予了鲜明的政治纲领、严明的组织边界、严密的组织体系、严肃的政治生活、严格的组织纪律等列宁式政党组织的基因密码。[1] 长期以来，中国共产党以党领政、以党建国的政治实践形塑了广义政府的政党属性。由于国家性质党组织是广义政府的核心组成部分，广义政府的政党属性最为集中地体现在中国共产党作为国家政治统治组织的先进性和整体性上。

就先进性而言，中国共产党矢志建立一支思想觉悟高、工作能力强的精英化的先锋队。先锋队政党实际上是政治精英执政的一种类型，但

---

[1] 陈明明：《现代化进程中政党的集权结构和领导体制的变迁》，《战略与管理》2000年第6期。

又不同于西方的精英政治，其在中国政治文化中通常被表达为贤人政治或贤能政治。[1] 就整体性而言，中国共产党的政党属性更加强调党的宗旨与使命，强调国家利益的整体性，重视行动步调的一致性、宣教目标纲领的统一性和组织纪律的严谨性，党的各级地方委员会是党中央统一领导下嵌入地方和基层的组织分支，不同地区和不同单位的党员都是中国共产党的一分子，而不会强调是某个地区或某个单位的党员。

为了发挥中国共产党的先进性和整体性优势，党组织中比国法更为严格的纪律始终指导广义政府的行动。如维护党的团结和统一，对党忠诚老实，言行一致，坚决反对一切派别组织和小集团活动，反对阳奉阴违的两面派行为和一切阴谋诡计，党员个人服从党的组织，少数服从多数，下级组织服从上级组织，全党各个组织和全体党员服从党的全国代表大会和中央委员会等。民主集中制原则及"铁一般的纪律"一直是中国共产党的基本遵循。党的地方组织和基层组织必须确保党中央整体决策部署得到贯彻落实，有令即行、有禁即止，不允许党员的行为背离既定路线、方针、政策，对违纪者施以惩罚。由于政府中绝大部分领导干部及公务员都具有党员身份，党规党纪成为约束政府工作人员的另一重规范，进而使行政机关兼备政党属性，党的领导在广义政府中也得以确立和延伸。

（二）广义政府的政府属性

尽管广义政府的领导核心是中国共产党，广义政府的成员绝大部分是中共党员，但广义政府本质上是当代中国的公共管理机构，是中国国家行政机关，因此具有国家行政机关的政府属性。政府属性反映了广义政府作为公共管理组织的特性。广义政府是行使公共管理权力的组织机构，在公共事务管理过程中通常具有公共性和区域性，会基于属地负责制优先考虑辖区内公共事务。

---

[1] 陈明明：《新时代的政党建设：战略目标与行动逻辑》，《治理研究》2018年第1期。

就公共性而言，不同于党组织将本党使命作为所有成员的奋斗目标，政府属性反映为广义政府强调公共利益、实现公共目标、提供公共服务以及创造公共价值。换言之，政府存在的主要目的是维护和保障全体人民的权利。虽然不同时代下不同国家对政府公共性有差异化的要求，但为公众提供公共物品、改善社会福利是不论何种政府均要履行的职能。就区域性而言，广义政府遵循属地负责制，各地方党委和政府在遵守国家方针政策和法律法规的前提下，分化为一个个相对独立的公共管理主体。此即"区域性管理"和"属地负责制"的政府属性，行政区划范围决定了广义政府提供公共产品的责任边界。根据成本承担对象和受益范围差异，公共服务大致可以划分为全国性公共服务和地方性公共服务。全国性公共服务的受益范围跨区域，全国公众都能够共同享有，较为典型的就是国防、外交、基础性科学研究等；而地方性公共服务主要涉及本区域内的公共产品与服务的生产、分配，比如辖区内部的基础教育、社会保障、城市消防、治安警察、城市公园等，当然，对于地方性公共服务而言，这类服务的"公共性"仅限某一地区，具有区域性特征。区域性特征使不同区域的地方政府不可避免地成为地方资源的产权主体，具有类似产权所有者的行为，与区域外的其他地方政府形成一种相互竞争关系，以区域收益最大化作为区域公共管理的行动原则。

概言之，广义政府存在"一体两性"，既具有政党属性，也具有政府属性，同时兼具中国共产党政党角色与国家行政机关政府角色。政党属性强调先进性和整体性，政府属性强调公共性和区域性。也就是说，主体是共同的广义政府，但拥有两个不同的角色，这两个不同的角色具有不同的特性和不同的行动逻辑。

二 广义政府双重属性的比较分析

为了更加细致和深入地描述广义政府的政党属性与政府属性，基于

"主体—结构—过程"分析框架探讨广义政府的组织特征,从主体、结构和过程三个层面,成员身份、行为依据、利益结构、央地关系、任务配置、权力授予、责任履行和职能分工八个维度,比较政党属性与政府属性的差异(见表4-1)。

表4-1 政党属性与政府属性对比

分析框架	比较维度	政党属性	政府属性
主体层面	成员身份	党员干部	国家公务员
	行为依据	党章党规 (意识形态的统一性)	法律法规 (法律和制度的严明性)
结构层面	利益结构	政党的整体性利益代表	政府的区域性属地负责制
	央地关系	强调垂直领导 下级对上级的绝对服从性	强调区域负责 行政自主性(灵活性、本地化)
	任务配置	政治统治	经济与社会发展
过程层面	权力授予	上级组织任命或批准	同级人大选举或政府任命
	责任履行	对上负责,对下管理 整体发展与区域合作	对内负责,对外竞争 属地负责并鼓励竞争
	职能分工	决策、执行和监督的分工分权	立法、行政和司法的分工分权

(一)主体维度下广义政府的政党属性与政府属性的比较

中国公共管理的主体是广义政府,广义政府中工作人员都是公务员。学术界早已提出"所有国家和政府官员,包括国家高级政府官员、人大和政协的官员、司法机关领导人、军委领导人,从性质上说都属于中国共产党的干部,或者说具有'党的干部'和'国家干部'的双重性质"[①]。可见,广义政府人格化的主体绝大多数兼具中国共产党党员的政

---

① 朱光磊:《当代中国政府过程》,天津人民出版社2008年版,第127页。

治性身份和国家公务员的职业性身份，这是广义政府全体成员的基本特征。广义政府成员扮演不同角色、拥有不同身份时，表现出不同的行为逻辑。

在广义政府内部，党的领导职务和人民政府行政领导职务普遍交叉兼任，如中共中央总书记兼任国家主席，地方党委副书记兼任同级行政机构负责人。在党组织体系中，党章、准则、条例、规定、办法、规则、细则等党内法规详细规定了国家性质党组织的公职人员的职责范围、选拔任用、监督评价、调配交流等事项。在政府体系中，宪法、法律及行政法规、地方性法规、政府规章等具体规定了行政机构公职人员的职责范围、任期权限、考核晋升、工作方式等。

政党角色主导时，广义政府强调意识形态的统一性，决不允许党员干部逾越意识形态的底线，党组织借助宣扬和传播等方式将党的意识形态拓展、延伸、渗透到社会生活的各个领域，使其成为约束和规范广大党员的思想和行为的重要保证；政府角色主导时，广义政府则强调法律和制度的严明性，主张将公共管理活动规则化、程序化、标准化，相关行为和活动必须严格遵循法律法规。

(二) 结构维度下广义政府的政党属性与政府属性的比较

广义政府组织结构反映出中国公共管理体系的基本构架。广义政府"一体两性"使其内部的利益结构、央地关系、任务配置呈现出政党和政府两个体系层面的差异。

首先是利益结构差异。中国共产党是执政党，必须广泛代表各方利益，因此政党属性下广义政府的利益结构具有整体性的特征。全体党员干部和所有党组织都必须无条件地服从党中央领导、服务国家整体利益，绝对不允许部门主义、分散主义、地方保护主义冒头。政府属性下的广义政府则侧重对区域性公共利益负责。地方广义政府是属地百姓的代表，要保障属地百姓的利益。此外，区域发展程度与地方领导干部晋升关联、地方财政收入与地方官员绩效收入挂钩等，侧面说明在竞争机制上鼓励地方领导干部对辖区负责。这造成不同层级、不同地区广义政府间的利益结构趋于分散化、差异化、局部化，更加激发了地方广义政府追求利益最大化的内在动力。因此，各地广义政府往往更倾向于维护本地利益，保护本地企业，在如教育、医疗和保障性住房等公共服务提供上向辖区人民倾斜等。

其次是央地关系差异。在人口众多、幅员辽阔、文化习俗差异巨大的中国，央地关系是影响国家治理成效的重要变量。广义政府"一体两性"深刻塑造着中国党政体系的央地关系，并赋予央地关系以政党属性和政府属性，党、政两个不同系统的央地关系存在深刻差异。一般而言，政党属性更加强调垂直领导，政党系统的央地关系更多的是通过垂直领导强化央地关系的统一性，地方党委作为地区的领导核心，在贯彻落实党中央决策部署中居于关键位置、负有绝对责任；下级党组必须落实党中央和上级党组决策部署，确保本机关内部贯彻党中央和上级党组意志。政府属性下央地关系表现出较强的行政自主性，中央尊重地方决策，允许地方在某些领域因地制宜，地方表现出谋求经济增长与社会发展的强烈愿望。

最后是任务配置差异。实际来看，广义政府的主要职能包括政治统治和经济社会发展两个方面。履行政治统治职能的主要工作涵盖引领意识形态、维护国家统一和领土完整、顺利推行政令、获得人民认同等，旨在确立和提高国家主体的掌控力；在经济社会发展方面则涉及更具体、更微观的任务，需要公权力拥有者建章立制，以支持和推动市场发育、财富增长、社会进步及人的自由与发展。这两种职能中，实现前者要依靠众人之力、达成共识，必要时须采用强制力，类似于"政权"概念，实现后者要依靠管理众人之事来实现，类似于"治权"概念。[①] 如果沿

---

① "政权"与"治权"参考了孙中山先生的提法，参见《孙中山全集》（第九卷），中华书局1986年版，第345页。

着这一思路进行探究，可以发现，广义政府体系内部政党属性和政府属性分野下的结构化差异，能够在"政权与治权"的任务分工上呈现。政党属性反映政治统治职能，政党属性的任务配置关乎政权的长治久安，其评判标准为合法性与权威导向，集中体现为中国共产党执政的权威性和统一领导，即旨在借助集中和上下一致促成任务完成，以保证政治稳定、维持社会秩序。政府属性则注重发挥经济与社会发展职能，政府属性的任务配置主要关注经济繁荣与社会发展，涉及公共资产保值增值和优化公共服务供给，其评判标准是有效性与绩效导向，在此要求下，地方政府注重追求公共资产资源的有效配置及与其他地区进行社会经济的竞争性发展。政权稳固是经济社会发展的前提，经济社会发展是政权稳固的保障。因此，如何在尽可能降低党的执政风险的前提下提升公共事务的治理效能、促进经济社会发展，也就成为广义政府政党属性与政府属性均衡配置的关键。

(三) 过程维度下广义政府的政党属性与政府属性的比较

公共管理过程，是指公共管理主体为了实现公共管理目标所进行的一系列公务性行为，主要反映党政统合结构下公共权力动态运作时的特点。总的来说，在政党属性下，权力运行以贯彻中央和上级要求为第一要务，强调结果和效率导向；在政府属性下，权力运行受到法律法规的严格限制，强调程序和规则导向。下面主要聚焦广义政府的权力授予、责任履行和职能分工三个角度讨论政党属性与政府属性的差异。

第一是权力授予的差异。权力是政府履行公共管理责任的工具，没有公共权力就无法履行公共责任。中国共产党和各级人民政府的权力在终极意义上都源于人民。然而，权力终极来源的共同性并不意味着广义政府内部的国家性质党组织和国家行政机构获得权力的方式是相同的。对于党的领导干部而言，权力来源于两个方面：一是通过任命方式，由上级党委决定调动或提拔任用，下级党委和干部服从安排；二是报批任命的委任方式，地方党委根据地区工作开展和班子配备的实际需要，向上级党委提出常委成员调整动议及推荐人选,由上级党委批准进行任命。[①] 对于宪法意义上的行政机构来说,其成员的产生和调整由同级人民代表大会选举或任命,所以他们需要对辖区内人民代表大会负责,并接受人民代表大会监督。当然,党管干部原则决定了执政党对政府系统领导人选提名的决定性作用。质言之,权力授予的政党属性显示了党对干部的绝对领导过程,而权力授予的政府属性则更突出了行政官员选任的程序性过程。

第二是责任履行的差异。广义政府在内部完成权力配置后,还需依靠设置制度化的岗位和具体的人员来落实相应责任,并控制和监督履职结果。国家性质党组织和国家行政机构权力授予方式的差异,也意味着地方广义政府必须同时对上级党委和同级人大负责。从政党属性来看,党组织和党员干部是一个统一的有机体。与严密的组织原则和选拔任用的程序相对应,各级党委的责任链条是通过对上负责和对下管理双向运作来实现的。因此,政党属性强调整体发展与区域合作,强调全国"一盘棋"的大局观念,力促区域合作层面的发达地区帮扶落后地区。从政府属性来看,国家行政机构的责任通常与属地管理相关,辖区居民和行政区域分别构成了地方广义政府的责任对象和服务边界。因此,政府属性更加强调属地负责并鼓励竞争。中国尽管不存在与共产党竞争执政权的政党,但地方广义政府间存在竞争,也正是地方广义政府间的竞争,为中国社会发展注入活力。各级政府的责任链条是通过对内负责和对外竞争运作的,对内为辖区内企业、民众和社会组织提供更为本地化、更具回应性的公共服务,对外则与其他地方政府竞争,以从中央争取更多利好政策,从而吸引更多有益于本地经济社会发展的人才、生产要素等资源。

---

① 杨竺松、张君忆、胡鞍钢:《干部选任的民主集中制——基于中共省委常委班子调整的观察(1983—2012)》,《国家行政学院学报》2017年第2期。

第三是职能分工的差异。面对现代社会高度复杂的公共事务，管理活动的专业化与分工合作愈来愈重要。在广义政府内部，党委系统与政府系统的分工方式有显著差异。党组织强调集中性，分工多是集中下的分工。在党中央集中统一领导下，党委系统按决策、执行和监督的分工分权逻辑来构建组织体系，以公共事务的完成为目标，从管理活动环节出发进行权力配置。与之不同的是，政府系统负责制定、执行和解释法律，这些活动在广义上实际发挥立法、行政和司法功能。立法、行政和司法政治性分权逻辑下的行政执行机关，更侧重于将某项权力赋予特定组织，组织与组织之间形成结构上的分权关系。总的来说，职能分工的政党属性遵循权力统合集中下以提高效率为目的的分工逻辑，职能分工的政府逻辑则遵循传统组织分权逻辑。

三　广义政府的双重治理逻辑：政党逻辑与政府逻辑

广义政府兼具执政党和国家行政机关双重身份，在现实运作过程中扮演着两个显著差异的角色。执政党的政党属性和国家行政机关的政府属性深刻影响广义政府的治理逻辑。对广义政府来说，在不同时期、不同情景下，需要调整行动逻辑，兼顾双重平衡。如果漠视公共管理主体的复合性、忽视广义政府的双重属性、不能正视执政党的政府性质与国家行政机关的政党性质，对中国公共管理活动的认识难免失之片面，对公共管理改革甚至政治体制改革的学理分析也容易陷入党政不分或者党政简单化分开的窠臼中。

广义政府的双重属性又会导致双重治理逻辑，即政党治理逻辑与政府治理逻辑。由于执政地位的巩固是国家治理的前提和基础，中国共产党的政党治理逻辑一直都是主导逻辑。但中国共产党执政的根本宗旨是为人民服务，代表最广大人民的根本利益，因此，有效推动经济社会发展，提供让人民满意的公共服务也就成为中国共产党的基本使命，而实现这一使命又离不开政府逻辑发挥作用。在长期实践中，政党治理逻辑和政府治理逻辑同时存在，但主导地位时有轮换。当政党属性主导广义政府时，公共管理活动更多地表现为自上而下的层级控制，更加强调上级的权威性，注重政权的稳定性；当政府属性居主导地位时，广义政府更多地表现为地方化的自主治理，更加关心公共服务是否高效、经济是否高速发展等问题。上述两种属性占主导地位时，广义政府所表现的不同行动模式，便是其"一体两性"衍生出的政党治理逻辑和政府治理逻辑。

政党属性在广义政府运行过程中表现为政党逻辑。党在中国政治体系中具有最高领导权力，一旦某个问题上升为政治问题，广义政府会强调政党属性发挥主导作用，依据党的政党逻辑来治理，其运作形态更加呈现出一种具有强大组织能力的集权治理逻辑。这种集权化的政党治理逻辑建立在组织层级明晰、垂直刚性的集权结构上。政党逻辑主要针对重点领域、政治任务和中心工作发挥作用。比如在组织人事领域，人事权、决策权、考核权和奖惩权等关键性权力资源都掌握在党委手中，由党委酝酿、集体开会讨论决定；再如组织管理领域，广义政府内部党组制度、党委集体领导与分工负责制度、归口管理制度、领导小组制度以及合署办公制度等，使党组织在整个国家治理体系中实现"纵向到底、横向到边"的全面和严密控制。而不同历史时期 GDP 增长、环境保护、反腐倡廉等相继成为广义政府的政治任务和中心工作，为完成这些任务，广义政府大多数情况下依靠政党治理逻辑，采用"一票否决"制、思想和组织动员、运动式治理等超越官僚制的手段，集中资源全力推进。政党逻辑的优势在于其高整合性和高驱动性，借助政党权威，将各类资源聚合起来，又利用党组织集中统一的组织体系和令行禁止的严明党纪把工作任务转化为高绩效压力，对广义政府体系形成强激励，确保中心工作落地。

政府属性在广义政府运行过程中表现为政府逻辑。面对非政治的公共管理问题，广义政府强调政府属性，依据政府治理逻辑进行运作，更加重视权力下放，让下级政府有权力自主地管理辖区内事务。政府逻辑遵循属地负责制原则，明确受益范围在本地的公共服务由本地政府负责供给。有效提供公共服务，就要求赋予地方政府相应的事权，让地方政府有权力依据所在地民众的偏好和需求，提供有针对性的解决方案。政府治理逻辑主要体现在经济发展方面。政府属性主导下，下级广义政府不再是一个个"被动的接受者"，也非纯粹的"代理执行工具"，而是可以在一定范围内采取"规避风险"行为方式来回应上级政府"挤压"的行为主体，或者在服从大局和维护地方利益之间寻找平衡点。[①] 比如，处于改革开放前沿的浙江、广东、福建等地区，自发成为市场经济的先行者，于20世纪90年代率先启动区片综合地价、征收留用地补偿机制的创新，引入市场机制，分享土地发展权，引进外资或者发展本地乡镇企业，形成小而全的"蜂窝状经济"产业格局，促进辖区经济发展和社会进步。进入21世纪后，地方政府的自主性更多地体现为争取更多的建设用地指标、更高级别的开发区、更优质的企业、更多的科技创新投入、更多的改革试点机会等实质性可供支配的资源和机会。上述例子都是政府逻辑主导广义政府运行的产物，即在既有法律框架下，各级党委和政府会尽最大可能使用自由裁量权，以谋求区域经济增长、公共服务质量提高和整体竞争力增强。

综上所述，在当下中国的政治结构下，政党属性与政府属性始终伴随广义政府，政党逻辑和政府逻辑几乎缠绕共生、各有侧重却不可分离，何种治理逻辑占主导地位取决于治理目标。当治理目标侧重于维护政治秩序和社会稳定时，广义政府的政党逻辑会更强势；当治理目标侧重于促进经济发展和公共服务时，广义政府的政府逻辑则会加强。故而，当

---

① Oi, Jean C., "Fiscal Reform and the Economic Foundations of Local State Corporatism in China", *World Politics*, Vol. 45, No. 1, 1992, pp. 99-126.

代中国广义政府的政党属性和政府属性在党政之间、央地之间会依形势变化而有所变化。就历时态来看，我们看到不同时期两种属性受重视的程度会有差别。就共时态来看，政党属性与政府属性的表现形式在不同区域存在差别。

总体而言，广义政府的政党属性和政府属性是由广义政府的复合结构决定的，体现了执政党与行政机关双重角色的责任与目标存在一定的差异，以及广义政府为实现目标对组织内部的权力配置和权力控制过程存在某种程度上的集中与分散的取舍。广义政府有效完成不同类型的公共事务治理、达成预期目标，关键在于政党属性与政府属性相对关系的合理配置及政党逻辑和政府逻辑的理性选择。

第二节 人民政府的双重角色：行政机关与执行机关

在当代中国政治体制中，中国政府存在名实二元形态，名义上或者说法理上政府是国家行政机关，也是国家权力机关——人民代表大会的执行机关，但实质政府则是由国家性质党组织与宪法意义上的国家行政机构整合而成的广义政府。本节将进一步聚焦宪法意义上的人民政府，探讨人民政府在中国政治体制中实际扮演的角色，阐释人民政府与党委之间真实的政治关系，以及党委的领导角色对人民政府运行逻辑的形塑。

宪法规定，国务院及地方各级人民政府是最高国家权力机关及地方各级国家权力机关的执行机关，是国家行政机关。而党和国家的法定关系，相关文件并未详细载明，仅《宪法》中提及中国共产党领导是中国特色社会主义最本质的特征。当然，党的文件中申明了党的领导地位，如《党章》中所载党政军民学，东西南北中，党是领导一切的。但总的来说，法律体系和党内法规没有具体规定中国共产党与人民政府的现实互动关系。在现实政治实践中，党的机构相对政府机构，总是掌握更高的领导权，并通过一系列机制引领和指导政府机构的工作。比如国务院和各级人民政府都设有党委的派出机构——党组，由党组负责贯彻落实党的方针、政策并研究政府工作的重大问题，发挥重要的决策作用；再如，为加强党委对职能部门统一归口、协调管理的职能，多个重要政府部门与党的协调机构办公室合署办公，由组织部门归口管理机构编制委员会办公室，统一管理公务员工作。

党委对人民政府的领导并不限于宏观意义上的指导。随着国内外形势变化、公共事务愈加复杂，党委越来越将行政机关视为执行机构，并在某些领域介入具体事务管理。2023年3月，国务院总理李强在主持召开国务院第一次全体会议时指出，"本届政府的工作，就是要把党中央的决策部署贯彻好、落实好，我们每一位同志都要当好执行者、行动派、实干家。执行者，就是要全面准确领会党中央战略意图，不折不扣落实党中央各项要求，同时提高创造性执行的能力，确保党中央决策部署落地见效。行动派，就是要坚持用行动说话，响应党中央号召、贯彻党中央要求，必须雷厉风行、迅速有力，确保党中央政令畅通、令行禁止"[1]。可见，国务院与各级人民政府在角色定位的自我认知上，也承认它们不仅是国家行政机关，还是党委的执行机关。质言之，人民政府兼具国家行政机关与党委执行机关的双重角色。相应地，国家行政机关与党委执行机关是两种不同的组织角色，其政治功能、履责方式、行动依据等存在显著差异，呈现出不同的制度逻辑。这是中国的人民政府客观存在的基本事实。但中国政治学和法学领域的已有研究大多从西方理论或法律文本来阐释人民政府，有意或无意将政府作为党委执行机关这一

---

[1]《李强主持召开国务院第一次全体会议强调 当好贯彻党中央决策部署的执行者行动派实干家 在新的起点上推动各项工作开好局起好步》，《人民日报》2023年3月18日第1版。

现实排除在外,甚至采取含糊其辞的方式加以回避,使人民政府本质属性及功能定位的理论阐释与当代中国客观实践不甚相符。

一 作为行政机关的政府与作为执行机关的政府

在西方现代国家体制架构中,政府是具有相对独立性的行政机关,和立法机关、司法机关共同构成国家公共权力机关。而中国的政府并非纯粹的国家行政机构,它同时具备政治性,还是党委的执行机关。一方面,国务院及地方各级政府是国家行政机关,履行宪法和法律规定的各项职权,管理国家及地方经济、教育、科学、文化、卫生、体育等各项事业,发布决定和命令,任免、培训、考核和奖惩行政工作人员。另一方面,中国长期以来的政治实践表明,国务院及各级地方政府客观上是党中央与各级地方党委的执行机关,坚持党的领导,负责将党的路线、方针和政策转变为政府具体的工作任务,并落地执行。

(一) 作为行政机关的政府

国务院及地方各级政府首先是国家行政机关。所谓"国家行政机关"即按照宪法和有关组织法的规定设立的,依法享有并运用国家行政权,执行立法机关制定的法律和规定,履行国家行政职能的机构。宪法从制度设计层面明确了国务院及各级地方政府在整个国家权力机构中的地位。[1] 具体的法条散落于《宪法》中,如第八十五条规定,"中华人民共和国国务院,即中央人民政府,是最高国家权力机关的执行机关,是最高国家行政机关";第一百零五条规定,"地方各级人民政府是地方各级国家权力机关的执行机关,是地方各级国家行政机关";第一百一十条规定,"地方各级人民政府对上一级国家行政机关负责并报告工作。全国地方各级人民政府都是国务院统一领导下的国家行政机关,都服从国务

---

[1] 王贵松:《依法律行政原理的移植与嬗变》,《法学研究》2015 年第 2 期。

院"。以上规定从法理上反映出政府的普遍地位——由国家权力机关产生的行政机关，受制于国家权力机关，对国家权力机关负责。

具体而言，可以将政府的国家行政机关角色归纳为以下几个方面。首先，相对执行机构角色而言，行政机关最大的特点是独立性。以《宪法》为代表的、涵盖《国务院组织法》《地方人民政府组织法》等法律的政府组织法体系，对国务院以及各级人民政府的领导体制、职权、会议形式及彼此间关系作出相应规定；明确政府的组织宗旨、人员编制、行为规范、管理方法和方式、财政预算等来源于国家权力机关的决定和授权；强调国家行政权由国家行政机关享有和行使，其他国家机关不得无故干涉国家行政机关行使职权的活动，行政活动具有优益性特征。其次，行政机构科层化运行。国务院及其部门、地方各级政府实行行政首长负责制，日常工作中的重大问题由首长召集和主持领导班子会议讨论决定。在政府的横向结构上，各级行政机关按职能分工承担法定职责；在政府的纵向体系中，中央、省、市（区）、县、乡镇五级行政区划实行属地负责制，纵横交错的政府及其职能部门，形成独立处理公共事务的专业化的科层体系。最后，"职责法定"始终贯穿于政府组织制度设计中，政府职责是政府进行一切活动的逻辑起点。对于政府职责内涵的理解，在学理上引发诸如"大政府""小政府"及"有为政府""有限政府"的讨论，在现实中深刻影响并促成行政机关的机构设置、权力配置，乃至相互关系等基础组织结构，勾勒出改革开放以来历次政府机构改革的清晰主线。[①]

（二）作为执行机关的政府

中国各级党委与政府的关系在不同时期略有不同，但政府作为党委

[①] 改革开放以来，历次涉及国务院机构改革的方案均在不同程度上将转变政府职能作为政府系统改革的重要目标。只有1982年国务院机构改革主要讨论机构精简问题，虽然改革方案的文字表述未涉及职能转变，但实际操作是朝着不断优化政府职能的方向进行的。

的执行机关这一特征实际上长期存在于客观政治实践中。党的十八大以来，各级党委与政府之间的关系日趋统合化，政府作为党委执行机关的属性更加突出，具体表现为以下三个方面。第一，社会发展的重大议题原则上都由党委"集体领导、民主集中、个别酝酿、会议决定"，各级政府主要负责贯彻落实，行政部门的重要事务均须由部门党组讨论后施策。第二，出于完成党委中心任务的需要，政府职能部门普遍遵循"党委决策—政府执行"的工作逻辑，政府行政部门的官方职能介绍中都会特意交代"完成党委、政府交办的其他任务"，在执行党委中心工作任务时，往往要承担不属于本部门法定职责的工作。第三，政府领导干部的任用权集中于党委。根据《党政领导干部选拔任用工作条例》，党委向政府提名政府工作部门和机构领导成员人选，在党委讨论决定后，由政府任命。各级政府的干部选拔任用由党委（党组）和组织人事部门根据所管理的领导班子运行情况或空岗情况，提出启动干部选拔任用工作意见，以及就选拔任用的职位、条件、范围、方式、程序等提出初步建议，这也是通常所说的"动议"程序。

党中央和各级地方党委等国家性质党组织对政府的组织结构与权力运行具有深远影响，客观认识当代中国政府与政治，绕不开"党的领导"这一政制特征。党的一元化领导是中国国家权力体系的根本特征，权力机关和行政机关都接受党的领导，领导与被领导之间的关系最根本的是"决策—执行"关系。正如党的十九届四中全会通过的《中共中央关于坚持和完善中国特色社会主义制度、推进国家治理体系和治理能力现代化若干重大问题的决定》中所强调的，国家行政管理承担着按照党和国家决策部署推动经济社会发展、管理社会事务、服务人民群众的重大职责，国家权力机关的党组负责推动将党的主张和重大决策转化为法律法规、政策政令，政府中的党组织和党员执行党的领导意志、贯彻实施党的政策方针。此外，2019 年 2 月党中央印发的《中国共产党重大事项请示报告条例》，显然强化了中共中央与国务院的决策与执行关系。该请示报告条例明确权力机关和行政机关的重大事项必须向党中央请示报告；党中央作出重大决策后，权力机关与行政机关负责贯彻落实；党的主张经过法定程序上升为国家意志，由行政机关工作人员负责执行。2023年3月印发通过的《国务院工作规则》进一步明确规定，全面贯彻党的路线、方针、政策，全面落实党中央决策部署。坚持和完善党领导经济社会发展的体制机制，完善党中央重大决策部署落实机制，健全和落实请示报告制度，重大决策、重大事项、重要情况及时向党中央请示报告。国务院要自觉对标对表，坚决贯彻落实党中央重大决策部署和习近平总书记重要指示批示，坚持系统观念，加强研究部署，压实主体责任，完善工作机制，强化跟踪督办，及时报告办理进展，确保见到实效。这一系列举措凸显了政府作为党委执行机关的角色。

在广义政府体系内部，作为广义政府决策主体的中国共产党也建立起了自身的组织体系，如各级党委自上而下设置的组织部、统战部、宣传部等部门，这些国家性质党组织的内设机构与国家行政机关在行为目标上具有一致性，以治理主体的整合、治理职责的归总、治理功能的分工等方式将"决策—执行"关系呈现在公共事务治理中。政府履行党委执行机关的职责主要通过以下两个制度实现。一是政府内设的党组制度。《党章》和《中国共产党党组工作条例》规定，党组是党在中央和地方国家机关、人民团体、经济组织、文化组织和其他非党组织的领导机关中设立的领导机构，县级以上政府及其工作部门一般应当设立党组。在人民政府及其部门设立党组，党组参与和主导政府及其部门的决策过程，包括发展战略、重大部署和重大事项等。也就是说，党组的决策范围包括行政机关的法定职权。二是党委议事协调机构办公室与行政部门的合署办公制度。中国共产党有许多议事委员会，这些委员会的工作机关多数与政府机关合署办公，因此，这些政府机关事实上是党委议事委员会的执行机关。《中国共产党工作机关条例》规定："根据工作需要，党的工作机关可以与职责相近的国家机关等合并设立或者合署办公。"

显然，在广义政府体系中，政府作为党委的执行机关这一属性意味着，各级政府执行党委的决策，党委与政府之间是"决策—执行"关系，既存在制度层面的"平面化的切割"，又存在机制层面的"层次性的转化"。这种关系具体表现为三个方面：一是"决定—服从"关系，即党委以决策权的方式实施领导，政府服从党委的决定并贯彻执行；二是"战略性规划—操作性政策"关系，即党委制定战略性的规划，政府组织行政力量，依据战略性规划制定一系列操作性政策；三是"抽象—具体"关系，即党委提出抽象的原则、方针，政府在实践层面具体落实。因此，与国家行政机关角色显著不同的是，政府作为党委执行机关的角色决定了其具有从属性，更加强调执行力。

由上可见，政府作为国家行政机关的角色和作为党委执行机关角色，存在强调有效执行与强调依法行政两种不同的导向，国家行政机关的角色属性来自其法定的职责授予，强调其行使行政权力的独立责任性和过程法治化；政府作为党委执行机关的属性来自广义政府的职能分工，强调党的集中统一领导和贯彻执行党委决策的服从性。两种角色之间的内在互动和博弈变换，共同形塑了政府具有国家行政机关与党委执行机关的双重属性和不同的制度逻辑。

二　政府的行政机关属性与执行机关属性的比较

"一府两角"是极富中国特色的政治现象。各级政府既是国家系统中的行政机关又是党中央和各级地方党委的执行机关，各级政府兼具行政机关属性与执行机关属性。从政府与国家权力机关即人民代表大会的关系角度而言，政府发挥行政机关的功能，依法行政、履行各类法定职责。从党委决策与政府执行的关系，即党政关系的角度而言，政府在党的领导下开展工作，贯彻落实党的方针、政策。国家行政机关与党委执行机关的制度逻辑是不同的，具体表现为权力结构、权力运行、行动理念、工作依据、行动方式、存续状态等方面的差异（见表4-2）。

表4-2　　　　　　　　行政机关属性与执行机关属性比较

比较维度	行政机关属性	执行机关属性
权力结构	立法、行政、司法三分	决策、执行、监督三分
权力运行	过程导向的程序行政	结果导向的政治执行
行动理念	法制原则	纪律规矩
工作依据	法律法规	政策指示
行动方式	科层化的常规治理	集中化的运动式治理
存续形态	稳定性	动态性

第一，从权力结构方面看，作为行政机关的政府呈现立法、行政和司法三分结构，而作为执行机关的政府呈现决策、执行和监督三分结构。现代国家体制中的行政机关，是立法权、行政权、司法权分立制度框架下的组织形态，是政治性分权逻辑的产物。在这种权力结构中，国家公共权力被分为立法权、行政权、司法权，并分别被赋予立法机关、行政机关和司法机关，三种权力主体之间不是集中统一的关系，而是在权力分立的基础上相互制衡，其中行政机关主要负责履行法律规定的公共职责。与之不同的是，广义政府内部决策权、执行权、监督权三权分工制度框架下的组织形态，是决策权、执行权和监督权制约协调逻辑的产物。在这一逻辑主导下，各权力主体被置于决策、执行和监督三种管理活动分工合作的结构中。这是更具基础性、一般性和包容性的功能性分权的权力结构，不同权力主体按不同的功能定位发挥不同的作用，党委负责决策，政府承担执行功能。

第二，从权力运行方面看，作为行政机关的政府侧重过程导向的程序行政，而作为执行机关的政府重视结果导向的政治执行。在现代法治框架下，为了控制行政权的滥用和维护行政行为的公共性，大多数国家在宪法和行政法层面建构起一套规范行使行政职权的程序制度，并辅以行政诉讼、媒体监督等措施，进一步确保行政机关行为的合法性、正当性。改革开放以来，中国的政府法制建设参照现代国家要求不断完善，取得长足的进步。作为国家行政机关的各级人民政府已基本建立起有法可依的制度，形成一种基于过程—目标导向的程序行政，行政机关需要按照法定程序管理公共事务。而作为党委的执行机关，人民政府偏重完成基于目标导向的政治执行任务。当面对"无力迅速有效解决社会冲突引发的危机时，或因缺乏合宪性审查机制而不能及时纠正立法权、行政权运用不当的后果，或耽于完备而繁琐的程序而贻误民生所需之公共物品的开发和供给的时机"[①]，"讲政治""顾大局"实际上就成了地方政府的行动准则，政治执行是否坚决彻底也就成为评价政府表现的极其重要的指标，其中最具威慑力、最为严苛且最直截了当的便是"一票否决"的问责机制，通过结果导向以期取得目标实现。

第三，从行动理念方面看，作为行政机关的政府侧重遵循法制原则，而作为执行机关的政府更重视政治纪律和政治规矩。现代国家行政机关强调依法行政，以法制原则约束行政行为。作为国家行政机关，各级政府的行政理念是遵守法制原则，承认法的普遍权威、普遍形式和普遍约束力，行政机关的各项活动既要严格根据法律的授权，又要依据法的原理、原则，还要严格遵守法定程序，做到有法可依、有法必依、执法必严、违法必究，实现形式法治和实质法治的结合。然而，政府作为党委的执行机关，强调党的政治纪律和政治规矩。党强调民主集中原则，决策经民主决议上升为党的意志后党员必须服从。而政府中的领导干部绝大多数是中共党员。在此原则的统摄下，党员绝对听从党组织安排，党

[①] 陈明明：《双重逻辑交互作用中的党治与法治》，《学术月刊》2019 年第 1 期。

的下级组织必须坚决执行上级组织的决定，全国性重大政策问题只有党中央有权决定。这些政治纪律和政治规矩要求作为党委执行机关的政府必须严格贯彻执行党的施政纲领，服从党的法规和纪律。

第四，从工作依据方面看，作为行政机关的政府行动时受法律法规约束，而作为执行机关的政府行动时更侧重遵循政策指示。由法律控制行政是近现代国家建设的基础，依法行政是现代法治国家建设在政府行政行为层面的一个投影。因此，作为现代国家行政机关，政府行政行为的依据应当是宪法和法律，强调法律在行政过程中的支配性地位，要求各级国家行政机关必须严格按照宪法、法律和行政管理法规的规定，维护法律的统一和尊严。作为党委执行机关的政府则更强调贯彻党委的政策指示。具有政策指示性质的红头文件流转并贯穿于政府体系中，关涉治理和处置发生在体制内外的所有政治议题。政府党组会进一步将政治议题通过政府系统，贯穿于政府行政权力活动当中，为政府行为确立基本的路线、方针和政策，指导、监督和约束行政组织，从而发挥对行政机构的政治控制和约束。比如，《国务院工作规则》明确规定，国务院要建立学习制度，一般两个月安排一次专题学习，重点围绕贯彻落实习近平总书记重要讲话、指示要求和党中央、国务院决策部署，增强知识本领，提升履职能力。与之相应，各级政府部门的党委会议精神落实检查机制以及中心组理论学习制度，无不体现了政府作为党委执行机关的属性。

第五，从行动方式方面看，作为行政机关的政府行动时遵循科层化的常规治理，而作为执行机关的政府行动时更多采用集中化的运动式治理。在中国国家治理实践中，政府科层化的常规治理和党委集中领导下的运动式治理并存。政府之所以会运用这两种不同的行动方式，实质上与政府兼具行政机关与执行机关两种属性密切相关。政府工作分为日常工作和中心工作两大类别，政府日常工作与中心工作的性质及应对方式有所差别。作为国家行政机关，地方政府会遵循事本主义、专业主义、程序主义的常规治理逻辑，强调非人格化的公共权威和行政规则，更多通过国家行政机构科层化管理方式按部就班地落实和完成相关工作。然而，作为党委执行机关，各级地方政府需要贯彻落实党的中心工作，常常强调政治纪律，以政治逻辑代替规章制度，如在招商引资大比拼时期，一些地方实施"全员招商"，所有党政机关都有招商引资的任务；一些地方在环保大整治时期，所有党政机关都承担环保任务，所有党政干部都要投入环保整治工作。不难发现，当社会公共问题中的某一特定事项或焦点问题引起党委重视时，党委会通过政治动员，形成高位政治势能，围绕特定任务打破科层制组织边界、成立协调机制，整合各类资源并综合运用各种奖惩机制。执行党委中心任务则成了地方政府部门的重要工作，集中化的运动式治理会代替科层化的常规治理。需要进一步指出的是，科层化的常规治理与集中化的运动式治理是两种互为补充而非彼此割裂的治理方式。尽管两种方式之间存在内在的紧张关系，但它们也会因时因地有所变化，特别是随着党内法规的完善，党的治理方式也逐步发生某些变化，多遵照科层化的常规治理方式，使党的治理方式与运动式治理之间的关联程度有所下降。

第六，从存续形态方面看，作为行政机关的政府更注重稳定性，作为执行机关的政府则更注重动态性。作为国家行政机关，政府职能的调整和变更受行政法的约束，修改和补充相关法律法规是一个较为复杂的过程。因此，行政机关的职能及相关制度具有稳定性。与之不同，党的方针、政策尤其是地方党委的发展战略往往因时因地而变，具有鲜明的时代性和地域性。一旦党委的方针、政策改变，就会显著影响作为党委执行机关的政府的工作。也就是说，当党委不断改变发展规划、调整中心工作时，政府在政策执行过程中必须随之调整自身的组织目标和资源配置，采取动态性、应急性和弹性化的治理策略。

以上分析了政府作为国家行政机关与作为党委执行机关的属性差异，阐释了两种属性不同的行动逻辑。特别需要说明的是，当代中国政府兼具国家行政机关和党委执行机关的双重属性,因此政府这个主体要在不同情况下以不同的角色开展工作,以不同的方式履行公共责任。

第三节 党政二元视角下地方广义政府的双重属性

政党属性与政府属性的差异同样深刻影响着广义政府间的纵向关系。政党体系和政府体系的央地关系存在显著差异,当下研究更重视对央地关系的政治—经济二元视角分析,得出诸如政治上集权与经济上分权等结论。描述央地关系差别恰恰要引入鲜有学者使用的"政党—政府"视角。正因如此,究竟"央地关系"中的"央"是指"党中央"还是"国务院"、"地"是指"地方党委"还是"地方政府"很少被深究,研究者或将其简化为行政机关,或将二者混为一谈。当广义政府成为研究对象时,"央地关系"这一经典命题自然衍生出党组织的央地关系和人民政府的央地关系,亦即广义政府的央地关系存在政党属性与政府属性双重属性。央地关系的党政二元属性不仅反映出党政统合体系下广义政府的独特特点,同时还能调节地方广义政府的从属性与自主性,使其既能落实中央政策,又能因地制宜发展地方。

一 央地关系的党政二元比较分析

整体来看,无论是党的体制还是政府体制,从中央到地方形成了一个等级分明的组织链,虽然同为等级结构,但在党的一元化领导体制下与在政府的属地负责制下,纵向府际关系是有区别的。中国共产党作为执政党,负有维护国家整体利益的责任,巩固执政地位是党组织建制的核心内容,注重整体性,强调服从,更凸显政党属性;人民政府虽受单一制结构约束,权力向上聚合,国家有效治理却依靠地方政府发挥作用,合理授权是政府履职的重要手段,因此,政府体系更强调权变性和授权性。具体而言,可以从中央地位、整体结构和地方地位三个维度比较两种属性的差异(见表4-3)。

表4-3　　　　　　　　　　央地关系双重属性对比

比较维度	政党属性	政府属性
中央地位	党的最高领导机关	最高行政机关和最高国家权力机关的执行机关
	中央权威的集中性	央地权责的区分性
整体结构	整体的统一性	整体的层次性
	代表整体利益的唯一性	代表地方利益的多元性
	垂直领导为主	双重领导
	政治性职权的区域分配	地方职能法定性与行政授权
地方地位	党中央执行机构	地方行政机构
	地方的服从性	地方的权变性

首先,从中央地位上看,党中央是党的最高领导机关,拥有全党最高权威;国务院是最高国家行政机关和最高国家权力机关的执行机关,负责规划地方各级政府职权并领导工作。党中央即中国共产党中央委员会。《中国共产党中央委员会工作条例》规定,党的最高领导机关是党的全国代表大会及其所产生的中央委员会。其中,中央政治局及其常务委员会是中央委员会中枢,是全党全国的领导核心。因此,党中央作为国家最高领导和决策机构,涉及全党全国性的重大方针、政策问题,只有党中央有权作出决定和解释,拥有绝对权威。中央人民政府即国务院。宪法规定国务院是最高国家权力机关的执行机关,是最高国家行政机关。决策与执行的一个重要差异是,决策因权力集中而迅捷,执行则因明确分工而更有效率。尤其在幅员辽阔的中国,国务院不可能包揽所有行政

活动，必须将权力合理地分出去，使下级政府掌握一定权力来履行职责。因此，如果说党中央借助集中统一领导来保证权威，国务院则依靠划分好各层级政府的职权来促成良治。可见，央地关系的政党属性主要表现为中央掌握绝对权威以践行使命；央地关系的政府属性主要表现为中央通过权责下授来促进各地政府履责。

其次，从整体结构上看，党组织为政治性组织，代表国家整体利益，上下级间以垂直领导为主；政府是行政机构，职权法定，实行属地负责制，维护辖区利益，对上级政府和本级人大负责。在党的整体结构中，维护党中央权威和集中统一领导是最高领导原则，地方各级党组织处于党中央集中统一领导下，呈现高度的整体性。中国共产党维护国家整体利益，相比权力分散于地方，强有力的党中央在调节地方矛盾和利益冲突时更具优势。党纵向体系中的领导结构和权力结构安排与国家整体性、利益统一性相对应。在领导结构上，地方党委对本级党的代表大会负责，但党的地方代表大会五年才开一次，而地方党委每年都要向上级党委作报告、领导干部由上级党委推荐选任，导致各级党委实质上呈现垂直领导为主的特征。在权力结构上，各级党委是政治性机构，受党中央领导，由党的地方代表大会选举产生，负责本地区把方向、管大局、作决策、保落实的政治性工作，这样的安排体现出作为执政党的中国共产党将政治性职权进行区域分配。在政府整体结构中，各级政府呈现出突出的层次性，每级政府都有明确具体的权责分工。人民政府主要领导由本级人大任命，对本级人大负责，因此具有较强的地域性，代表多元的地方利益。从领导结构上看，地方政府既要对上级政府负责，又要对本级人大负责，呈现双重领导的特点。从权力结构上看，地方政府职能由法律规定，权力来自上级授予，具有典型科层制特征，央地关系上突出法理性，上下级互动也不能脱离法治轨道。可见，央地关系的政党属性主要体现为党中央通过一系列机制保证全党整齐划一、行动统一；央地关系的政府属性主要体现为国务院借助一系列机制确保各级政府权责分明、行动灵活。

最后，从地方地位上看，地方党委执行党中央政令，是党中央的执行机构；而地方政府是行政机构，对地方治理效果负责。相对于党中央，地方党委是执行机构，虽然负责区域决策，一旦党中央和上级党委发布命令，下级党委必须坚决执行，将"全党服从中央"原则落到实处。地方政府本质上是地方行政机关，在本地区行使法定职权，履行法定职责，处理具体的公共事务。为更好地处理复杂的区域事务和落实属地负责制，国务院和上级政府乐于放权，地方政府处理相关事务时因以拥有一定的自由裁量权，获得灵活治理的空间。相对党组织中上级党委对下级党委的高度集中领导，政府系统中上级对下级的控制力则小很多。因而，央地关系的政党属性更凸显领导与服从关系，政府属性则突出集中领导下的层级协作关系。相应地，央地关系的政党属性体现为地方党委更强调服从性；央地关系的政府属性表现为地方政府具有一定的权变性。

二 地方广义政府的从属性与自主性

央地关系的党政二元比较其实是一种学理划分，用以区分广义政府纵向关系中党的体系和政府体系的差异。在现实中，由于广义政府中党政系统高度整合，央地关系的政党属性和政府属性在现实中并非如理论上那么界限分明，更多地表现为融合、交替和张力的状态。在两种属性的共同作用下，地方广义政府既表现出高度的从属性以维护党中央权威，适应全党的统一性要求；又表现出高度的自主性以结合辖区实际履行职责，达成良好的治理效果。因此，地方广义政府同时具有从属性和自主性。

一方面，地方广义政府具有从属性。广义的地方政府是政党体制在地方上的体现，① 突出党的体制中领导与服从的关系。不可否认，地方广义政府是中央广义政府在地方上的代表，扮演中央广义政府的执行机构角色。首先，从组织原则看，"下级服从上级，全党服从中央"，"全国地方各级人民政府都服从于国务院"等明确了地方广义政府的法定从属地位。中央拥有绝对权威，统辖全国广大地区，自上而下推行其意志，地方主要负责执行中央政令，完成上级分派的各项任务，处理区域事务等。其次，从权力来源看，地方广义政府的权力来自中央或上级授予。用以履职的必要权力与资源自下而上集中在中央，例如党中央拥有统辖安排各地干部的权力，国务院拥有国土、矿产等地方履行经济职能必要资源的管理权和计划调配权。地方广义政府履行党章、宪法赋予的职责时，必然依靠中央下放的权力，地方形成事实上对中央的依附。最后，从责任结构看，地方要对上级、对中央负责。地方广义政府依中央意志或行政便利而设置，要对给予其权力的中央负责；中央广义政府也会建立如重大事项请示报告制度等法定制度监控地方行动，为授出的权力负责。

另一方面，地方广义政府具有自主性。地方广义政府不仅是中央的地方代理，还是地方利益的代表，决定地方公共事务。首先，从组织原则看，党的地方委员会由党的地方代表大会选举产生，地方政府主要领导由地方人民代表大会选举产生，因此，地方广义政府主职干部必然遵循属地责任制，要掌握一定的自主性来维护区域利益，对选出他们的代表负责。其次，从权力分配过程看，虽然地方权力由中央层层授予，但地方广义政府为了本地发展也会采取讨价还价的策略，特别是改革开放后的一些改革措施，使地方获得了游说中央、争取资源和灵活运用权力的余地。比如，随着改革深入，在人事方面党中央适当下放人事管理权，

---

① 景跃进、陈明明、肖滨主编：《当代中国政府与政治》，中国人民大学出版社2016年版，第220页。

改中央"下管两级"为中央原则上"下管一级";[①] 在立法权方面，省、设区市享有法律上赋予的行政立法权，地方获得日益增多的主动性。最后，从权力实际运作看，地方广义政府实际掌握地方公共管理权。中央广义政府受自身规模、信息差和治理活动的复杂性所限，无暇顾及地方事务，地方广义政府因负责解决具体问题而获得自主运转的权力。

综上所述，我国广义政府的央地关系兼具政党和政府两种属性。政党属性是党集中领导体制的反映，以整体化要求将地方党政机关置于党的全面领导下，来维护国家统一和稳定。政府属性则是单一制国家结构形式的反映，以其层次化特征使央地明确分工、清晰职权，保证执行顺畅有力。地方广义政府在地位上也呈现为从属性和自主性。从属性显示出地方广义政府对中央的依附，而自主性则显示了地方广义政府处理当地事务的独立资格，二者结合，实现了政治性要求和行政性要求的统一。地方政府的双重属性影响着央地关系，政党属性与政府属性此消彼长，调适着广义政府的纵向权力分配。

第四节　广义政府双重属性的内在矛盾与兼顾

行政意义上的广义政府最重要的内在特征是兼具政党属性和政府属性，两种属性贯穿广义政府，塑造其行动模式，致使其运行过程受政党和政府双重逻辑驱动。党政双重属性及其各自的逻辑不同程度上影响着国家各类公共事务的治理过程及治理结果。政党属性保证党中央决策部署能顺利推行、各地方步调一致，确保国家整体性利益不受损；政府属性则保证各地因地制宜，为地方政府能自主维护地方利益提供有效途径。

[①] 参见曹志主编《中华人民共和国人事制度概要》，北京大学出版社1985年版，第146—151页。

不同公共事务治理方式的选择及其实际效用，关键在于政党属性与政府属性相对关系的合理配置。然而，当代中国的治理场景是纷繁复杂的，南北方文化习俗差异、地区经济发展水平差异、政治任务要求等因素都会影响广义政府的策略选择和行动逻辑。

因此，广义政府要灵活调整政党属性与政府属性，统一调动和整合不同属性的治理资源，使属性特征与治理要求相契合。一方面，两种属性相互切换、相互配合，能够在维护中央权威基础上发挥各机构、各部门、各地方的积极性；另一方面，广义政府双重属性长期存在张力，政党属性太强或政府属性太强都会诱发矛盾，如果矛盾得不到妥善解决，将会导致各种问题。由此而言，针对广义政府的政党属性与政府属性、政府的行政角色与执行角色、地方广义政府的从属性与自主性之间的矛盾，必须根据实际情况合理兼顾，消弭冲突，最大限度发挥治理效能，达成预期效果。本节将重点就广义政府双重属性的内在矛盾展开论述，并探讨兼顾两种属性的必要性。

一 广义政府双重属性的内在矛盾

政党属性和政府属性是广义政府的重要性质，借助这两种属性，公权力体系根据情况调节集权与分权程度、调整中央与地方关系，解决党在不同阶段面临的任务和风险，实现"政治集权、治理分权"的功能性均衡。当需要贯彻中央意图、迅速推行某项方针政策时，政党属性就会加强，政府切换为党委执行机关角色，地方广义政府从属性强化，注重结果，强调一致性，执行效率急速提高，执行过程中也会突破科层制限制，以社会动员、运动式治理方式完成任务；当需要发挥地方积极性时，政府属性就会加强，地方广义政府自主性强化，地方获得相应资源或资格充当试点，探索经验；当需要加强政府建设时，政府属性同样会加强，政府切换为行政机关角色，地方广义政府注重过程、强调程序，凸显依法行政。然而，在复杂的现实情况中，两种属性不可避免会发生冲突。如果将政党属性和政府属性视为"光谱"的两端，一端政党属性作用发挥到最强，此时可能出现中央极度集权情况；一端政府属性作用发挥到最强，此时可能出现极度地方分权和行政控制。最极端的情况在现实中很少出现，但需要警惕"光谱"中可能出现的双重属性矛盾激化状态。因此，应密切关注当下中国党政双重属性的冲突，冲突的一个重要表现形式就是"法治悖论"。下面以"法治悖论"现象为例，探讨广义政府双重属性冲突造成的问题。

（一）地方广义政府的"法治悖论"

建设法治国家是发展社会主义政治文明的关键任务，是党的二十大确立的实现中国式现代化的重要目标。法治国家意指国家公权力体系的法治化。① 国家不仅是法治建设的对象，同时也是法治建设的主体。然而，在推进法治建设的过程中，国家有两种截然相反的角色和作用。一方面，国家机构是宪法和法律的主要供给者、实施者、守护者，是法治建设的关键推动力量。尤其是地方政府，作为中央的地方代表，它们承担了规则制度的主要创新者、宪法法律的主要实施者、矛盾纠纷的主要解决者和公平正义的主要输送者等重要角色。② 而另一方面，在国家治理实践中，一些地方政府及其工作人员存在有法不依、执法不严、违法不究、知法犯法的现象，阻碍和伤害了法治建设。《中共中央关于全面推进依法治国若干重大问题的决定》中明确指出："有法不依、执法不严、违法不究现象比较严重，执法体制权责脱节、多头执法、选择性执法现象仍然存在，执法司法不规范、不严格、不透明、不文明现象较为突出，群众对执法司法不公和腐败问题反映强烈……一些国家工作人员特别是

---

① 姜明安：《论法治国家、法治政府、法治社会建设的相互关系》，《法学杂志》2013年第6期。

② 黄文艺：《认真对待地方法治》，《法学研究》2012年第6期。

领导干部依法办事观念不强、能力不足，知法犯法、以言代法、以权压法、徇私枉法现象依然存在。"[1] 这种国家治理与法治建设既相互协调又矛盾冲突的现象便是"法治悖论"，[2] 即地方政府既是法治建设的关键推动力量，同时也是伤害法治建设的重要主体。从应然角度来看，地方广义政府是全面依法治国战略的主要实施者和执行者，承担全面依法行政、严格执法的主要责任。但从实然角度来看，一些地方广义政府常常在执行时打破法定程序、改变法律内容、背离立法本意。这种在执行法律时区别对待、视具体情况而定的执法方式可称为选择性执法。尽管政府能够借助选择性执法保证实现其政治、经济及社会目标，但同时也会引发执法者渎职、腐败，阻碍执法体系改革。[3] 选择性执法是地方广义政府"法治悖论"最重要的表现形式。

选择性执法本身存在多重面向，比如学界针对政府执法偏离政策目标的行为，提出变通执行[4]、选择性执行[5]、运动式执行[6]等诸多概念。总体而言，地方政府不能充分执行法律，却因时间、空间、客体差异而在执法过程中主动有所取舍、重新规划执法内容，使法律执行出现走样和偏差的情况，均可视为选择性执法。当然，实际中并不存在完美执行，因受执法成本或资源制约，有时地方政府会被迫不完全执行法律，因此我们的探讨更偏重地方政府经权衡后有意识的选择性、变通性执法活动，

---

[1] 《中共中央关于全面推进依法治国若干重大问题的决定》，《人民日报》2014年10月29日第1版。

[2] 陈国权、陈晓伟：《法治悖论：地方政府三重治理逻辑下的困境》，《社会科学战线》2019年第9期。

[3] 戴治勇：《选择性执法》，《法学研究》2008年第4期。

[4] 参见王汉生、刘世定、孙立平《作为制度运作和制度变迁方式的变通》，《中国社会科学季刊》1997年第21期。

[5] Kevin J. O'Brien and Lianjiang Li, "Selective Policy Implementation in Rural China", *Competitive Politics*, Vol. 31, No. 2, 1999, pp. 167–186.

[6] 参见陈家建、张琼文《政策执行波动与基层治理问题》，《社会学研究》2015年第3期。

且此种活动一定程度上扭曲了法律。详细来说，表现为以下几个方面。第一，地方政府对于某些法律，会不遗余力地推进，主动"加码"，创设或加重法律负担，有时甚至暴力执法，如专项"严打"整治、齐抓共管、运动式执法；再如环境执法、土地拆迁中"一刀切"，以暴力和威胁手段推行，以致扭曲立法本意。第二，对于某些会导致地方利益受损的法律，地方政府往往选择性地忽略，如地方政府为保护本地企业，给区域内重点企业"开绿灯"等。第三，形式上遵从法律内容，但在具体执行中以政府命令的形式重新规划某些法律的目标或内容，如制定违背法律法规的地方政策、以政策规定代替司法裁判等。

在上述执法行为中，作为执法者的地方政府依照某些法律法规进行监管活动时变更执行程序或具体内容，都使法律执行带上主观随意性色彩。短期来看，选择性执法有其合理性的效率基础，① 比如地方政府为克服执法成本过高等现实问题，或为保护地方利益、实现某种政策目标而选择性执法；运动式的执法方式以高效整合资源、迅速达成目标见长，往往因在解决积弊已久的治理难题中适用性高而被地方政府广泛运用。但长期来看，选择性执法大大加剧了法律的不确定性，还会向社会传达"法律不必当真，可以在执法空间中躲避"的错误信息，不利于维护法律威严和政府威信；对被监管主体而言，缺乏稳定、可信赖的规则容易导致其无所适从，甚至会主动向寻租者寻求保护，容易导致执法结果不公平、不公正，损害市场经济有效运行，有损法律公平公正形象；规范行为准则缺失与"合规的边界"模糊，久而久之，被监管者与监管者间容易形成"试探性违规"和"选择性容忍"的默契，② 阻碍治理活动正常开展。

---

① 戴治勇、杨晓维：《间接执法成本、间接损害与选择性执法》，《经济研究》2006 年第 9 期。

② 黄杨：《"试探性违规—选择性容忍"：对运动式监管失灵的组织学解释》，《公共管理评论》2023 年第 2 期。

此外，地方党政"一把手"是地方法治建设的第一责任人，此类群体若走上违法犯罪道路，损害政府法治形象，这无疑是地方政府法治建设的一重悖论。在党的十八大后进行的强力反腐中，一些地方党政"一把手"被依法依纪处理，有效震慑了地方政府官员贪污受贿等腐败行为。尽管如此，地方党政"一把手"依然是容易触及法律底线的"高危"群体，直至近几年仍有不少干部在地方"一把手"任上违法或因曾担任"一把手"时违法行为东窗事发而承担法律责任。一些党政"一把手"虽然没有公然违法犯罪，却搞"一言堂"，不按程序办事，公器私用，个人专断、包揽一切工作，利用手中审批权、裁量权和决策权干预政府常规活动，破坏市场秩序。这些行为可能不必担负法律责任，却使地方政府笼罩在浓厚的人治氛围之下，有违依法行政原则，政府工作人员往往上行下效，既容易诱发系统性腐败，也不利于形成良好的法治风气。

造成地方政府"法治悖论"的因素有很多，如地方执法成本高、立法技术尚不完善等，但许多情况下地方政府主动选择变通手段，乃至破坏法治。既然地方政府可以借助政党属性贯彻中央法令，又能借助政府属性保证执行活动合法合规，为何却屡屡出现地方偏离中央、偏离法治的情况呢？实际上，政党属性和政府属性天然存在张力，比如二者在集中与分权、结果与过程、稳定与发展等价值上的不同诉求，如果不加协调，很有可能为达成某一种价值而忽视另一种价值；此外，政党属性和政府属性任一过强，都可能偏离实际，甚至引发极端情况。从这一角度来看，地方政府"法治悖论"恰恰受制于政党属性与政府属性。当理想状态下两种属性相互补充、相互协调时，中央法律能够顺利推行，各级地方政府也能够依法行政；但当两种属性不能协调平衡、出现矛盾冲突，特别是政党属性过强时，结果驱动的行动逻辑容易破坏行政法治的程序性，地方政府为维护本地利益也容易实施选择性执法行为。

（二）党政双重属性冲突与法治悖论成因

由于中国语境下政府内涵的特殊性，广义政府在法治建设中的真实角色取决于政党属性与政府属性之间的实际互动关系。政党属性与政府属性在广义政府治理活动中的协调性与矛盾性，表现为对法治建设的推动作用和伤害作用，"法治悖论"现象由此生成。易言之，广义政府双重属性协调互补，则政府法治容易推行；而双重属性冲突显现时，地方政府"法治悖论"现象则突出。

1. 广义政府双重属性协调状态及其对法治建设的推动

在国家治理实践中，广义政府政党属性与政府属性如果能够保持理想状态，表现出高度的协调性，就会有助于促进法治建设。党政双重属性协调一致，存在两个重要前提。第一，党和政府有共同的目标，比如当某一任务成为当前党和国家的中心工作任务时，无论广义政府的政党属性还是政府属性，在目标方面就会密切关联、高度一致，并且能够以极高的效率实现目标。第二，广义政府中党组织和行政机构在行动上产生清晰的分工协作机制，使政党逻辑和政府逻辑互不干扰、相互补充，达到协调状态。以中国法治建设为例，当法治问题成为社会主要矛盾时，法治建设优于其他活动，党组织与行政机构的目标达成一致，各自调整，使政党属性和政府属性形成协调状态，有利于促进立法、执法和司法等法治建设的关键任务相互补充、有机协同。从根本上说，在推进法治建设上，广义政府双重属性存在合理兼容的内在可能性。

首先，政党属性和政府属性能够在法治目标上达成一致。对政府而言，依法行政是政府行政最重要的原则之一；对中国共产党而言，党要执政兴国，关键取决于党的生态的法治化。《宪法》第五条明确规定："中华人民共和国实行依法治国，建设社会主义法治国家。"早在1978年12月，邓小平同志便提出了"为了保障人民民主，必须加强法制……做到有法可依，有法必依，执法必严，违法必究"[①]的观点。1997年，党的十五大报告划时代地提出"依法治国，是党领导人民治理国家的基本

---

① 《邓小平文选》（第二卷），人民出版社1994年版，第146—147页。

方略"①，开启了依法治国新阶段。随之，1999 年九届全国人大二次会议通过宪法修正案，规定"中华人民共和国实行依法治国，建设社会主义法治国家"，确立了宪法法治原则，依法治国被正式写入宪法。党的十八大以来，中国进入全面依法治国的新时期。2014 年 10 月，党的十八届四中全会首次专题讨论依法治国问题，并发布《中共中央关于全面推进依法治国若干重大问题的决定》，开创中国法治建设新局面；2017 年 10 月，习近平总书记在党的十九大报告中指出，要"深化依法治国实践……必须坚持厉行法治，推进科学立法、严格执法、公正司法、全民守法"②。可见，在党中央的大力推动下，党组织和人民政府在法治建设上能够实现目标一致。实践中，党政"一把手"也是所在地区、部门推进法治建设的"第一责任人"，这就在微观层面又将广义政府基于政党属性和政府属性推动法治建设的责任统一了起来。

其次，广义政府能够依据情况调整政党属性和政府属性，使二者在推动法治建设的过程层面高度协同。从立法层面看，法律是党的意志、国家意志和人民意志的统一。人民的意志既可以通过人民代表大会制度直接向立法机关反映，也可以通过党向国家传递。这一过程反过来则要求党组织与国家机构通过不同的制度渠道了解和反馈人民的意志，并且在立法环节达成一致结果。中共中央的文件和法律规定均强调党与国家推动立法工作的行动协同和步调一致。如《中共中央关于加强党领导立法工作的意见》明确要求，地方党委主要负责人在落实党领导立法工作时要做到重点立法工作亲自过问、重要立法项目亲自推进、重大立法问题亲自协调；《立法法》第三条则指出，立法应当坚持中国共产党的领

---

① 《江泽民文选》（第二卷），人民出版社 2006 年版，第 29 页。
② 习近平：《决胜全面建成小康社会　夺取新时代中国特色社会主义伟大胜利——在中国共产党第十九次全国代表大会上的报告》，人民出版社 2017 年版，第 38 页。

导。这些规定从组织程序上保障了党与政府立法协同。从执法层面看，行政执法是人民政府的主要职责，由于中国特殊的党政统合关系，在履行执法职责方面党不仅与政府密切配合，甚至在一些领域党成为事实上的执法主体。一方面，党作为政治领导力量，有支持、保证政府依法履职尽责的责任和义务；另一方面，在一些领域和地区，党委和政府职责同构、职能交叉甚至以党代政的情况还不同程度地存在，党组织经常性地直接参与行政执法活动。比如，一些公共事务的管理部门并没有设立在政府而是设立在党组织当中，如管理新闻媒体的是党的宣传部门，管理青年志愿者组织的是党的青年组织共青团；党和政府还经常对外采取联合发文的方式、对内采取召开联席会议出台会议纪要的方式来实施管理等。[①] 从司法层面看，广义政府的政党属性和政府属性均表现出为司法工作提供支持、保障的要求。一方面，各级党组织均设置有政法机关——政法委，以加强党对司法工作的统一领导。作为"仅次于军队的掌握国家暴力的组织机构"[②]，各级政法委已经成为党领导下行使侦查权、检察权、审判权、执行权的专业性国家机关，司法工作高度体现党的意志。另一方面，各级政府也专门设置了司法行政机关作为其组成部门，承担着立法规划、法律起草、行政复议、刑罚执行等重要司法职责。自中共中央提出全面依法治国以来，中央和地方各级全面依法治国（省、市、县）委员会办公室也普遍设立了司法行政部门。这些事实表明，政党属性与政府属性在广义政府履行司法职责方面是高度协调统一的。

2. 广义政府双重属性冲突状态及其对法治建设的阻碍

诚然，广义政府政党属性与政府属性在理想状态下能够互为补充、

[①] 林鸿潮：《坚持党的领导和建成法治政府：前提和目标约束下的党政关系》，《社会主义研究》2015年第1期。

[②] 周尚君：《党管政法：党与政法关系的演进》，《法学研究》2017年第1期。

协调统一。然而，这种理想状态并不是长期持续的，党政双重属性的固有张力始终影响着其行动逻辑与治理效果。当政党属性遮蔽政府属性、政府属性遮蔽政党属性或二者失去平衡时，均有可能损害公共秩序、阻碍管理活动高效运行——"法治悖论"就是政党属性与政府属性矛盾激化的典型表现形式。事实上，政党属性和政府属性常常表现出矛盾性，这些矛盾性往往掣肘系统性法治建设。易言之，党政双重属性的内在矛盾会阻碍法治建设。党组织与政府机构在利益取向、根本任务、价值导向、治理工具、控权实践等方面遵循不同的逻辑，以下具体分析。

首先，政党属性和政府属性的差异体现为党组织与政府机构利益取向上的差别。从政党属性看，党组织和党员干部是一个统一的有机体。与严密的组织原则和选拔任用程序相对应，各级党委的责任链条是通过对上负责和对下控制双向运作来实现的，这种责任机制既包括地方各级党委及其党员领导干部对作为最高政治权威的党中央负责，也涉及下级党委对其上一级党委负责。因此，政党属性强调整体发展与区域合作，强调法治建设全国"一盘棋"的大局观念，从整体利益出发努力消除地区之间法律制度的差异，促进资本、人才、技术等要素的自由流动，以构建全国统一格局。从政府属性看，由于国家行政机构的责任通常与属地管理相关，辖区居民和行政区域分别构成了地方广义政府的责任对象和服务边界，中央政府与地方政府之间责任、利益并非完全一致。在实践中，广义政府基于政府属性推动法治建设往往会更加强调属地负责并鼓励竞争。各级地方政府的责任链条是通过对内负责和对外竞争而运作的，对内为辖区的企业、民众和社会组织提供更为本地化、更具回应性的公共服务，对外则与其他地方政府进行竞争，通过更具吸引力的政策或者限制性的手段来促进要素资源的本地化集聚。如果地方面临发展的巨大压力则有可能作出违背法律统一和整体利益的行动选择，比如放松环保管制、违反耕地政策等。有学者认为，20世纪80年代以来，各个地方围绕 GDP 增长而进行的"晋升锦标赛"造就中国经济高速增长,也导致地方政府的"擦边球"和在"灰色地带"的博弈行为屡禁不止,[①] 官员"唯 GDP"的激励模式,使法治建设服从于经济发展。在此种情况下,政府属性遮蔽政党属性,法治建设就会遭到来自地方政府的机制性伤害。

其次,尽管法治是党和政府所共同追求的目标,但党和政府在法治建设中的根本任务存在重要差别。基于政党属性,广义政府厉行法治的根本任务是维系政治统治;而基于政府属性,广义政府厉行法治的根本任务是有效管理社会公共事务。在大多数情况下,这两个任务内在高度统一,有力的政治统治有利于为管理社会公共事务提供稳定的秩序环境,而有效的公共管理则为巩固政治统治积累合法性基础。然而在一些特殊的治理情境下,如果政治安全风险超出执行现行法律的风险,政党属性就可能会遮蔽政府属性,广义政府则会采取可能突破法律限制的手段来完成巩固政治统治的任务。

再次,在价值导向方面,政党属性下党委保证决策效率的体制,亦容易导致政府执行背离法律。从历史渊源看,中国共产党是按照列宁的建党思想组建和发展起来的组织严密、根基深厚、具有严格纪律性和高度集权化特征的无产阶级政党,呈现为一种领袖主导的中央集权的组织形态,权力在党内的分配总体上表现出由地方向中央的纵向集权化的状态,党的中央组织在地方基层组织中居于强有力的支配地位,凡是党的中央和上级组织所作出的决策、提出的要求,下级组织都必须无条件地贯彻执行。因此,广义政府的政党属性导向广义政府的集权化治理,党委决策是广义政府中一切活动的前提。拥有决策权的地方党委与行使执行权的地方政府密切合作,保证决策一旦作出,便可迅速进入各级政府及其职能部门执行环节,同时党委可对政府执行进行监督,这种决策——

[①] 周黎安:《中国地方官员的晋升锦标赛模式研究》,《经济研究》2007 年第 7 期。

执行结构有力保障了权力高效运行。然而，党政统合加剧了地方政府集权化倾向。党政体系中下级服从上级、党委集中决策的原则使权力由下向上集中，由各部门向党委集中。最终，对政府行为拥有主要决策权的通常是各级政府机构中的"一把手"。[①] 换言之，地方政府中的党政领导班子，特别是"一把手"在重大决策、人事任命中享有较大的话语权。由于权力主要掌握在"一把手"手中，以地方党政"一把手"为代表的政治精英群体成为不法商人、政治投机分子等行贿者"围猎"的对象，客观上不得不面临极大的廉政风险。此外，针对地方政府及其官员违法行为，上级政府因信息不对称而难以及时启动问责程序，决策权的强势性导致同级监督系统对主要党政领导人问责乏力，呈现非均衡性的特点。尤其是在追求经济效益的时期，为实现经济发展目标，地方政府在经济上更加集权并呈经营化趋势，导致效率优先思维下的廉政退让、权力集中结构下的约束失效、惩治路径导向下的防控缺失，形成高廉政风险生态。[②] 党的十八大后，伴随国家工作重心的转移、强力反腐和纪检监察体制改革，官员贪腐和滥用职权一定程度上得以遏制，但如何监督"监督者"的问题仍未得到根本性解决，在某些权力空间依然存在滋生贪腐的环境。

复次，在治理工具方面，政党属性发挥作用所依靠的权变政策与政府属性发挥作用所依赖的刚性法制间存在不协调的客观现实。政党组织实现治理目标的主要工具是政策，政策具有结果导向和灵活性的特点。在政党属性主导下，党的意志主要是以路线、方针和政策的形式贯彻和推行的，依靠政治权力保证实施，执行党的政策要求讲成效、重结果，

[①] 周雪光：《"逆向软预算约束"：一个政府行为的组织分析》，《中国社会科学》2005年第2期。

[②] 陈国权、孙韶阳：《效率优先战略下的地方政府经营化与高廉政风险》，《浙江大学学报》（人文社会科学版）2016年第5期。

但政策本身是"活"的，允许地方"先试先行"、创造性探索乃至采取政治性动员的方式，对地方起主要约束作用的是意识形态、道德自律和严格的党规党纪。而在政府属性主导下，政府实现治理目标的主要工具是法律，各项执法活动不仅要达成既定结果，过程中还必须遵循法定程序，必须通过合理合法的途径达成目的，法律本身也对执法行动有确定的限制。"法无授权不可为"的程序理性使法律作为治理工具表现出规则导向和稳定性的特点。在面对经济社会发展中的一些急难险重任务时，强调政党属性有利于对社会诉求快速响应、对矛盾快速解决。但在一般性公共事务治理过程中，如果过于强调政党属性，则有可能出现政策朝令夕改、权力恣意妄为的情况，不利于创造稳定的法治化的发展环境。政府在日常治理活动中，需要寻求政党逻辑与政府逻辑的平衡。然而，党委一旦有中心工作需要推进，广义政府的政党属性可能会占上风，以强结果为导向，层层传递压力，动员几乎一切力量实现目标，此时会遮蔽政府属性。如一些地方政府为实现中央经济发展要求，往往超越行政理性，采用选择性执法和变通执法等手段保护辖区财政和税收、为本地企业"开绿灯"或者亲自下场从事规避监管的商业经营活动，导致作为常规治理的法治建设被忽视甚至被破坏，进而执法不力、滋生腐败。同样，当任何工作转变成中心工作时，地方政府很可能以类似的行动去完成，这是由政党属性和政府属性的内在张力引发的，所以平衡、协调好政党权力与行政权力是解决这一矛盾的关键。

最后，从控权实践来看，纪律监督和法律监督还存在不均衡、不协同的情况，法律的威慑力还不够强大、不够充分。相较于法律监督，纪律监督对象更加广泛、事项更为具体，监督覆盖广、频次高，出现问题的概率更大。此外，纪律监督的主动性和威慑力也更强。2018年纪检监察体制改革以前，针对问题官员的执纪和执法活动通常是一前一后展开的，纪律监督在前，检查调查、逮捕、审判等法律监督在后。尽管实践中这一先后顺序并非绝对,有时还会围绕究竟是"规"起来还是"拘"起来的问题,发生纪委和检察院争夺办案权的情况。但总的来说,对于官员的感受而言,法律监督由于频次较低、顺序靠后,其对官员的震慑效果往往弱于纪律监督。这种不均衡监督的特点甚至滋生了一些官员的侥幸心理,即只要不被纪委调查,就不会受法律的处罚,这不利于法治权威的有效树立。为此,中央不断推动监察体制改革,逐步强化纪委的垂直领导,并且成立专门独立于政府机构的监察委员会,以党政合力来强化监督,缓和纪法矛盾,增强纪法协同,保障纪律和法律的充分贯彻执行。

综上所述,政党属性与政府属性是广义政府的根本属性,二者深刻塑造了广义政府的行动逻辑。双重属性相互协调、互为补充,政党属性确保中央政策自上而下贯彻,保证决策效率、督促执行,维护政治统治与社会稳定;政府属性则确保中央行政机关及地方政府根据具体情况依法依规推行政策,因地制宜保护地方利益、满足地方诉求,促进地方经济与社会发展。理想状态下,政党属性与政府属性各展所长,使国家治理活动上下贯通,确保统一性又不失权变性;同时,党政双重属性也存在天然张力,比如政党属性的集中倾向与政府属性的权变倾向、政党属性的纪律约束与政府属性的法律约束、政党属性的结果导向与政府属性的过程导向,一旦失去平衡,双重属性间的张力就容易引发冲突,"法治悖论"就是矛盾冲突的结果。必须时刻警惕两种属性的相互倾轧和冲突,根据治理目标合理兼顾广义政府双重属性。

二 广义政府双重属性的合理兼顾

总的来说,广义政府的双重属性主要表现在三个方面:本身的党政双重性、政府的"一体两角"、地方广义政府的从属性与自主性。合理兼顾双重属性的根本要求是正确认识并灵活调适广义政府中党政双重行动逻辑，适时调节政府的双重角色、地方广义政府的从属性和自主性。质言之，中国政府善治要处理好党政双重属性，以增强治理韧性；扮演好行政机关和执行机构双重角色，以提高履职能力；处理好央地关系，以促进央地协作水平。

第一，灵活地调整政党属性与政府属性，提升广义政府的治理韧性。面对现代公共事务高度的复杂性和不确定性，以及相互交织、层出不穷的社会问题，公共管理主体必须保持韧性。韧性原指事物受到干扰后恢复或弹回原来状态的能力，最早用于科学技术领域，近来被社会科学所借鉴，用来描述一个社会系统适应变化和抵御危机的能力，以及维持基础结构和功能的能力，也是自我建构、适应压力和变化的能力。[①] 公共管理韧性源于广义政府"软硬兼备"的能力，即显现政党属性时，以中央为统领，集中权力调动资源，公权力体系高度整齐划一、目标统一，凝聚治理"硬实力"；显现政府属性时，鼓励地方广义政府创新，支持发挥政府专业化能力，因地制宜、顺势而为，增强抵抗风险的"软实力"。在变化不定的环境压力和外在干扰下，广义政府应根据公共事务的性质、拥有的资源禀赋及面临的约束条件，审时度势切换政党治理逻辑和政府治理逻辑，形成更具适应性、回应性、有效性的公共管理机制，打造更具韧性的公共管理结构，有效控制社会风险的冲击，增强政治体制的活力和弹性。

第二，要协调好政府的双重角色，厘清政府部门各项工作的性质，实事求是，以实践为标准调整行动，有序推进政府执行能力和政府职责体系建设。政府的双重角色也具有内在张力，如果不能很好地协调两种不同角色，会削弱政府效能。比如，行政机关遵循的法律法规的刚性化与执行机关依据的政策指示的模糊化存在张力。在政治实践中，一些地

---

① 潘小娟、李兆瑞：《行政韧性之探析》，《中国行政管理》2019年第2期。

方政府过于强调政治目标合理性而忽视行政过程合法性，影响相关法律法规的执行效果，导致法治建设被破坏。政府应当保持清晰认识，在不同的情境下扮演不同角色。一般而言，政府事务主要分为日常工作和中心工作两大类别。日常工作具有政府属性，遵循事本主义、专业主义、程序主义的政府治理逻辑，主要通过政府各部门的科层化治理方式来按部就班地落实和完成。中心工作则带有某种"政治任务"的色彩，是作为硬性任务下达的，具有整体性治理的特征，政党属性比较强。面对以上两类工作，政府应具体情况具体分析，以实践为依据，合理切换角色，既不能不恰当地强调政党属性而不顾规则制度与经济效益、强调服从而不顾充分调动地方和基层的积极性、强调统一性而不尊重地区的差异性，也不能过分强调地方利益而不顾全国大局，影响国家的整体发展。此外，政府职责建构和执行能力建设分别构成当代中国政府治理体系建设不同的逻辑起点。如果需凸显政府的执行机关角色，就应将政府执行能力作为政府组织建设的基本原则，针对中心工作以高执行力全面推进；针对日常工作，则需从政府职责体系建设入手，做好权力清单、职责清单和负面清单建设，明晰公权力边界，进一步优化政府履职能力。

第三，要协调好地方广义政府的从属性和自主性，既维护好中央权威，又调动起地方积极性。受央地关系的双重属性影响，地方政府往往在从属性与自主性之间摇摆，这两种属性既是一对矛盾，也是国家稳定与发展的重要平衡机制。当广义政府的政党属性增强时，地方强调从属性，中央政策、国家法律一般能够得到较好落实，地方利益会让步于国家整体利益，党政体系整齐划一，更易保证社会稳定与国家统一；当广义政府的政府属性增强时，地方强调自主性，地方广义政府就具体公共事务获得更多灵活行使权力的空间，较大限度地保护地方利益，更易激发地方活力，能更好地履行属地负责制。因此，要通过调整政党属性、政府属性来保持好中央和地方的平衡关系，利用好党政机构协调机制。一方面，以政党属性传递中央意志、掌控方向，凸显政府执行机关角色，督促下级高效率完成中央和上级下达的各项指令，避免地方政府因地方利益而损害整体利益，防止地方政府因从属性弱化而偏离党的执政理念和党的治理目标，游离于政治体系外。另一方面，以政府属性激发地方政府的积极性、主动性和创造性，尊重行政机关的专业性、程序性和独立性，提高地方政府的法治建设和自主发展能力，避免地方政府因行动僵化而脱离实际，防止运动式治理和非正式规则变通凌驾于依法行政之上。

综上所述，中国广义政府具有鲜明的双重属性，双重属性是平衡党政关系、央地关系的重要机制，但两者又始终具有系统性张力，存在各种矛盾冲突。因此，对广义政府而言，政党属性与政府属性相互补充，平衡政治统治与经济发展是最为理想的效果。必须正视政党属性和政府属性、从属性与自主性之间的张力，在政治实践中运用好政党属性和政府属性的切换，调节政党治理逻辑和政府治理逻辑的运行，把握好规则制度与经济效益的平衡、把握好地方稳定性和地方积极性的平衡、把握好维护国家统一性和尊重地区差异性的平衡。

第五章

作为国家理论的功能性分权

  我们以广义政府概括中国以党和国家为代表的迥异于西方社会科学理论中的公权力主体。基于国家构成存在的巨大差异，针对不同的国家主体研究者应当采用不同的研究视角、分析框架和理论阐释。比如要认识欧美等西方国家时，从三权分立理论出发，将其分为议会、政府与法院三大权力系统，再加上来自社会的压力集团和政党，基本能够窥见国家权力的结构与运行方式。因此，无可否认权力分立是分析西方国家的一种理论、一个框架。作为现代政治文明的普遍公理，分权制度必然嵌置于现代国家中。分权制度一般承载着两种价值——因权力分立而保有的制衡价值和因权力分工而产生的效率价值。西方国家用三权分立更大限度地发挥制衡价值，中国则更大程度上发挥效率价值。我们找到分权的底层逻辑——政治分工，并以此为逻辑起点，构建决策权、执行权与监督权相互制约的功能性分权理论。作为一种国家理论，功能性分权从决策、执行和监督三个方面审视和分析中国公权力体系，将中国国家的组织结构及其承担的公共管理活动囊括其中。作为一个分析框架，功能性分权从横向和纵向两个角度，全面立体地展现决策、执行和监督三大权力系统的内在关系。

第一节　分权与现代政治文明

中国公权力意义上的国家是广义政府，当代中国公共管理的主体也是广义政府。一般来讲，国家最基本的微观分析单位是权力。权力的组合、分配、运行和控制决定了国家体系的组织结构和行动逻辑，并在宏观上影响政治与公共管理活动。权力配置是否科学合理，权力运作是否高效受控，权力产生的利益是否公正普惠，决定了一个国家的文明程度和发展水平。无论中外，国家在现代化进程中基本经历了权力从无序滥用到有序约束、高效行使的过程。只是西方国家在权力探索中，形成了以三权分立为代表的分权制衡模式，即不同性质的权力由不同的国家机构分别行使，并依靠机构间相互制约达到控权效果。以欧美为代表的西方国家借这套机制开创现代国家先河，权力分立理论自然成为分析欧美国家的理论框架，同时也发展出广受称道的控权理论。中国作为一个拥有两千年帝制传统通过革命走向现代化的后发国家，权力基础与欧美国家大相径庭，当前广义政府的国家形式也远非用权力分立理论就能够解释。当然，这并不是否认分权在现代政治文明发展中扮演的关键角色，而是应当在中国所面临的约束条件下找出合适的国家理论和控权理论，来准确解释中国的国家组织结构与权力运行方式。基于此，我们提出功能性分权理论。该理论意指中国语境下决策权、执行权与监督权相互协调又相互制衡的分工式分权状态。

一　分权是现代政治文明的基础

"政治文明是由一个不同部分构成的协调有序的政治系统……并可分

为政治意识文明、政治制度文明和政治行为文明。"① 其中,政治制度既能作为价值观念的载体,形成国家组织稳定、连续性的行为,来保证政治意识预设的目标实现,又可作为约束和指引性规则,确定政治行动者的角色和职能,使国家行为有所遵循。所以,政治制度处于上述三类政治文明中的关键环节,我们对政治文明讨论的重点放在政治文明的制度构建上。民主、自由、法治、清廉等是现代政治文明的基础性价值,它们与公共权力高度关联,而且依靠分权制度来实现,可以说政治文明构建的逻辑起点是分权。

(一)民主、自由、法治、清廉等是现代政治文明的基础性价值

文明是人类在从事改造自然与社会的实践活动中伴随主体性不断觉醒、能动性不断增强、自由性不断提升而取得的积极成果,标志着人类社会的进步。人类的实践活动主要由政治活动、经济活动与文化活动构成,与此对应,文明也被视为政治文明、物质文明和精神文明整体性均衡发展所达到的状态。政治文明是人类文明的重要组成部分,社会生活的优良秩序离不开政治进步。作为人类改造社会所取得的政治成果的总和,政治文明发端于国家的建立,并与国家制度变迁紧密联系,表现为"人们在一定社会形态中关于民主、自由、平等、解放的实现程度"②。世界上不同形态的社会并非同步、同时发展,所以政治文明必然存在时空界限。从时间范畴来看,政治文明是一个历史的发展过程,会随着社会形态的演进而变化,不可避免地会循环往复、螺旋式前进;从空间范畴来看,政治文明反映特定的国家与其特定经济、社会、文化条件相适应的状态,不同区域和国家在政治文明进程中会呈现出形态与程度的差异。因此,世界上没有绝对意义上的政治文明,政治文明要反映时代要

---

① 虞崇胜:《政治文明论》,武汉大学出版社 2003 年版,第 140 页。
② 《中国大百科全书(政治学)》,中国大百科全书出版社 2002 年版,第 504 页。

求。① 建构符合时代特点和国家实际的政治文明已经成为现代政治学与公共管理学非常重要的理论命题。特别是在国内、国际环境急剧变化的当下，建构与经济、文化相适配的政治文明以支撑国家总体发展显得十分必要。

现代政治文明的基本价值源自人类的共识，那么是否存在为现代人类社会一致认可的某些价值呢？在 20 世纪末针对历史是否终结于特定文明的大讨论中，亨廷顿深刻地指出"普世的文明在其他文明中几乎得不到支持"②，同时又提到"人类都具有某些共同的价值观"③。可见，文明之间虽然存在不可避免的差异，但即便是持冲突论的亨廷顿仍承认存在某些为人类所共同接受的价值，只不过在不同形态的社会下呈现出差异化形式。民主、自由、法治等是西方自启蒙运动以来所推崇的价值，随着西方文明扩张而扩散，并为许多非西方国家所接受。中国自五四运动以来，民主、自由、法治等价值被引入，发展至今已成为中国特色社会主义核心价值观的重要组成部分。总之，尽管实现这些价值的表现形式不同，但不可否认东西方对民主、自由、法治等存在一定程度的共识。此外，随着现代社会公共事务复杂程度加剧，政府的权力愈加膨胀，能调动的社会资源日渐增多，因而政府是否清廉日益成为公众关注的议题，清廉与民主、自由、法治等一同被视为现代政治文明的基础性价值。

民主、自由、法治、清廉等是现代社会发展的必然要求。自人类社会诞生以来，所信奉的价值及形成的制度与生存环境密切相关。如古埃及和古中国在建造、治水等大型工程实践中较早建立起成熟的行政体制；

---

① 陈国权、王勤：《论政治文明中的权力制约》，《政法论坛》2004 年第 6 期。
② [美] 塞缪尔·亨廷顿：《文明的冲突与世界秩序的重建》，周琪、刘绯、张立平等译，新华出版社 2010 年版，第 45 页。
③ [美] 塞缪尔·亨廷顿：《文明的冲突与世界秩序的重建》，周琪、刘绯、张立平等译，新华出版社 2010 年版，第 35 页。

在古希腊文明中，人们倾向于认为"遵循习惯或传统便是正义的体现"[1]；孟德斯鸠特意探讨气候、土壤性质对法与政体的作用。我们当然不能因这些事实而陷入环境或地理决定论，然而，上述古代文明的发展进程却恰恰能够证实政治价值或政治制度受社会形态、自然环境影响较大。同样，现代政治文明源于现代社会，必然与现代社会形态相适应，如果赞同现代社会是人类社会的必经阶段和当下人类的共同追求，那么也必然不会否认民主、自由、法治、清廉等脱胎于现代社会的观念是人类的共同价值。一般认为，"现代性"概念起源于17世纪的欧洲，并且在后来很长一段时间里在世界范围内产生影响。[2] 彼时的欧洲，宗教改革基本完成，大航海推动商业和殖民经济繁荣，新兴资产阶级地位提高并亟须一个强大国家的保护。在此背景下，民族国家从中世纪教皇神权统治中脱胎出来，英国议会与国王经过漫长的争权过程，终于在1688年"光荣革命"后以议会胜利告终；处于专制君主统治下的法国，也推行了科尔伯特改革，国家倡导文学、美术及资助知识分子，为启蒙思想萌发积蓄了有利条件。[3] 18世纪启蒙运动勃兴，欧美主要国家在启蒙思想指导下完成资产阶级革命和改革，基本确立了西方的现代价值。自此，民主在几个世纪衰落后再次成为西方社会的重要价值与信念，政治自由观念也被唤起，英国《权利法案》、美国《1787年宪法》等使限制公共权力的法治理念深入人心，理论家们开始讨论如何避免绝对权力导致的腐败问题。随着西方社会的强大及其殖民扩张活动的开展，民主、自由、法治、清廉等在世界范围内传播，被许多非西方国家接受。至19世纪，马克思和恩格斯发现资本主义的矛盾，批判了资产阶级的价值，主张普选权扩大，强调人彻底的自由与解放。马克思主义宣扬的价值被苏联、

---

[1] 唐士其：《西方政治思想史》，北京大学出版社2002年版，第49页。
[2] ［英］安东尼·吉登斯：《现代性的后果》，田禾译，译林出版社2011年版，第1页。
[3] 关于17世纪英、美两国的情况介绍，参见何炳松《近世欧洲史》，上海古籍出版社2012年版，第21—35页。

中国等后发国家广泛接纳并以此为引导开展政治活动。经历20世纪的两次世界大战及美苏冷战,历史并未终结于西方,民主、自由、法治、清廉等现代政治价值正以不同形式、不同程度与不同形态的国家相结合,完成本土化阐释与发展,成为全球性基本价值。

民主、自由、法治、清廉等是市场经济发展的政治诉求。工业革命后,人类社会发展突飞猛进,现代企业组织及市场机制在其中发挥的作用是不言而喻的。世界上大部分发达国家走向现代化得益于市场的力量,而市场经济被视为"现代民主的一种最自然最协调的经济基础"①。诚然,市场经济对政治发展起到推动作用,同样不能忽视的另一个事实则是市场机制的完善与政治文明进步密切相关。欧美国家通过宗教改革、启蒙运动和资产阶级革命消除了神权、专制皇权对市场的束缚,建立起统一的民族国家,为市场扩张提供保护,从而形成一套基于市场的价值规范。对后发国家来说,由于先天条件不足,其大多依靠政府力量组织、协调社会活动,但为了创造利于市场发展的环境,客观上必然要通过改革排除专断权力干扰。公共管理部门势必要向社会、企业分享一部分权力,避免权威组织这只"粗大拇指"在资源配置中的臃肿笨拙,从而激活市场政治—经济制度的积极性与创造性;② 要赋予市场主体以平等和自由,从而维护市场经济运行的高效率;③ 要限制公共权力干预,以独立的、职业化的司法机构以及注重程序的司法活动确保解决纠纷的形式合理;④ 要维护市场主体权益,保证公权力使用者围绕目标运行,而不是滥权专断、谋取私利。由市场经济的政治诉求转化而成的现代价值观,便是民主、自由、法治与清廉。概言之,当今世界普遍认同市场机制是

---

① 燕继荣:《民主政治与经济自由——论现代民主对市场经济的依赖关系》,《经济社会体制比较》1994年第1期。
② [美]查尔斯·林德布洛姆:《政治与市场———世界的政治—经济制度》,王逸舟译,生活·读书·新知三联书店、上海人民出版社1995年版,第91页。
③ 陈国权、王勤:《论政治文明中的权力制约》,《政法论坛》2004年第6期。
④ 高鸿钧:《现代法治的困境及其出路》,《法学研究》2003年第2期。

推动经济发展的主要机制,培育有效市场离不开民主、自由、法治、清廉等政治价值。因发展需要,市场经济被世界多数国家所接受,这意味着人类共同价值也必将为这些国家所认可。

(二) 分权是民主、自由、法治、清廉等的制度基础

政治活动以权力为基本单位,民主、自由、法治与清廉等无不建立在权力基础上。追溯至古希腊时期,亚里士多德已洞察到政体变迁的原因——"为政者凭借名位,竞尚贪婪,减少参与统治的集团和人数,于是发生叛乱"[①]。换言之,权力过度集中,易滋生腐败,损害公共利益,未享有权力或因此而利益受损的人予以反抗,造成国家动荡。无论是古代社会还是现代社会,为实现稳定与发展,必须解决权力过度集中的问题。但近代以来的理论家们清楚地看到并非"天使统治人",因而需要建构一套有效的制度,来分割、消解过分集中的权力。

分权正是民主、自由、法治、清廉等的制度基础,民主、自由、法治、清廉等政治价值都需要通过分权的政治制度才能得以实现。民主表现为平等主体共同参与决策,正如达尔所言,"我们所有人都有一些单靠我们自己无法达成的目标,要通过志同道合的合作完成部分目标"[②]。民主实质上是将权力从个人手中分享出去,由多数人共同行使,来避免专制。论及自由,在孟德斯鸠看来,"权力未被滥用的国家里才有政治自由,因此必须通过事务的统筹协调,以权力制止权力"[③],公民政治自由在权力分立的设想下才能得以保障和发展。法治即以法律制度为管理国家、治理社会的主要机制,现代国家的法律体现民众意志,实质是作为权利主体的民众对公权力进行限制。"法律不应当也不可能对人民的生命

---

① [古希腊] 亚里士多德:《政治学》,吴寿彭译,商务印书馆 2017 年版,第 168 页。
② [美] 罗伯特·A·达尔:《论民主》,李风华译,中国人民大学出版社 2012 年版,第 31 页。
③ [法] 孟德斯鸠:《论法的精神》(上卷),许明龙译,商务印书馆 2012 年版,第 185 页。

和财产拥有绝对专断权，立法机关不能以临时专断的命令来进行统治"[1]，法治反映了国家权力与社会权利的制衡，蕴藏丰富的分权意涵。清廉要求掌握权力的人正确使用权力而不是谋取私利，启蒙思想家们认识到有权的人滥用权力是万古不变的真理，因而清廉并不是将人变为"天使"，而是意味着权力被监控、受制衡。由此可见，现代政治文明的基础性价值内核莫不蕴含分权逻辑，权力铁板一块便不会诞生这些政治文明的基础性价值。

民主、自由、法治、清廉等基础性价值要落实到具体的分权制度中才能得以实现。分权不仅是一种政治理念，更是一套制度安排，现代政治文明的基础性价值必须在分权的制度安排下转化为稳定的规则和可操作的行动，方能获得秩序保障，实现稳固与传播。民主制度复杂繁多，涉及资格平等、有效参与、充分知情、程序正义等，但究其根本，是要通过制度安排将权力分享到大多数人手中。自由与法治紧密相连，现代法律实质是经民众同意而形成的制衡公权力的契约。社会纠纷由法律解决，国家机构的职能及行动由法律规范。法治的要义在于通过制定代表公意的规则限制国家权力，保障个人自由。从这个意义上说，自由和法治要通过分权制度来实现。倘若我们承认不能将约束权力寄托于人性自觉，那么清廉必定需要制约和监督机制来保证，实际上也依靠分权。由此可见，现代政治文明建构离不开分权制度，民主、自由、法治、清廉等都蕴含分权逻辑，依靠分权保障，探讨现代政治必须从认识分权开始。

二　分权与现代政治文明的建构

分权是构建现代政治文明的重要手段，也是实现民主、自由、法治、

---

[1] ［英］洛克：《政府论：下篇——论政府的真正起源、范围和目的》，叶启芳、瞿菊农译，商务印书馆2017年版，第84—85页。

清廉等基本价值观念的制度基础，勾连政治意识文明与政治行为文明，与社会形态演进、市场经济转型、社会组织建设和伦理道德进步具有密切的正相关性。具体而言，可以从两个层次理解分权制度。一方面，在整体层面，分权体现为国家通过一系列制度安排向社会分享权力，尊重公意和个人自由，为公众创造政治参与的渠道，从而诞生足以与公共权力相制衡的力量，消解过于强大的公共权力，避免公共权力专断。另一方面，在国家内部，公共权力横向上通过职能分工分散在国家各个机构中形成制衡关系，纵向上通过不同层级国家机构间的分权与放权，防止权力过于向上集中。易言之，分权效果通过权力分享和分工制衡机制实现，民主、自由、法治、清廉等现代政治文明的基础性价值的建构离不开分权机理。

（一）分权与民主

民主是权力分散化的决策状态，由分散主体以权力分享的形式来实现。民主制度主要为解决"谁统治"的问题而设计。民主思想源于古希腊，意为"人民治理"或"人民进行统治"，早期民主与古希腊小国寡民的城邦政治相适应，古希腊覆灭后沉寂了几个世纪，随着欧洲工商业发展、城市市民阶层壮大，民主再次从地中海沿岸城市复兴，并逐渐成为现代政治文明的标志之一。它的政治功能在于对权力合理配置，避免专断，保障民众知情权和参与权，正如科恩所言，"民主取决于参与——即受政策影响的社会成员参与决策"①，这意味着要将权力分享出去，将更多民众吸纳进来。现代民主的分权主要表现为"主权在民"的社会对国家的控制、"少数服从多数"的决策原则等，借助代议制和选举制下国家与社会的分权、决策权的分散来实现。

民主"主权在民"的原则要求国家与社会分权。"主权在民"是民主观念重新兴起后的核心概念。现代理论流派对民主制度持各自不同的

---

① ［美］科恩：《论民主》，聂崇信、朱秀贤译，商务印书馆1988年版，第12页。

看法：共和主义者主张建立参与政体，强调公众参与至关重要；自由主义者认为，国家和公众分离是民主秩序的必要前提；马克思主义者则强调人民掌握经济权力的重要性，认为调整生产关系是民主繁荣的前提。①总的来看，虽然实现民主的具体途径存在争议，但各理论流派在公众享有参政资格和机会、能分享决策权力上达成了共识。不同于古希腊小国寡民式的直接民主，现代国家由于人数众多，不能人人参与决策，必须依靠代议制和选举制。代议制和选举制实则依托"委托责任理论"，旨在使公众拥有监督和决定政治家命运的权力，以抗衡公共权力。保证代议制和选举制有效运行的是民主制度中"少数服从多数"的决策原则。多数决作为现代社会被大多数国家所接受的分散式决策方式，旨在避免决策者专权独断，使决策照顾到大多数人的利益。

（二）分权与自由

自由是权力主体拥有权力保卫自己权利的状态，是权力与权力之间的平衡。如果说民主是为了保证多数人分享权力，那么自由存在的意义则是为了保护公众的基本权利。唯有承认个人权利，并且个体能够运用权力保卫自己不被强迫做不应该做之事时，自由才能实现。简单来说，自由意味着国家权力不会无限蔓延，而是以个人权利为界。当个人权利受到公权力侵害时，公众可以行使权力捍卫权利。然而随着生产力不断发展进步，人类劳动方式和生活方式日益复杂化、专业化、社会化，客观上个人更加依靠公共管理部门的管理与服务、更加依靠国家力量给予支持，因此公共部门的权力得以空前扩张，相应地，个人权力空间有被压缩的威胁，故而为保障公众自由应建立更合理的分权制度，保障公众有充分的权利捍卫自己的权益。

一般而言，人类社会为实现自由而限制权力的途径，大致可分为两

---

① 三种主张参见［英］戴维·赫尔德《民主的模式》，燕继荣等译，中央编译出版社1998年版，第304—305页。

种：在国家机构内部分割公共权力及在国家机构外部承认公众权利，孟德斯鸠则将二者称为"从政治自由与政制的关系确立政治自由"和"从政治自由和公民角度确立政治自由"。① 前者主张将国家权力分割为几部分，由相互对抗的主体共同行使、相互制衡，避免公权力独断专行，典型代表为西方"三权分立"政体。后者则通过制定宪法强调公民的自由不可侵犯，认同自由主体的权利。无论是自由主义思想家声称的"干涉任何个体行动的自由，正当目的乃是保障自我不受伤害"②，还是马克思主张的"每个人自由发展是一切人的自由发展的条件"③，实际上都承认自由个体的权利，强调个人主体性，在此指导下，多数现代国家都会在宪法中赋予公民保卫自由的权利，形成国家与社会的权力对抗，国家一旦违背公民意愿、损害公共利益，公民有资格和能力运用监督和问责机制纠正和遏制国家不当行为。

（三）分权与法治

所谓法治，是区分于神治、人治、德治的，依照法律治理社会和管理国家的思想。值得注意之处在于，人类社会早期如神治或人治时期便有法律存在，但以法律作为统治工具的时代并不能被赋予法治时代的称号。在洛克看来，现代法治乃是"为保护生命、财产，用确定的、规定了的、众所周知的法律，为共同的同意接受和承认，来评判是非和裁决纠纷"④。洛克的论述实际上提到了现代法治的两个基本内涵，一是国家必须用法律保障公众的权利，使其不受自然状态下"一切人反对一切人的战争"威胁；二是法律必须稳定且存在"共同的同意"，意味着法律

---

① [法]孟德斯鸠：《论法的精神》（上卷），许明龙译，商务印书馆2012年版，第183页。
② [英]约翰·穆勒：《论自由》，孟凡礼译，广西师范大学出版社2011年版，第10页。
③ 《马克思恩格斯选集》（第一卷），人民出版社2012年版，第422页。
④ [英]洛克：《政府论：下篇——论政府的真正起源、范围和目的》，叶启芳、瞿菊农译，商务印书馆2017年版，第77—78页。

必须为公众所接受,不能随意更改,国家权力应当受到限制。因而,现代法治理念围绕控权目的展开,认同法律居中裁判的地位,为公权力运行设定限制,体现了法律对公权力强度和范围的削弱、分割,是一种分权安排。

政府法治的一个含义是分权。特别是在行政权空前膨胀的现代,行政法领域衍生出主张行政优益、效率优先的管理论和保障公民权利、控制国家权力的控权论。良法善治其实要求维持一种权力平衡的状态,即能确保权力有效行使以维护公共利益,又能维护人民的合法权益,这实则体现出国家和社会权力的相互制衡。在此基础上,法治还需解决另一个问题——如何实现"共同的同意"?"共同的同意"强调法治绝不是为少数人服务,正如卢梭所言,"只有公意才能约束个人,而个别意志是否符合公意,只有在人民举行的自由投票之后才能被确定"[①]。可见,现代法治的一般逻辑乃是由立法机构将人民公意转化为法律,由法律控制权力、裁决纠纷,事实上,这恰恰说明法律应当成为公众自下而上约束公共权力的主要形式之一。统而言之,倘若我们承认现代法治是法的治理(rule of law),而非以法为工具的统治(rule by law),那么一定会在控权和保权、政治统治与人民意志之间达成平衡,平衡的达成离不开公权力内部的分权及国家与社会的制衡。

(四)分权与清廉

不可否认,人类社会发展至今,公权力在经济繁荣、社会保障和文化交流方面扮演了重要角色并且将继续发挥作用。然而,公权力滥用导致的腐败也成为不容忽视的人类社会顽疾。随着全球化进程加快,国际社会十分关注腐败问题,特别成立透明国际,定期发布全球清廉指数为世界各国敲响警钟——腐败将会吞噬人类经济社会发展取得的成果。总之,如阿克曼等提到的"无论一个机构或一项政策的目标是什么,腐败

[①] [法]卢梭:《社会契约论》,李平沤译,商务印书馆2011年版,第47页。

都能导致目标无法实现"①。因此，世界各国都在寻找有效监控权力的方法。

追求清廉价值已经成为所有现代国家的基本共识，但遏制贪腐仅仅靠道德规范加以治理是远远不够的，必须从制度层面"驯服"权力，有效控权离不开对权力的分化。反腐败有多种具体途径，比如建立权力分立和制衡制度，合理界定政府行使权力的边界和方式，将权力与责任挂钩，完善问责制度，引入公众和媒体监督，加强信息公开，增强权力透明度等。但总体而言，这些具体途径可归结为对权力的制约与监督。所谓制约是指将事权分解为两个或多个环节，并分别交由不同的主体行使，彼此制衡；所谓监督即按照专业化职能分工，将权力赋予一个对应的政治主体，并通过其他主体或者由权力授予者对其监控。② 制约和监督是分权的重要途径，或分割事权相互约束，或设置权力专事督察，不同政体会依据本国实际选择控权模式，但无论是制约还是监督，都是人类为实现政治清廉而进行的分权探索。

第二节　分权的底层逻辑：从专业分工到功能性分权

分权是人类政治活动走向现代文明的重要表现。近代分权理念源于西方世界资产阶级革命，资产阶级在反抗封建贵族特权和神权统治的过程中形成民主、自由、法治、清廉等价值观念并对整个人类社会产生深远影响。现代政治文明的共同价值以分权制度为基础。众所周知，欧美

---

① ［美］苏珊·罗丝—阿克曼、［美］邦妮·J. 帕利夫卡：《腐败与政府：根源、后果与改革》，郑澜译，中信出版社2018年版，第6页。
② 陈国权等：《权力制约监督论》，浙江大学出版社2013年版，第29页。

各国形成"三权分立"的分权设计，并且通过多党竞选分享权力，实现社会对国家的控制。然而，认同共同价值与分权制度并不意味着非西方国家在实现人类共同价值的实践中全面移植欧美式分权设计。就中国而言，至少与西方国家存在两点重大差异，这决定了构建中国政治文明绝不能照搬照抄西方制度。其一，不同的经济基础导致中西方政府、社会与市场三者关系各有差别。西方国家建立在私有制经济基础上，发达的商品经济催生有效市场和有为社会，政府无需做过多干预，因而衍生出有限政府理论，强调公权力制衡优先；中国则以公有制经济为基础，大量资源掌握在国家手中，其市场是有界的、社会是有限的，客观上需要一个有为政府承担起公共资源和公共资产的开发和管理职能，因此，在分权同时不得不考虑效率问题。其二，中西方国家含义的差别导致分权对象不同。分权的对象是国家，欧美国家机构大多由立法、行政和司法机构组成，欧美政党在社会中，仅发挥代表和表达功能，因此三权分立和政党竞争体制在西方容易做到自洽。然而，中国的政党与国家机关具有极强的整体性，中国真实的"国家"是广义政府。西方"三权分立"的分权体制无法与中国真实的国家体制相适配。虽然西方"三权分立"体制在中国行不通，但绝不能否定分权的作用，也不能认为中国不存在分权，只是在中国制度土壤约束下，分权的推演逻辑和实现方式比较独特。我们将中国长期实践中形成的分权形式，称为功能性分权，并将功能性分权作为一种分析框架和国家理论引入政治学/公共管理学知识体系，对广义政府进行理论实描。

一 治理活动的复杂性与分工的普遍性

相比生物界，人类社会已是非常复杂的组织形式，套用物理学和信息论中经常出现的概念，可以称其为"复杂系统"。这种复杂主要体现为人类社会由不同人或组织构成，每个人或组织的生活或工作方式、思维习惯及看待世界的角度都不一样，并且处于相互连接、纷繁芜杂的网络中。而随着人类社会发展，复杂性则不断叠加。约瑟夫·泰恩特在《复杂社会的崩溃》一书中指出，复杂化指一个社会的规模、其组成部分的数量和特点、其整合的特殊社会功能的多样性、其拥有的独特社会人格的数量及其多样性以及社会功能整体凝聚机制的多样性。他同时又提到，原始狩猎社会只包含几十种独特的社会人格，而工业社会则可能包含一百多万种独特的社会人格。[①] 无疑，近代以来人类社会的复杂性、异质性和多样性加剧了治理活动的难度。

复杂性治理成为现代社会不可避免的特征之一。随着工业进步带动生产力发展，人口增长，人类对世界的认识不断深入、各类实践活动日益烦琐、人类所能从事的职业和要完成的事务越来越多，社会和自然环境都发生了翻天覆地的变化。人类不再像前现代时期那样，长期固定在某一地区从事耕种与采集等农业生产活动，而是开始进行大规模工业生产、区域性商业交换等新兴活动。这意味着生产、生活领域越来越专业化，并且出现领域细分，人们的职业、分工与社会角色越来越多样化。不同领域中的人对其他领域不理解，而某一领域中的人只会按照自己熟悉的逻辑办事。异质化的个体、多样化的生产活动和规模庞大的社会及其交织互动形成的各类社会问题，构成复杂的国家治理场景。解决复杂性治理问题离不开稳定而高效的公权力体系，在这样的公权力体系中，不仅需要一个主导秩序的权威，还需要各项权威指令在不同领域、不同地区和不同群体中能够顺畅推行。于是，治理活动便成为权威集中和授权分工相结合的过程，而后者尤为重要。易言之，在复杂性治理条件下，分工是一切社会活动达到预定目标的基本途径。

正如恩格斯在《家庭、私有制和国家起源》中所探讨的，农业、手

[①] [美] 约瑟夫·泰恩特：《复杂社会的崩溃》，邵旭东译，海南出版社2010年版，第38—39页。

工业和商业三次社会大分工促进了社会生产效率的提高，使人类社会得以从野蛮时代向文明时代发展。"文明时代是社会发展的一个阶段，在这个阶段，分工、由分工而产生的个人之间的交换以及把这两者结合起来的商品生产，得到了充分的发展，完全改变了先前的整个社会"①。从这个意义上说，分工在某种程度上是一种自然规律，这一规律适用于各种经济组织、政治组织和社会组织。社会活动越复杂，分工就越精细。在经济学看来，分工是提高效率的必要方式。亚当·斯密在《国富论》一书中首次系统阐释了劳动分工理论，他认为"劳动生产力上最大的精进，以及运用劳动时所表现的最大的熟练、技巧和判断力，似乎都是分工的结果"②。他又进一步指出，通过分工，相同数量的工人可以完成比以前多得多的工作量，他大致将原因总结为以下三点：第一，每一个特定环节的工人技能因专业化而日益得到提升；第二，免除了在不同类型工作之间来回转换耗损的时间；第三，长期分工在专业领域催生简化劳动和大量精简劳动的机械发明，使一个人能够胜任多个人的工作。③ 在亚当·斯密之后，经济学家们提出的产业分工、区域分工、国际分工等理论总体上都是围绕分工与效率的关系展开的。在其他领域，法国社会学家奥古斯特·孔德第一次提出分工不是纯粹经济现象的命题，而是"社会生活最本质的条件"④。法国社会学家涂尔干也赞同分工是"社会事实"的观点，他认为分工在大多数社会领域都产生了广泛影响，政治、行政和司法领域的职能也越来越呈现出专业化的趋势。⑤ 此外，涂尔干又将分工理论向前推进了一步，指出"劳动分工最大的作用，并不在于

---

① 《马克思恩格斯选集》（第四卷），人民出版社2012年版，第190—191页。
② ［英］亚当·斯密：《国富论》，郭大力、王亚南译，商务印书馆2015年版，第3页。
③ ［英］亚当·斯密：《国富论》，郭大力、王亚南译，商务印书馆2015年版，第6页。
④ 转引自［法］埃米尔·涂尔干《社会分工论》，渠东译，生活·读书·新知三联书店2000年版，第26页。
⑤ ［法］埃米尔·涂尔干：《社会分工论》，渠东译，生活·读书·新知三联书店2000年版，第2页。

以分化方式提高了生产率,而在于功能彼此紧密的结合"①。换言之,经济学认为分工产生效率的观点,是分工的结果而非分工的功能或作用,分工最直接的功能或作用是产生了两人或多人之间的团结感,形成了"社会团结"。

与经济分工和社会分工相似,政治分工是政治体系理性化的产物,政治分工在提高效率的同时可以增强政治主体间的联结。但与经济分工和社会分工不同的是,政治分工本身内含着权力属性,政治分工的本质在于权力的分配。随着现代化进程的不断推进,国家治理的环境日益复杂,国家治理的任务也日益繁重。在此背景下,政治分工就成了复杂性国家治理的必然选择。早在古希腊时期,亚里士多德便将城邦事务分为议事、审判和行政等,他认为,公民之于城邦正如水手之于船舶,各有职司,②进而在城邦中分化出议事员、审判员、行政官、监察员等政治职业,这便是早期的政治分工。之后的学者多将亚氏的政体三要素理论视为西方分权理论的源头,与西方分权体制中的立法权、行政权、司法权相对应。实际上,这一对应未必完全准确。从学理上说,亚氏的政体三要素更为准确的对应当为决策活动、执行活动与监督活动这一最为基础的功能性分工。决策、执行、监督的功能性分工是任何现代管理活动都具备的三项功能和三个环节,通过这种专门化的分工,实现组织效率的提升与组织间关系的联结,从而适应复杂性治理环境。

基于此,倘若我们暂时收起政治领域分权所承载的规范意义上的价值命题,从客观事实角度去思考,可以发现,与其说分权是国家的自我约束,毋宁说分权是国家面对社会发展大势所采取的必要措施。唯其分权,国家权威才能顺利落地,各项法令才能有条不紊地在各地区、各领

---

① [法]埃米尔·涂尔干:《社会分工论》,渠东译,生活·读书·新知三联书店2000年版,第24页。
② [古希腊]亚里士多德:《政治学》,吴寿彭译,商务印书馆2017年版,第112—129页。

域推行、中央施策、地方治理才能如臂使指，实现稳定与发展的目标。国家的任何一项宏观愿景或具体的治理目标，都可以按阶段和流程拆解为不同的任务，不同任务又能归属到不同领域，各领域形成相互协作、相互制约的关系，这便是分权的现实进路。就此角度而言，分权是围绕分工展开的，可以说，分工是分权的底层逻辑。西方"三权分立"理论当然也可视为立法、行政和司法三类事务的分工，不同权力主体各司其职并为其他主体设限，以达成分权效果。以此类推，分工逻辑是普遍的，在中国同样适用，可以借助普遍分工的思路找到分析广义政府的框架。

二 功能性分权理论的推演进路

分工是使一切管理活动达到预定目标的基本途径和提高管理活动效率的基本手段，客观上也是分权理论的底层逻辑。我们认为，一定程度上决策、执行、监督的事务分工是组织有效运行的保障。在政治体系中，决策活动、执行活动、监督活动是政治过程的主要组成部分，而后经由职能的分定、责任的分置与权力的分立构建成决策权、执行权、监督权的权力体系。决策权、执行权、监督权三分的内在逻辑为事务分工、职能分定、责任分置、权力分立。概言之，功能性分权理论源起于政治生活和公共管理领域的政治分工，并从决策、执行和监督三项管理活动的分工出发，依次形成"三事分工—三职分定—三责分置—三权分立"的推演逻辑。

首先，功能性分权理论的逻辑起点是决策、执行和监督三项活动的分工，即三事分工。决策、执行、监督是复杂性组织普遍存在的管理环节和功能，任何复杂的管理活动都可以划分为决策、执行和监督三项基本活动，特别是对于政府管理而言，这三项基本活动是提高治理效率、实行科学管理的必然要求，重要性不言而喻。决策是对要做什么事情的决定，"任何实践活动，无不包含着'决策的制定过程'和'决策的执行过程'"①，西蒙"管理就是决策"的发聩之语恰恰反映出决策活动不可或缺，其他活动都因决策而开启，这也就决定了决策在整个管理活动中的核心地位。作为决策的承接，执行是管理过程的主体性活动。从国家治理角度看，决策与执行的分野是明晰的，所谓"政治与政策或国家意志的表达相关，行政则与这些政策的执行相关"②，从政治、行政二分角度将决策和执行分离，并被广泛接受。此外，为保证决策顺利被执行，决策者必须建立一种机制将执行活动置于监控之下，于是监督活动随之诞生。由此，在公共管理过程中，决策、执行与监督三种事务之间实际上形成"分工—协作"的关系。三事分工的直接依据就是管理过程或权力运行的政治分工理论。

其次，分工也是现代科层组织最重要的特征之一，科层制分工的核心是职能的分定。就组织职能而言，决策活动、执行活动、监督活动的功能性分工通过在组织中设定专门化职位或部门的方式生成决策职能、执行职能、监督职能。分工本身就是职业化活动，可以说科层制组织就是职位与职能体系，通过职位与职能的确定形成组织内的分工与协作关系。③ 公权力组织及其成员从事任何一项管理活动都需要设定相应的职能，于是决策、执行与监督三事分工就发展到决策职能、执行职能和监督职能的三职分定。从本质上讲，这是将事务赋予组织或个人的过程，是分工的过程。韦伯所论证的科层制最突出的表现便是遵循法理型权威基础上的价值理性。作为一种典型的科层组织，国家公权力组织的基石是理性，其功能是经过政务活动的专业化分工而被注入职位之上的。因此，在组织理性化的过程中，职位为事务分工与职能分定提供了必要的纽带，决策活动、执行活动、监督活动的事务分工会形成组织内的决策

---

① ［美］赫伯特·西蒙:《管理行为——管理组织决策过程的研究》，杨砾、韩春立、徐立译，北京经济学院出版社1998年版，第3页。
② ［美］F·J·古德诺:《政治与行政》，王元译，华夏出版社1987年版，第10页。
③ 张康之、张乾友:《论权力分化的启、承、转、合》，《学海》2011年第2期。

职能、执行职能、监督职能，由特定组织和人员处理这些事务，此过程即职能分定。

再次，公权力组织职能的分化必然需要制度化的岗位和具体的个人来落实相应的责任。组织责任与组织职能是一一对应的关系，有何种职能就需要履行何种责任，因此，决策职能、执行职能和监督职能三职分定必然推演出决策责任、执行责任与监督责任的三责分置。公权力组织履行职能首先就要使自己成为一个责任主体。履职必担责，责任赋予履职者分内应为之事。责任包括有义务作为或不作为、对自身行为负责以及作出违背义务行为会受到追究和制裁等。责任政府的建构逻辑不仅需要责任先置，还必须责任分置。管理活动职能分离进而催生出相应的三项责任——决策者必须对决策的科学性、民主性和合法性负责，执行者必须对执行的效率、效能和效果负责，监督者必须对监督范围、深度与成效负责。三责分置后，在各主体履行责任时，会对其他主体阻碍本主体履责的行为产生一定的制约作用，这也是分工通向分权的基础。

最后，从权责一致关系出发，三责分置逻辑延伸出决策权、执行权和监督权的三权分立。一方面，权力是履责的基础，没有权力的责任将变成无源之水、无本之木，职能也将得不到履行，公共事务的分工、职能的设定和责任的履行最终都需要落实到权力的赋予上。因此，决策责任、执行责任、监督责任的履行需要配之以决策权力、执行权力、监督权力，以保证公权力组织及其成员拥有履行责任的凭靠，从而实现组织的既定目标。另一方面，责任也应当成为勘定权力的边界，有何种责任才可赋予相应的权力，权力不能无所作为，也不能逾越边界"胡作非为"，更不能妨碍其他权力的正常行使。因此，决策权、执行权和监督权形成相互协调、相互制约的格局，以确保各项分工能有效推进，并且防止任意行使权力而不履行责任、加深责权不对等的风险，以及扰乱权责配置秩序的情况。

综上所述，决策、执行与监督三分的内在逻辑是清晰而明确的：社会分工是复杂管理活动所遵循的基本原理，任何公权力组织都离不开决策活动、执行活动与监督活动的三事分工；从事任何一项公共管理活动都要设定相应的职能，于是从三事分工发展到决策职能、执行职能与监督职能的三职分定；组织职能分化需履职者承担责任，进而从三职分定发展到决策责任、执行责任与监督责任的三责分置；公职人员履行责任必须配置相应的权力，并且各权力主体不能逾越界限妨碍其他主体行使权力，因此又从三责分置发展到决策权、执行权与监督权的三权分立。至此，功能性分权理论从分工到分工的逻辑链条得以理顺。

三 基于中国情境的功能性分权理论

实现政治文明、推进国家治理现代化的一个关键前提是构建科学合理的公权力配置结构与运行机制，实现这一目标的重要途径就是合理分权，确保权力发挥应有的作用，又能被制度限制。无论国家选择何种国体、何种政体，良性运作都离不开分权设置。特别是引入分工后，分权成为必然存在的现象，国家要思考的是如何建立适用于本土的分权体制。在这一点上，以欧美为代表的西方国家走在前列，较早地在政治实践中形成三权分立的分权理论，并依此演变出一套国家理论。对中国而言，简单的三权分立无法满足本土思维逻辑和政治实践的要求，通往分权之途的理论依据就要重新回归底层逻辑。

分析西方国家体系最为经典的框架莫过于立法、行政、司法三权分立，"三权分立"国家学说的主要构建者是洛克、孟德斯鸠等，美国独立后通过制宪会议将三权分立理论变为现实。然而，立法、行政、司法三权分立的框架却不能硬搬来套用中国实践。1987年，邓小平同志指出，"如果完全照搬照抄，比如搞三权分立，搞英美的议会制度，并以此来判断是否民主，恐怕不适宜……但是我们中国大陆不搞多党竞选，不搞三权分立、两院制。"①。在学术层面，宪法、行政法及政治学领域的学者对"三权分立"学说的适用性问题也多有论述。许崇德与何华辉较早比较三权分立体制与议政合一体制，认为改革中不宜引入西方政治体制，②这是由于西方三权分立体制属于唯心主义哲学体系，在实际运用中不断遭到冲击、发生争论，不适合中国国情。③房宁进一步指出，三权分立体制是资本主义经济关系的反映，中国处于社会主义初级阶段，社会利益变动频繁而复杂，因此没有借鉴西方政治体制的必要。④党的二十大提出，要建立中国特色社会主义法律体系。2023年2月，中共中央办公厅、国务院办公厅发布《关于加强新时代法学教育和法学理论研究的意见》，再次明确抵制"三权鼎立"等观点。西方立法、行政、司法三分的框架无法与中国国家治理现代化相适应。细究原因，这当然不能完全归于意识形态之争。一方面，立法、行政、司法的框架无法涵盖中国共产党、监察委员会等国家治理的关键主体；另一方面，当代中国权力主体之间的关系与西方立法、行政、司法相关之间相互制衡的关系存在根本性差异。因此，采用这一框架分析和建构中国国家治理体系显然不合适，需要探索新的框架，重构中国特色的国家治理体系。在政治实践中，党更是早已否定了强调分权制衡的西方三权分立体制对于中国的适用性，且已在积极探索适合中国国情的国家治理体系，即从决策、执行、监督三分角度组织公共权力。

功能性分权实际上是中国政府立足本国经济、历史和社会条件自觉建构政治文明的实践。作为执政党，中国共产党也非常注重权力建设和控权探索。党的十七大报告中就明确提出要"建立健全决策权、执行权、

---

① 《邓小平文选》（第三卷），人民出版社1993年版，第220页。
② 许崇德、何华辉：《三权分立与议行合一的比较研究》，《法学评论》1987年第5期。
③ 何华辉：《谈中国不能实行三权分立》，《法学评论》1990年第1期。
④ 房宁：《西方的"三权分立"在中国行不通》，《高校社会科学》1990年第6期。

监督权既相互制约又相互协调的权力结构和运行机制"①，党的十八大在此基础上提出要"确保决策权、执行权与监督权既相互制约又相互协调"②，党的十九大报告则提出要进一步"构建决策科学、执行坚决、监督有力的权力运行机制"③。顶层设计的高度重视和持续筹划，恰恰说明功能性分权在中国的适用性和自发性。一言以蔽之，决策权、执行权、监督权既相互制约又相互协调的权力结构和运行机制，即功能性分权，是中国的国家权力理论，也是我们分析中国广义政府体制的框架。

作为一种国家理论，功能性分权是对中国现实权力体系的客观描述，同时也致力于探讨分权制度在中国所可能达到的理想状态。涂尔干用"功能"一词来表述劳动分工产生的效果及劳动主体与结果之间的关系，④"功能性"强调分工的逻辑关系和最终效果。作为人类政治活动发展的产物，中国国家权力结构及运行没有脱离政治分工的基本逻辑。以功能性分权为指引，有助于构建反映中国特征、有利于中国发展的公权力体系，进而推动中国式现代化进程。从历史上看，以分工带动分权是中国自古以来权力运行的客观展现。实际上，中国古代自秦汉以来的三公九卿制到唐宋三省六部、二府三司制，再至明清内阁、军机处等准决策机构与六部、都察院分置，都存在决策权、执行权和监督权的分工。虽然，此类分工式分权与现代分权体制大异其趣，但也是驱动官僚体制有效治理国家的重要形式。面向未来，功能性分权还为与西方分权理论对话提供了某种可能，功能性分权同样具备吸纳民主、自由、法治、清廉等全人类共同价值观念的可行性，从分工与效率的角度重新考量分权

---

① 《胡锦涛文选》（第二卷），人民出版社 2016 年版，第 638 页。

② 胡锦涛：《坚定不移沿着中国特色社会主义道路前进　为全面建成小康社会而奋斗——在中国共产党第十八次全国代表大会上的报告》，人民出版社 2012 年版，第 29 页。

③ 习近平：《决胜全面建成小康社会　夺取新时代中国特色社会主义伟大胜利——在中国共产党第十九次全国代表大会上的报告》，人民出版社 2017 年版，第 37 页。

④ ［法］埃米尔·涂尔干：《社会分工论》，渠东译，生活·读书·新知三联书店 2000 年版，第 13 页。

制度，同样能够建构通往现代政治文明的权力结构。当然，我们还应认识到功能性分权描绘的是理想状态下的权力运行机制，中国在实际政治生活中还存在不少问题，仍有许多弊端。要合理调整监督权对决策权的依附关系，尽可能减少决策失误和执行错位的发生，化解监督权易丧失客观性而导致的系统性廉政风险。功能性分权理论的进一步完善，中国政治文明的进一步发展，将对上述问题作出更深入的思考、给出更科学合理的答案。

此外，功能性分权作为一个分析框架，重点还在于考察决策权、执行权、监督权三者之间的关系。在这三者中，决策权具有核心作用。对于政治组织而言，谁来作决策、如何作出决策至关重要。在现代国家治理中，决策存在着科学化和民主化的要求。科学决策需要信息充分、专家参与以及严谨的决策流程，民主决策则需要借助合理的机制吸纳利益相关者参与决策过程。同时，决策过程本身也是一个博弈的过程，体现着多种力量和利益的均衡。与之不同，执行的关键在于对决策的落实及其效率。监督则是一种约束力，保证决策制定的公正性和合理性以及执行过程的正当性和有效性。在简单的个体活动中，不需要区分决策、执行与监督，一个人即可完成工作。因为管理活动复杂性的提升，执行会先从主体活动中分离出来，形成决策与执行的分工，由一个人或少数人做决策，另一部分人专门负责执行。在这一阶段，决策者通常还扮演监督者的角色，以保证执行者的执行效果。随着管理活动复杂性的再提升以及组织规模的再扩张，原本由决策者行使的监督功能会逐渐分离出来，转化为专职的监督者。至此，逐渐形成了决策、执行、监督的三分结构，并成为现代组织建设的普遍规律，国家作为一个极其复杂的组织体系也依从这一规律。因此，在考察国家这一组织时，关键是考察决策权、执行权、监督权的主体架构。

通过以上分析，不难发现，功能性分权理论之于中国，其实如同三权分立理论之于美国，都是重要的国家理论和分析框架。所不同的是，美国国家机构被分为立法、行政和司法机构,中国广义政府被分为决策、执行和监督机构;立法权、行政权与司法权是分析美国公权力体系的框架,决策权、执行权与监督权是分析中国公权力体系的框架。诚然,普适性的政务分工存在于任何社会中,但此类分工会与不同国家的国情紧密结合,从而形成独特的制度。尽管中西制度差异较大,但从分工到分权这一底层逻辑来检视公共管理活动,二者其实殊途同归,都需分权以治事。

第三节　功能性分权的基本特征与运行机理

总的来说,建构中国的分权制度必须认识到中国公有制经济体制所塑造的国家—社会关系,以及特殊历史、国情所形成的公权力主体——广义政府的独特性,这两组特性决定了中国的分权逻辑。我们通过逻辑推演提出用决策权、执行权和监督权相互制约又相互协调的功能性分权理论来概括中国的权力分工,并用其分析中国的权力现象。为进一步介绍广义政府理论,我们总结出功能性分权理论抽象性、嵌套性和相对性的基本特征,并构想出功能性分权理论与中国其他政治制度相连接的运行机理。

一　功能性分权体系的基本特征

从整体上审视广义政府体系,决策权、执行权和监督权呈现轮辐式权力结构(见图5-1)。整个权力体系犹如一个车轮,由轴心、辐条和轮辋组成,可以借助三者的相互关系来认识决策权、执行权和监督权的分工。首先,决策权在整个权力体系中居于核心地位,在中国,决策权一般由各级党委和人民代表大会行使,某项工作一旦成为决策,便由强制力保证实施，快速推行。这样的安排保证了党的集中统一领导，提高了决策效率。党的决策通过人民代表大会，经由法定程序，从党的意志转化为国家意志，又发挥党组织联系群众的作用，综合各方意见，以期保证决策的科学化和民主化。所以，保证决策效率的安排，使决策权处于权力体系的核心地位。其次，决策需要有力的执行予以保障，以人民政府及其职能部门为代表的国家机关都是决策执行者，行使执行权，犹如车轮辐条那样支撑轴心。决策落定，执行机构立即行动，完成治理目标。最后，由监督权发挥轮辋作用，对执行权进行矫正控制，防止在权力执行过程中偏离方向。纪委、监委和法院、检察院主要发挥监督作用，其中，纪委、监委是专责监督机构，主要负责政治监督，把握方向；法院和检察院则主要进行司法监督，对执行过程的合法性进行审查和纠偏，对执行过程中产生的纠纷进行裁判。

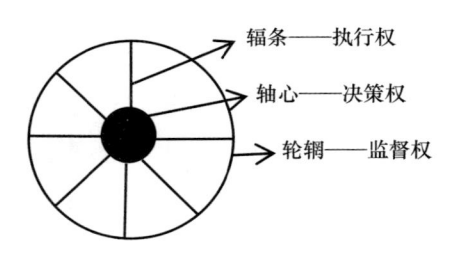

图 5-1　功能性分权结构示意

在这种轮辐式的权力结构下，权力间存在依附关系，这种依附关系也容易导致各权力间的冲突。在中国，由于决策权、执行权和监督权之间不是平等的关系，而是呈现出执行权、监督权向决策权依附的状态，因而导致权力结构不稳定和权力结果不可控。此外，在这种权力关系中，监督权也存在被干扰、被操控的风险，无法有效阻抑决策失误和执行错位。

但功能性分权是否会因依附关系无法达到有效用权和控权的效果呢？

客观来说，功能性分权发挥正向作用需要对决策权、执行权和监督权进行调整适配。比如，通过调节监督权强度来控制执行权，当决策权主体认为可能出现执行错位风险时，便可强化监督权来矫正；当决策权主体认为应当推动执行时，会适当弱化监督。此外，执行与监督过程中传递、反馈的信息也可以辅助决策，及时止损。以上设想能够在广义政府体系中得以实现，有赖于功能性分权的几个基本特点。

第一，功能性分权具有抽象性而非组织性的特征。抽象性意指功能性分权是基于决策、执行、监督的权力运行过程的分权，而非在组织主体层面的分权，权力并非单独赋予某一主体。美国"三权分立"的政治性分权本质上是组织性的分权，即将国家权力分割为立法权、行政权、司法权并分别赋予国会、总统和最高法院，国会、总统和最高法院三个组织形成相互制约的关系。而功能性分权并非将决策权、执行权、监督权赋予某一特定主体，而是以公共事务的完成为目标、从管理活动环节出发的分权，单一权力主体在不同的权力运行环节可能分属决策主体、执行主体、监督主体的不同角色。质言之，功能性分权带有抽象性，强调任何一项具体公共事务都存在决策、执行、监督三个环节，不依赖具体、特定的组织相互间专门制约。

第二，功能性分权具有嵌套性而非水平性的特征。嵌套性指决策、执行、监督三权内部可以继续细分决策、执行、监督。决策权的行使过程中又内含下一层次的决策权、执行权、监督权；执行权行使的过程中又需要下一层次的决策、执行和监督；监督权的行使也需要下一层次的监督决策、监督执行以及对监督权行使的监督。

第三，功能性分权具有相对性而非绝对性的特征。相对性意指功能性分权的关系属性，当广义政府中的几个机构相互关联时，两两之间的关系是相对的，即相对于A，B可能行使的是执行权；相对于C，B可能行使的是决策权抑或监督权。例如，就市委与市政府的相对关系而言，市政府一般行使执行权，市委行使决策权并对政府执行决策的情况予以监督。而市政府，相对于市下辖的区（县）政府，又行使决策权和业务监督权。

功能性分权存在的抽象性、嵌套性和相对性特点，赋予其适用的普遍性和可供调节的灵活性。一方面，功能性分权的抽象性使其广泛存在于广义政府各个系统、各个层级中，利用决策权、执行权和监督权的分工关系能够将整个公权力体系包揽于其中。另一方面，由于决策权、执行权和监督权是嵌套的、相对的，赋予各个主体行动上的灵活性，因此三者并非彻底制约掣肘，而是既可以为发挥权力效率价值提供灵活运用的空间，同时又能对权力进行控制。

二　功能性分权体系的运行机理

尽管与西式政治性分权不尽相同，功能性分权同样承担着控权作用。功能性分权是由分工推演出的分权方式，其本质也是一种权力分割，因此与民主、自由、法治、清廉等价值保有内在联系，特别是在中国情景下，探讨分工分权与现代政治文明具有一定的实践和理论意义。然而，还要深刻地认识到中国功能性分权更多的是国家系统内部的权力分工，单靠决策权、执行权、监督权的分权结构设计实际上不能完全将公权力引向合理运行的轨道，其运行机理还需与中国其他民主政治制度相适应，吸纳社会力量，以适应政治现代化要求，推进国家治理能力提高。因此，我们尝试进一步建构功能性分权的运行机理，使其与其他政治制度相关联，以彰显民主、自由、法治和清廉等价值。

作为中国政治体制的基础设计，功能性分权体系的运行机理可以与中国其他政治制度交互衔接，共同维系民主、自由、法治、清廉等共同价值（见图5-2）。

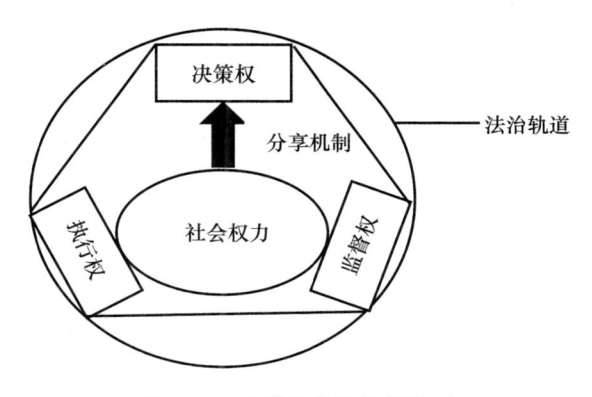

图 5-2 功能性分权运行机理

首先,决策权要借助分享机制确保社会主体有机会参与其中,实现民主决策。国家和地方重大战略决策由党中央和地方党委作出,同时在制度上配有吸纳社会团体,使其表达意见、参与决策的权力分享机制,实现国家决策与社会参与相结合。具体来说,广大党员干部通过党的代表大会表达意见、建议,人大代表通过人民代表大会行使立法权、质询权、建议权,各民主党派通过政治协商会议参政议政表达意见。此外,重大决策作出前,有关部门会拟定草案,听取专家建议,并向社会各界征求意见。权力主体行使决策权时,应配合人民代表大会制度、专家咨询制度和听证制度,充分反映民意、集中民智、聚集民力。

其次,为公共权力设定界限以保障自由价值。决策权、执行权和监督权都不能无限度扩张,公共权力行使必须被设置一定的边界,其边界的理想范围是"凡是私人选择力所能及的领域,公共行政就没必要出现"①,公共权力应该与社会权力在各自范围内发挥作用,不能肆意入侵私人领域。为实现这一目标,需建立健全行政复议和行政诉讼制度、国

---

① 罗豪才、宋功德:《行政法的治理逻辑》,《中国法学》2011 年第 2 期。

家赔偿制度等，赋予私人权利的保障途径，如果公权力不得不渗入社会或运用不当造成损害，必须提前取得公众同意并事后予以赔偿，如土地征收和国家赔偿等行为都体现出公共权力进入私人领域应当付出一定代价。

再次，决策权、执行权和监督权在法律规则约束下相互制衡以体现法治价值。一方面，法律是人民意志的体现，正如党的二十大报告所指出的，必须实现权力部门"机构、职能、权限、程序、责任法定化"[①]，权力行使绝不能逾越法治轨道。必须全面推进依法治国，保证公权力在法治轨道中运行，合乎程序、正当正义。另一方面，法治离不开分权，作为一种控权方式，决策权、执行权和监督权的分工本身就是实现法治的一项具体制度，要利用法律思维和法律技术将权力关进制度的"笼子"里。

最后，设立监督机制为清廉价值提供保障。作为一种控权活动，行使监督权是保障决策权和执行权有效运行、实现权能的重要方式。调整权力结构，发挥权力之间的制约关系，有序开展业务监督，应注意缓和各权力主体之间的矛盾、建设良性党政关系和央地关系，避免权力过于集中。持续建立健全制约与监督制度，发挥内部监督与外部监督，自我监督与社会监督，事前、事中、事后全方位监督的作用，强化对权力的约束。

综上所述，功能性分权有其独特的权力结构、基本特征和运行机理，形成了一套不同于西方"三权分立"制度的分权制度。如果说西方的"三权分立"制度建立在私有制基础之上，以有效制约国家权力为重要目标，通过政治权力分立、对抗来实现控权，那么，功能性分权则建立在

---

① 习近平：《高举中国特色社会主义伟大旗帜　为全面建设社会主义现代化国家而团结奋斗——在中国共产党第二十次全国代表大会上的报告》，人民出版社2022年版，第41页。

公有制基础上，以高效实现国家职能，特别是经济开发职能为目的，通过政治权力制约、协调来完成控权。可以说，功能性分权立足于实际，与中国公有制经济体制相适应，是中国特色社会主义政治制度和法律体系的重要组成部分，是一套致力于追求民主、自由、法治、清廉，建构现代政治文明的中国方案。

第四节 功能性分权的向度：广义政府的横向分工与纵向分工

国家内部分权方式有横向职能部门间分权和纵向不同层级间放权之分。欧美地方自治传统使西方国家更重视横向的、平面的分权，而中国基于中央集权和单一制传统，纵向政府的权力制约与监督则具有更显著的特征。详细来说，中央、省级政府把握国家、区域重大事项决策，行使决策权；具体政策由市、县（区）、乡（镇）政府执行落实，行使执行权；上级政府及纪委监委负责任务验收和执行过程中的合法性控制，行使监督权。如此一来，在功能性分权结构之内，还嵌套了政府间的纵向分工，形成立体式分权结构。因此，功能性分权理论有两个分析向度：一是横向分工，二是纵向分工。

分析中国政府管理有横、纵两个基本维度：横向维度聚焦同级异域或同级异责的党政机关，纵向维度则关注不同层级的政权机构。探讨这些机构间的协调、合作、竞争、制衡等关系，能够帮助研究者深入认识中国政权体系的结构。全方位考察中国政府体系需要横、纵视角相配合。接下来，我们将运用功能性分权理论，检视广义政府的横向分工和纵向分工，划分出决策主体、执行主体和监督主体，理清广义政府间的横向和纵向关系。

一 广义政府的横向功能性分权

从横向视角看公权力系统，就要搞清楚系统要素间的结构、地位及其相互关系。学界不乏对中国公权力体系的介绍与剖析，其传统分析进路是分别介绍党、政、军、群等系统，将各类国家机构引入论述，此类介绍能够详细解析各个权力组织的地位与作用，却不能揭示各个公权力系统之间的互动与联系。此外，还有学者从政府过程角度切入，提出"任何一个实际运行中的政府，都不仅是一个体制、一个体系，而是一个过程"[1]，进而从动态角度分析公权力体系。诚然，政府过程分析超越了静态的体制研究和要素分析，摆脱了纯理论和抽象设计的束缚，以动态开放的视角检视政治系统。然而，政府过程研究不能像静态的体制研究那样清晰地呈现各个政治系统间的制约、协调关系。因此，我们还需从结构与过程相结合的视角，将公权力体系中的各类元素构成及其相互关系呈现出来。功能性分权是一个理想的分析框架。

在决策权方面，各级党委与同级人大在实践中客观上形成了决策结构。在决策过程中，往往党委行使决策创议权、人大行使决策审议权，[2] 二者构成了决策的协同和制约关系。决策的协同关系是指二者同处于决策结构，在决策过程中进行互动与协调；决策的制约关系是指二者可以在制度框架内进行决策的约束与决策意见的调整。具体来说，党委和人大的决策协同与制约关系主要体现在以下三个方面。

第一，在人事任免方面，中国实行党管干部与人大行使任免权的制

---

[1] 朱光磊：《中国政府过程》，天津人民出版社2008年版，第1页。
[2] 陈国权、周盛：《我国人大决策权的变迁与决策权的制约监督》，《浙江大学学报》（人文社会科学版）2011年第5期。

度体系。党管干部是指按照党的干部路线、方针和政策使用干部,在实践中最直接的体现是向国家机关主要领导职位举荐人选。人大行使任免权主要是指对党建议的国家机关领导干部人选依法选举、任命。从制度本身来看,党管干部并不意味着党直接任命干部,在人事任免体系中,依据法定程序有可能出现党举荐的候选人未获人大投票通过,这种举荐与任免的人事决策结构体现着党委与人大在决策结构中的协同与制约关系。第二,在重大事项决策方面,宪法明确了人民代表大会"国家权力机关"的法律地位,行使重大事项决定权。在实践中,党委拥有重大事项的决策创议权。例如在五年规划的制定与实施过程中,党委与人大都参与其中,党委领导制定建议稿,人大审议纲要(草案),形成了事实上的决策协同与制约关系,共同推进决策的科学化和合理化。第三,在国家法律制定方面,通常也是党委与人大共同决策的过程。以《中华人民共和国监察法》的立法过程为例。2016 年 10 月,中央纪委派员至全国人大机关,对接监察法立法相关事宜。中央纪委会同全国人大常委会法制工作委员会,抽调骨干力量,共同组成国家监察立法工作专班,按照党中央要求,密切配合,迅速开展工作。在地方层面,某一重要事务引起地方党委注意后,经过内部程序在党委常务会议或党政联席会议上被讨论是否作为重点工作开展专项整治。随后,地方人大或政府会以法规、规章的形式在制度层面解决专项整治的依据问题。[①] 通过这些举措,可以窥见党深度介入国家法律的制定过程,并对最终的立法决策产生重要影响。

相对于党委和人大行使决策权,政府行使执行权。在地方层面,地方各级政府作为地方国家行政机关,必须贯彻执行党中央和各级地方党委制定的路线、方针和政策。各级地方党委就地方的重大事务进行讨论

---

① 陈柏峰:《党政体制如何塑造基层执法》,《法学研究》2017 年第 4 期。

并作出决定，形成重要决策部署，由地方政府执行。① 有学者也指出，中国共产党对各级地方政府的领导方式之一就是各级地方政府需执行党委的决策，各级党委是处理本地区、本部门、本单位事务的决策机构和指挥中枢。② 政府负责将党的战略决策付诸实施，是党和国家决策的执行主体。据此，有学者认为，在实践中，中国共产党和政府之间形成了决策与执行的高效互动模式，中国共产党的功能在于"负责重大方略和政策的决策和监督，而政府主要负责党的重大方略和政策的执行……并将执行中存在的问题及时反馈，以利于宏观决策的随时随机调整，形成'党的决策权—政府的执行权'互动模式"③。确保党委与政府形成"决策—执行"关系的机制主要是集体领导和个人分工负责相结合的党委制度，党委常委会是党委的决策核心，政府主要领导又是党委常委会的成员。在这样的组织机制下，政府的重要决定需要通过党委常委会集体讨论决定。④ 总之，在中国的政治实践中，中国共产党掌握着国家治理的核心决策权，发挥着战略领导和决策中枢作用；相对而言，政府是党的战略决策的执行主体。需要说明的是，党中央和地方党委的决策具有宏观性，而具体的行政决定、执行中的专业性事务决策则由政府负责。

在监督权方面，各级纪委和国家监察委员会形成了合力监督的关系，专责监督。其中，纪委是中国共产党的纪律检查机关，监督对象为中国共产党党员；监察委员会属于国家机关，监督对象为所有行使公权力的公职人员。党的纪委与国家监委合署办公，在体制上使党的监督力量与国家的监督力量形成了合力，可以发挥监督力量的整合效能。在监察体

---

① 《地方政府与政治》编写组编：《地方政府与政治》，高等教育出版社2018年版，第212页。
② 房宁等：《中国政治制度》，中国社会科学出版社2017年版，第27页。
③ 唐亚林：《论党领导一切原理》，《学术界》2019年第8期。
④ 林尚立：《集权与分权：党、国家与社会权力关系及其变化》，《复旦政治学评论》（2002年辑），上海辞书出版社2002年版，第166页。

制改革之前，国家治理体系中虽然存在较多的监察监督力量（如行政监察机关、预防腐败局等），但这些力量呈现出分散化、碎片化的特征，存在着监督部门间分工与协调不顺、权力运行成本过高、综合效能低下等问题，降低了监督的权威性。此外，纪委、行政监察机关查办案件的证据不能直接为司法机关所用，也带来了过高的监督协调成本。监察体制改革将行政监察机关、预防腐败局和检察机关反贪污贿赂、反渎职侵权以及职务犯罪预防等部门的监督职能整合至新成立的监察委员会，一定程度上破解了监督机构多头、力量分散的问题。党的纪委与监察委员会合署办公为广义政府监督力量的整合奠定了基础。原来纪委管不到或无法监督的地方，现在监察委员会可以用国家机关的名义依法监督，同时兼具违纪、职务违法与职务犯罪问题的监督、调查与处置职权，在制度层面保障了各项监督措施的合法性，有利于实现执纪和执法的贯通以及依规治党和依法治国的统一。

此外，政法机关是监督体系的另一重要组成部分。行使监督权的政法部门与党组织和政府机关有重叠，包括政法委、人民法院、人民检察院、公安机关、行政司法机关等。政法部门主要负责领导、协调和落实司法监督。按照"党管政法"的要求，政法委负责党对政法工作的领导以及通过各种体制机制对其他政法部门的工作进行协调，这种协调主要体现在三个方面：一是总体工作协调，即作为统一协调主体对公安、法院、检察院系统的各种力量进行合理配置与协调，以最大化地发挥政法效能；二是具体案件协调，政法委可以启动多部门联合办案和争议协调机制，推进办案效率；三是协调非政法部门，当执法活动涉及其他非政法部门时，由政法委负责统一协调。同时，政法委还负责对政法部门进行宏观指导和监督，支持和监督政法部门行使职权，体现出决策权对监督权的指导与控制。法院和检察院主要进行司法监督，依据宪法和法律对国家行政机关实施司法监督。法院和检察院及公安机关在反腐败活动中也相互协调配合，一体化推进立案侦查、起诉、审判和追逃、追赃。

行政司法机关则是行政机关内部负责法治建设的部门，如司法部、司法厅和司法局等，其设置显示出执行权与监督权的配合与衔接。

二 广义政府的纵向功能性分权

"中央政府必须通过各级地方政府才能管理国家，因此国家的发展与社会的进步无不赖于中央与地方行政制度的协调与完善。"[①] 中央与地方在国家公权力体系中的地位、职权和运作方式是有区别的，协调中央与地方关系的关键在于建构合理的纵向权力体系。纵向权力关系的本质是国家权力的纵向分配，这就涉及广义政府的纵向功能性分权。相对横向功能性分权，纵向功能性分权与中国单一制结构密切相关。因此，有必要先探讨中国的单一制国家结构及其对央地关系的影响。

（一）单一制结构的历史选择

秦朝以来，中国便采用单一制的国家结构，但这并不意味着单一制自古就存在，而是国家发展到一定阶段，伴随中央集权的形成而产生的。秦始皇统一六国后吸取周王朝同姓子弟"后属疏远，相攻击如仇雠，诸侯更相诛伐，周天子弗能禁"的教训，采取李斯的建议，"分天下以为三十六郡"，建立郡县制来管理地方。[②] 较之分封制，郡县制下地方主官由皇帝任免且存在流官制和任期制限制，这大大增强了中央对地方的垂直管理，在很大程度上削弱了地方独立性。郡县制成为两千多年来地方管理体制的形态，单一制国家结构自此奠基。其实，纵观战国末期亟须国家统一的历史任务，秦采取郡县制并不是难以理解的选择。诸侯林立、相互征伐的沉痛历史记忆，促使统治者思考如何实现国家统一与稳定。

[①] 周振鹤：《中国地方行政制度史》，上海人民出版社2005年版，第1页。

[②] 秦统一六国后，秦始皇君臣就沿袭分封制还是建立郡县制曾有一场讨论，参见《史记·秦始皇本纪》。

郡县制一方面将兵权和人事任免权集中到中央，消除了地方独立的隐患，另一方面选取能臣干吏担任地方长官，加强地方管理，基本上实现了国家统一与地方安定。虽然后世分封制时有回流，但基本上发生在汉初、西晋等乱世，而郡县制则经受住了历史的检验，为历代王朝所遵奉。另一历史事实是，在民族大融合过程中，古代中国形成了统一的多民族国家。被各民族认同的中央是维护国家统一的重要因素，倘若地方独立、各自为政，中国也就不再是中国了。总体来说，中央集权与单一制符合历史发展要求。

近代以来，整个世界发生巨大变化，欧美主要资本主义国家携工业文明带来大量变革成果，推出一套全新政权理念，开眼看世界的中国也站在选择何种国家结构的十字路口。但新中国依旧坚持了中央集权的单一制。这是由于在当时的中国，政治精英主要思考的问题是如何建立一个权力集中的国家。清末中国经济贫困和社会秩序混乱。政治上，帝国主义国家企图培植势力瓜分中国，国内军阀割据混战；经济上，以传统农业为主导的广大农村地区同工商业已经起步的东部沿海城市关系十分松散；社会文化上，近代中国需要民族认同和文化认同，"天高皇帝远"反映出国家权力尚未有效深入基层社会的现实，遑论边远少数民族地区。总的来说，中国需要一个强有力的中央政府实现国家统一并恢复社会秩序，因而坚定选择单一制作为新中国的国家结构。国家统一与建国，以及革命政权的转型，塑造了当代中国高度中央集权的格局，[①] 单一制的主导地位也因此未发生根本变化。

（二）单一制对中国纵向府际关系的塑造

单一制国家结构形式构成广义政府纵向府际关系的基础。广义政府

[①] 苏力：《当代中国的中央与地方分权——重读毛泽东〈论十大关系〉第五节》，《中国社会科学》2004 年第 2 期。

的府际关系重点涵盖党的体系和政府体系,而对广义政府纵向府际关系基本特征的认识首先来自宪法与法律、党章与党内法规以及相关官方论述等文本。中国现行宪法相关规定表明当代中国沿用单一制框架。《宪法》第三条第四款指出,中央和地方的国家机构职权的划分,遵循在中央统一领导下,充分发挥地方的主动性、积极性的原则;第一百一十条第二款规定,地方各级人民政府对上一级国家行政机关负责并报告工作。全国地方各级人民政府都是国务院统一领导下的国家行政机关,都服从国务院。前者明确了中央与地方的基本关系,后者点明了地方各级政府间的基本关系。作为执政党,中国共产党与行政体系高度关联,《党章》规定党内遵循民主集中制原则,并且在该原则的指导下自下而上地实现权力集中,与单一制国家结构相类似。党政两个系统的纵向组织体系勾勒出广义政府纵向府际关系的基本脉络。

总体来看,广义政府纵向府际关系,无论是党的体系还是政府体系,其基本特征都是以中央为主导,上下层级间凸显领导与被领导关系。一般来讲,纵向政府之间的关系主要体现为行政领导关系、行政监控关系与行政合作关系。[①] 领导、监控与合作关系同样存在于上下级党组织间。在单一制的中国,同监控关系、合作关系相比,领导关系最为关键。由于党的体系和政府体系都是一元的,地方权力实际是通过法律规定和上级授权获得的。一方面,《宪法》《党章》对党中央及地方各级党委、国务院及地方各级政府的职责作了明确划分;另一方面,地方政府虽获得了明确的职权,但并不意味着地方政府有足够的权力资源履行这些职责,它们的实际权力来自中央和上级授予。这种权力授予方式决定了地方其实是中央的"派出机构",下级实际是上级的"派出机构",它们之间形成的领导与被领导关系也便成为纵向府际关系的主轴。具体可以从两个

---

① 林尚立:《国内政府间关系》,浙江人民出版社1998年版,第92页。

角度理解中央主导型的府际关系。

第一，地方遵循中央统一领导。全国各级机关都统一在党中央领导之下，自觉地服从和接受党中央、国务院的领导与监督。中央拥有绝对权威，统一领导各方面工作，地方则负责具体执行。中国纵向府际关系建立在维护中央权威的基础上，中央掌握关键的人力、物力和财力等，并以其巨大的统筹管理能力保证国家统一和各国家机构顺畅运转，地方根据实际情况推行中央发布的政令。

第二，地方发挥主动性与创造性。当然，地方国家机构是地方利益代表。各地自然环境、社会风俗、经济条件不尽相同，导致地方与中央利益偏好必定有所差异。因此，在纵向府际关系中地方的主动性和积极性也备受重视，中央必须依靠地方完成具体的治理活动。早在20世纪50年代，毛泽东同志在《论十大关系》一文中就指出，"应当在巩固中央统一领导的前提下，扩大一点地方的权力，给地方更多的独立性，让地方办更多的事情"①，意指地方在整个权力体系中应当发挥更大的作用。1978年以后，以"下放权力"为基本特征的党政体制改革充分发挥了地方积极性，尊重地方利益成为中央或上级政府处理纵向府际关系不得不考虑的重要因素。

（三）广义政府的纵向分工

中央与地方各级政府的纵向权责及分工是学术界长期以来十分关注的议题，相关研究集中体现为中央如何分配职权来完成领导活动，中央如何使地方既发挥积极性又不致脱离中央掌握。面对"一统体制与有效治理"的矛盾，要理顺各层级政府间的职权分工，发挥系统功能，保证治理效果。围绕纵向政府分工及互动机理，现有文献提供了丰富的研究成果。曹正汉以"上下分治"的视角分析中央与地方的职权差异：中央

---

① 《建国以来毛泽东文稿》（第六册），中央文献出版社1992年版，第90页。

拥有"治官权",主要负责选拔、任命、考核、奖惩官员;地方拥有"治民权",直接管治民众。① 周雪光就上述矛盾总结出中央与地方保持平衡的相关机制,如中央决策一统性与地方执行灵活性之间的动态关系、政治教化的礼仪化、运动型治理机制等。② 周黎安则进一步发现中央领导地方的具体机制,一方面上级政府掌握官员晋升的权力,并在下级横向政府间形成"晋升锦标赛"体制来激励地方完成治理任务,③ 另一方面政府内部上下级之间表现为行政发包关系,二者在委托代理关系驱使的互动中实现长期稳定。④ 郑永年则认为,改革开放后的中国,纵向政府间放权形成一种"行为联邦制",中央与地方通过强制、谈判和互惠等机制互动。⑤ 相关研究都表明,中央与地方关注与负责解决的主要问题不同,二者职能分工的差异实际存在,不同理论从不同角度呈现了这些差异。一般来讲,以中央政府为代表的高层级政府,主要负责权力的分配与监控,以激励和保障下级政府履行职责;地方各级政府负责执行政策,直接面对百姓,在治理第一线完成具体的工作。

但关于国家治理中的广义政府纵向分工,还存在几个需要深入思考的问题。第一,广义政府由"党"的系统和"政"的系统构成,以往府际关系研究一般不明确引入"党"这一关键变量,没有明确党委的纵向关系与政府的纵向关系的不同,因此对纵向权力关系的分析并不完全清晰、完全准确。第二,中国纵向政府体系中是否存在稳定性的分工关系?新中国成立以来,为适应社会发展导致的央地之间权力关系的变换,改

---

① 曹正汉:《中国上下分治的治理体制及其稳定机制》,《社会学研究》2011年第1期。
② 周雪光:《权威体制与有效治理:当代中国国家治理的制度逻辑》,《开放时代》2011年第10期。
③ 周黎安:《行政发包制》,《社会》2014年第6期。
④ 周黎安:《中国地方官员的晋升锦标赛模式研究》,《经济研究》2007年第7期。
⑤ 郑永年:《中国的"行为联邦制":中央—地方关系的变革动力》,东方出版社2013年版,第47页。

革开放初期中央积极下放权力，确实激发了地方活力；但后来中央面临财政压力，又通过分税制改革，将财政权上收，与地方分享税收，这实则是一种集权化措施；党的十八大以来，逐步形成党中央集中统一领导的格局，"行为联邦制"等理论很难概括纵向政府关系的动态变化，必须思考在变化之中是否存在稳定的分工。第三，如果纵向政府之间存在稳定的分工，那么该用怎样的理论框架来客观描述这种关系？阐释纵向政府间关系的理论框架不能囿于某几种微观机制，使用宏观视野会更具包含性，将广义政府体系整个管理活动含括在内。针对以上问题，广义政府的纵向功能性分权框架更具解释力。总体而言，广义政府在纵向上可分为决策、执行和监督的分工结构，上级广义政府行使决策权，下级广义政府行使执行权，而监督权受双重控制，如此，当下中国纵向府际关系呈现出功能性分权形态（见图5-3）。

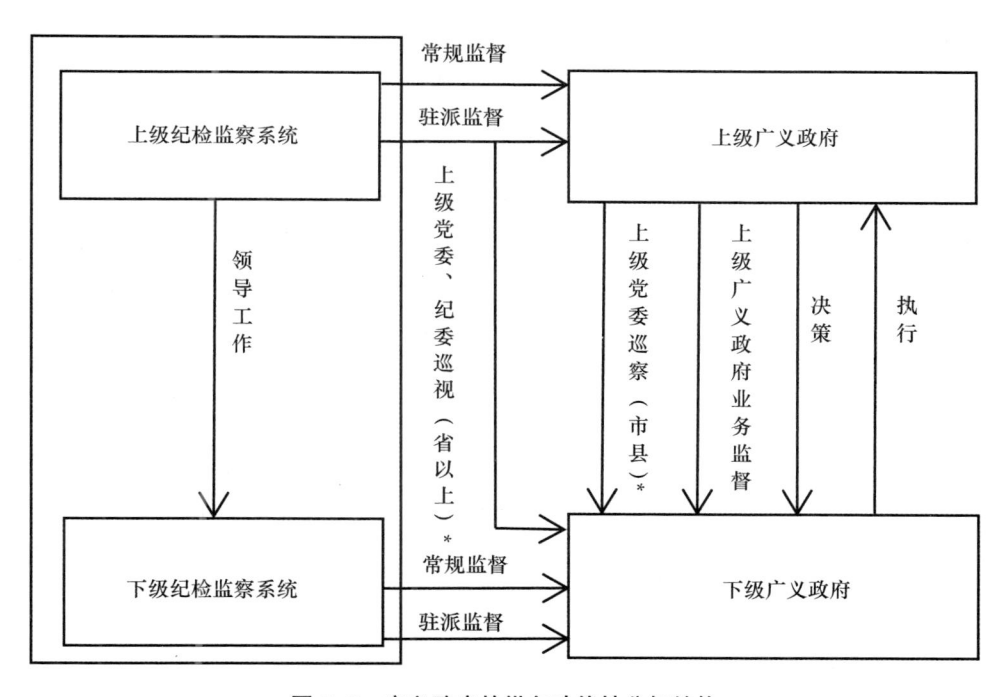

图5-3 广义政府的纵向功能性分权结构

决策活动方面，上级广义政府相对下级广义政府行使决策权。首先，上级广义政府负有决策职责。上级党委的决议、决定，上级广义政府制定的规章等文件对下级广义政府有约束力，下级广义政府在上级决策范围内行动。其次，上级广义政府拥有事实上决策的权力。下级广义政府职权一方面来自法律规定，另一方面来自上级广义政府的授权，后者对于下级广义政府来说更为重要。特别是下级广义政府主要领导的人事选任权和干部管理权都掌握在上级党委手中，有效保证了上级把握下级情况，为决策顺利推行创造有利条件。

执行活动方面，下级广义政府相对上级广义政府处于执行地位。从法理上看，党规与法律明确规定了下级广义政府的执行地位。执行党中央和上级党委的决策部署，以及上级行政机关的决定和命令是下级广义政府的重要职责。从事实上看，下级广义政府的权力很大程度上来自上级授予，主要领导干部由上级党委任免和管理，重要的人力、财力和物力资源也大多集中于上级，这都决定了下级是上级决策的执行者、地方是中央法令的执行者，上级能够通过分配权力激励或调整下级的执行活动。

监督活动方面，上级广义政府与纪检监督系统共同行使监督权，监督权受上级广义政府和本级党委双重制约。广义政府体系内部监督从两个层次展开。一是业务监督。业务监督实施主体是上级广义政府，上级广义政府依靠业务监督保证决策的执行效果，主要手段包括控制与监督执行过程、检查验收专项工作、定期考核官员等。二是专责监督。专责监督主体为由党的纪委和国家监委组成的纪检监察系统。专责监督主要包括纪律与监察监督、派驻监督和巡视监督等。纪律与监察监督通常由本级纪检监察机构负责，对本级广义政府全方位监督；派驻监督则由本级纪检监察机构向本级党和国家部门派驻的纪检组（监察办）负责，这两种监督方式总体上受本级党委影响较大。巡视监督是纵向专责监督。据《中国共产党巡视工作条例》，对于中央和省一级广义政府而言，由纪委和党的组织部门领导巡视活动；对于市、县级广义政府而言，由党委负责对下级开展巡察活动。

综上所述，广义政府纵向府际关系能够借助决策、执行和监督的功能性分权框架来解释。上级广义政府与下级广义政府的决策与执行分工是单一制结构下的基础关系，决策权为有效控制执行权，派生出监督权，三者缺一不可，在制度变迁中党政机构可能会历经多次改革，但决策、执行和监督三权纵向上的关系基本不会变化。因此，功能性分权框架具有稳定性。同横向功能性分权一样，广义政府的纵向功能性分权将中国共产党也带入国家权力体系，能够更全面、更立体地描述中国政治体制现状。

第六章

作为控权理论的功能性分权

　　权力的配置和规范是政治制度研究的重点内容。通过以功能性分权理论为框架考察公权力主体——广义政府，我们完成了对权力配置问题的解释。而如何规范公权力是另一个值得讨论的重要问题。建立健全权力制约和监督机制，推进权力的法治化运行，是中国建设现代政治文明的重要任务。如何制约和监督广义政府？按西方经验，代议制、竞选制、三权分立和有限政府理论本身就包含很强的监督和制约逻辑，这些制度和理论对公权力运行保持警惕的态度，通过赋予选民监督权、故意分割国家机构权力、在各机构间构建制衡关系等方式控权。前文已经分析过，西方控权制度不适用于中国。在中国，党和国家机构是一体的，二者秉持积极权力观打造有为政府，社会也不是国家的对立面，而是合作者。这种权力配置一方面有助于国家建设，另一方面也容易诱发高廉政风险，使权力监督成为一个难题。同时，党组织监督是实现控权的关键环节。"各项权力集中于党的系统，由于在监督系统中党逐渐成为至高无上的力量，因而党组织的内部监督也变得至关重要"[①]，实际上党内监督离不开

[①] 王照东：《政治文明视野中的权力问题研究》，中国社会科学出版社2006年版，第211页。

党组织的自我建设，党在整个国家监督体系内扮演着重要角色，解决中国权力规范问题的关键是在党的领导下实现对公权力的制约和监督。我们认为，功能性分权理论提供了一种监控广义政府的思路，即利用公权力体系内部决策权、执行权和监督权的动态关系，依情势作出合理调整，在国家建设与控制权力两方面做好平衡。功能性分权本身便包含制约机制，监督权又是权力分工的重要一环，所以监督也是功能性分权的重要面向。因此，功能性分权理论也是一种控权理论。本章主要从功能性分权角度来考察中国广义政府中的制约监督方式。此外，我们也将重点关注近年来党的重要控权手段——自我监督。

第一节　广义政府的廉政风险及其系统性成因

腐败是"政治之癌"，侵蚀公共权力，阻碍其实现公共利益，诱发廉政风险，损害国家形象。深究成因，腐败滋生于缺乏制约与监督的制度土壤，生长于权力结构失衡的环境。治理腐败就是要监督权力，优化完善政治制度，保证权力良性健康运行。当下中国仍处于转型期，权力结构科学合理配置和权力运行法治化两大目标尚未实现，并且承载了改革开放初期，经济与政治发展模式不均所造成的失衡，加之受传统中国某些难与现代性相容的社会习俗影响，地方广义政府普遍面临廉政风险，实现将权力关进制度的"笼子"里可谓任重道远。

党的二十大提出中国式现代化的重要论断。现代国家解决的一个重要问题就是善用权力，实现良法善治。现代化既是一种图景，也是一个过程。作为一种图景，中国式现代化必然包含解决现代化发展过程中的廉洁问题，实现政治清廉。作为一个过程，中国式现代化必然需要在政治清廉的基础上推进，从而以较小的政治成本推进中国式现代化。换言之，只有妥善化解廉政风险，才能真正实现中国式现代化。然而，就实际情况来看，中国式现代化的发展存在较高的廉政风险，面临较为严峻的腐败问题。《十九届中央纪律检查委员会向中国共产党第二十次全国代表大会的工作报告》指出，五年来全国纪检监察机关共立案腐败案件306.6万件，处分299.2万人；立案审查调查行贿人员4.8万人，移送检察机关1.3万人；共接收信访举报1695.6万件次，其中检举控告类734.4万件次，处置问题线索831.6万件；运用"四种形态"批评教育帮助和处理933.6万人次；共查处享乐主义、奢靡之风问题28.6万个，批评教育帮助和处理39.8万人，其中给予党纪政务处分28.5万人；共查处形式主义、官僚主义问题28.2万个，批评教育帮助和处理42.5万人，其中给予党纪政务处分25.3万人。① 显然，这种高廉政风险不能仅仅从官员个人的品质和道德方面来解释，一些廉政风险是内生于中国式现代化的发展过程中的。那么，为何中国式现代化的过程会伴随着高廉政风险呢？这需要进行系统性解释。

一 权力集中配置与廉政风险

改革开放以来，中国经济体制和行政体制发生了巨大变革。尽管市场化改革形成了以公有制为主、多种所有制经济共同发展的格局，政企分开，企业获得经营管理自主权，但党和政府始终是主导市场化改革的最重要力量。因此，中国形成了政治上中央集权和经济联邦主义，经济上地方自治与治理分享并存的政治单一制局面。② 1994年分税制财政体制改革后，地方在财税方面的自主权大大减弱，必须寻求经济发展上新

---

① 《十九届中央纪律检查委员会向中国共产党第二十次全国代表大会的工作报告》，《人民日报》2022年10月28日第1版。

② 杨光斌：《当代中国政治制度导论》，中国人民大学出版社2015年版，第217页。

的突破。最终，地方政府会选择以集权的方式经营辖区，①此种经营模式导致党政权力高度集中，在促进经济发展的同时，可能会因控权困难而诱发腐败。

地方广义政府采取的经营辖区策略，与国家发展的经济战略有关。"以经济建设为中心"和"效率优先"的发展战略形塑了中国地方治理的偏好及模式。这种发展模式造成经济与政治发展的失衡：在国情层面上呈现出高经济增长同高政治腐败并存，在政情层面上呈现出高执政能力同高廉政风险并存。②实行分税制后，为发展经济，地方广义政府将经营重点转向国有土地制度下的土地资本运营，形成政府公司化、统合化的治理方式。最具代表性的是地方开发区、新区、功能区等"第三区域"，这些区域通常采用党政企统合的治理模式。作为上级党委派出机构的党工委和上级政府派出机构的管理委员会普遍采取合署办公，形成党政合一管委会体制，并与开发投资公司高度统合，实行"两（多）块牌子、一套班子"。这种安排在纵向上将权力向上级集中，在横向上将包括融资平台公司经营权在内的权力向党政"一把手"集中。党、政、企统合的权力集中配置形态相较其他区域更具优势。一是权力集中有助于提高决策效率和协调效率；二是项目一旦通过政府决议，就能够有持续的资金投入；三是强制权威的垄断可以有效阻断各级政府、政府各部门的碎片化倾向，克服"集体行动的困境"。最终，此类权力配置模式造就了中国"第三区域"的高经济增长。

但客观来讲，以"第三区域"为代表的运营型政府模式在市场化、分权化趋势中完成了权力再集中，以高效率推进经济增长，高度集中的

---

① 陈国权、毛益民：《第三区域政企统合治理与集权化现象研究》，《政治学研究》2015年第2期。
② 陈国权、毛益民等：《权力法治与廉政治理》，中国社会科学出版社2018年版，第1页。

权力配置使腐败现象较为严重，廉政治理状况不容乐观。首先，党、政、企权力统合，打破了决策权、执行权和监督权的均衡格局。在统合结构中，执行权和监督权对决策权的依附性更强，甚至出现合而为一的趋势，失去应有的制约效果，倘若决策失误，极易因执行错误、监督不力，造成较大损失。其次，权力高度集中削弱了政府执行过程中的自主裁量权，绩效驱动下的效率导向往往令政府追求结果而忽视合法性要求，乃至逾越法治轨道，损害部分社会群体利益。最后，缺乏制约、忽视法治的权力容易扭曲权力持有者的权力观，对其造成伤害，这也是"第三区域"党政"一把手"面临高廉政风险的成因。以此逻辑推之，抽象意义上权力配置的失衡最终表现为现实层面的政府违法、官员腐败。总之，高度集中的权力配置形态在蕴含强大治理能力的同时也具有高廉政风险。因此，必须改善和优化现存的政府治理模式，发挥决策权、执行权、监督权之间的制约和协调作用，打造廉洁高效的权力结构。

二 三重治理逻辑与廉政风险

权力配置结构很大程度上是为权力主体的行动提供方便，而权力主体的行为逻辑受国家设定的目标所支配，换言之，治理行为背后都有稳定性的牵引动因，为实现目标，广义政府需要不断调整权力结构及其运行方式。具体来说，广义政府在治理过程中受多重因素的约束，正是多重因素的互动与冲突才塑造了真实的公共治理活动。其实，所有的政府治理行为都是多重逻辑的结合。在中国当代公共管理实践中，广义政府最为核心的行为逻辑大致可以分为经济逻辑、政治逻辑和法制逻辑。三种逻辑对应的治理目标不同，对权力结构配置和运行方式的要求也就不同，一方面有助于广义政府灵活使用权力治理公共事务，解决社会主要矛盾，另一方面却不利于形成稳定的权力结构，会加剧权力间的张力，导致权力主体无所适从。理解地方广义政府治理逻辑，也是认识其廉政风险的重要切入口。

首先是经济逻辑。所谓经济逻辑是指广义政府各项工作围绕以经济建设为中心展开,经济发展是广义政府优先选择的目标。经济逻辑的诞生有其特殊的历史背景。搞好经济建设是所有国家和政府都要做好的工作,对中国而言却有更重要的意义。它不仅是满足中华民族长期以来富强愿望的要求,也是党维持自身合法性、履行使命宗旨的重要体现。自改革开放以来,在党中央领导下,地方广义政府致力于经济发展,各地都关注政府治理行为能否实现和推动经济发展,形成以经济建设为中心的治理逻辑。在经济逻辑的主导和牵引下,地方政府结合以公有制为主体的经济结构,围绕经济增长目标,作出计划、组织、指挥、协调、控制等一系列行为,经营企业、经营辖区,成为"经营型政府"。经济逻辑的主要表现是地方广义政府对所控制的关键资源进行开发经营。经济逻辑是改革开放以来政府治理的长期主导逻辑,对于地方政府治理具有显性作用,也是造就中国经济增长奇迹的动因之一。经济逻辑往往强调效率,因此地方广义政府倾向于集中决策、快速执行,决策权、执行权增强,而监督权落入弱势,前两者因缺乏制约会造成权力失衡,滋生腐败。

其次是政治逻辑。所谓政治逻辑是指地方广义政府的治理行为会受到上级广义政府政治压力与政治导向的影响。形象地说,政治逻辑即为"讲政治"的逻辑,集中体现为对上级的服从,如上级倡导的坚决响应、上级决定的坚决执行、上级禁止的坚决不做。在中国的政治话语体系中,"讲政治"是一个极具内涵和分量的词汇,连同"政治任务""政治问题""政治意识""政治高度"等词语,成为一种特殊的指令性、要求性表达。这些极具政治意涵的表达,实质上都在强调巩固政权这一要义。一件事情如果被提高到"讲政治"的高度,往往就具有较高的优先级,必须优先解决。事实上,何种任务能成为广义政府的中心工作、广义政府采取何种逻辑去完成中心工作,都是由政治逻辑决定的。从这个角度看,政治逻辑是一种调节的逻辑,当政治相关问题(如政治廉洁问题)

威胁到政权与社会稳定的时候，政治逻辑便上升为主导逻辑，会暂时减缓经济发展和增长效率而推进政治建设；当经济社会需要快速发展时，政治逻辑可能会偏向支持经济逻辑，适度放松法律规制。在经济逻辑或法制逻辑占主导地位的时候，政治逻辑往往是一个底线保障机制，可以维持二者平衡。政治逻辑往往强调服从，要求各级广义政府服从党中央的集中统一领导。因此，在政治逻辑中，决策权权能最强，执行权和监督权都受决策权调整与支配，而且后两者必须快速、不打折扣地落实决策权要求。

最后是法制逻辑。所谓法制逻辑是指政府在法律约束下的制度化行为，要求广义政府必须严格执行宪法和法律的规定，规范自身的行政行为，做到有法可依、有法必依、执法必严、违法必究，不得逾越法律的边界，不得突破法律的束缚。法制逻辑中的"法制"含义小于"法治"，是一个中性概念，强调按法律制度要求办事，将法律视为一种治理工具，并不包含法治思维等价值取向。我们用法制逻辑来描述政府推进法律制度建设和强调依法办事的客观现象。新中国成立以来，较之经济逻辑与政治逻辑，法制逻辑始终处于不稳定的状态，一度受到冲击，1978年后党和国家领导人认识到"为了保障人民民主，必须加强法制"[1]，才重新开启法制探索。到了20世纪90年代末，为了适应全球化趋势、完善社会主义市场经济体制，中国提出"依法治国"，宪法、行政法建设相继取得突破性成就。法制逻辑往往强调控权，要求各级广义政府及其部门行使权力必须以法律为依据，不能侵害相对人权利。因此，在法制逻辑中，监督权为核心，决策权和执行权必须受到限制和监控。

三重逻辑反映出广义政府在治理活动中面临政治、经济和法制多元化目标，从而调整权力结构，采取不同的行动。由于各种目标之间既存在矛盾性又存在协调性，围绕治理目标开展的治理行为间也存在矛盾性

---

[1] 《邓小平文选》（第二卷），人民出版社1994年版，第146—147页。

和协调性，调节失衡很容易造成廉政风险。比如在中国治理实践中经常存在经济逻辑与法制逻辑的冲突。绩效与竞争是激励地方广义政府发展经济的重要方式，在广义政府既掌握资源配置权又享有资源开发权的环境中，公权力主体既是运动员又是裁判员，因此许多经济发展业绩产生于市场上的非制度化竞争。经济增长的强激励，导致监督权力作用畸弱，决策权与执行权吸纳监督权，破坏权力制约格局。另外，政治逻辑是主导性的治理逻辑，经济逻辑和法制逻辑的相对优先顺序则取决于经济问题和法制问题哪个更突出、哪个更具有政治性。我们不能忽视政治逻辑的引导和调节作用，同时也要认识到政治逻辑重结果、轻程序的作用机制。政治逻辑发生作用时，大多依靠决策权督促执行，倘若执行达不到预期效果，执行者就会面临问责危机，因此容易诱发广义政府只问结果不问过程的执行方式，合法性与合理性要求可能会被忽视，无法达到良法善治目标。广义政府的挑战在于，经济逻辑、政治逻辑与法制逻辑的冲突是广泛存在的，一旦处理不好，决策权、执行权和监督权必然失衡，某些强势权力就会"任性"，进一步导致廉政风险。

三　政风问题与廉政风险

除了权力配置和行动逻辑两种影响因素外，中国政治生态还面临社会习俗中糟粕文化熏染的危险，加之公权力与关键资源集中配置的情境以及非竞选政治的政治形态紧密关联，社会群体为实现自身利益，会主动采取寻租策略，进行权钱交易，严重破坏政治纪律和政府法治，侵蚀政风。易言之，传统社会某些不良习俗与权力体制中的漏洞相结合，构成滥权腐败另一诱因。这种情况反映出社会与国家勾连导致的廉政风险，启发创制者在完善权力监督体系时，同步加强社会风气与社会习俗改造，一体推进制度与思想建设，打造清正廉洁的政治风气。

中国广义政府内仍面临着较为严重的"四风"问题。所谓"四风"，即形式主义、官僚主义、享乐主义和奢靡之风。"四风"主要是针对党组织作风建设提出的,"四风"问题解决好了,党内其他一些问题解决起来也就有了更好的条件。"四风"问题在本质上就是一种腐败现象,蕴含着高廉政风险。其形成不仅关乎领导干部个人的作风和品德,更与制度不健全、社会不良习俗影响有关。

从公权力层面来看,"四风"问题产生与权力运行缺乏有力的社会监督有关。作为使命型政党,中国共产党的宗旨是为人民服务,但从人事任免和权力授予等来看,实际上是依照科层制层层授予,职权来自上级而非选民,民众与干部之间没有形成实质性的直接制约关系。一方面,干部选拔任用从纵向上看呈层级化特征,各级党政官员由上级管理部门委任或经由向上级管理部门请示报告批准任命;横向上看由党委提名推荐、讨论决定,可以说上级与党委在官员任命晋升上拥有较大话语权,而民众同党政官员的联系性则相对较弱。另一方面,缺乏社会制约的国家权力面临问责困境,由于干部"命运"根本上与民众诉求联系有限,前者会形成"向上看齐"的逻辑,无视或疏忽来自民众的诉求,存在脱离群众的风险,长此以往必然以形式主义、官僚主义对待上级与民众,自身染上享乐主义和奢靡之风,进而衍生出较高的廉政风险。在治理实践中,干部特别是基层干部脱离群众、盘剥群众的现象已不少见,干群矛盾也已不容小觑。对中国来说,社会依附国家,并依靠国家发展,民众缺乏制约公权力的有效手段,所以对党员干部的考察问责落到公权力体系内部,这也是"四风"建设为何如此重要的原因。总体来说,党员干部长期处于权力集中、科层制运作的封闭系统里,缺乏社会力量的监督与干预,必须通过制度上的和个人层面的安排不断自查自省。

从政社关系、社会习俗层面来看,依附于国家的社会往往会向公权力主体输送资源来谋求利益。在封闭的权力运行环境中,谁能俘获官员谁就能实际上获得利益。因此,在地方和基层经常出现民众对官员的行贿、官员对民众的索贿以及官员与民众达成共谋利益团体的情况,某种程度上会使官民关系转化为利益关系。官民之间的利益关系通常会与传统文化中的送礼习俗相结合。尽管礼物交换适用于所有社会，在历史悠久的中国文化中却显得尤为重要。在现代中国社会中礼物交换仍然是经济和政治生活中的一种重要交换方式——其既是国家再分配体系的一部分，又成为市场商品体系的一部分。[①] 可见，送礼习俗不仅是传统文化中用于沟通感情的重要方式之一，延续至今业已成为政治经济交流活动的一种媒介。但将亲朋好友间送礼的传统延伸至民众给官员送礼或官员之间的送礼，其性质就发生了根本改变。我们将以礼物为媒介向公务人员谋取利益的行为称为送礼式贿赂、贿赂性送礼。送礼式贿赂即借助送礼的方式行贿，谋求私人利益，旨在追求贿赂的结果，是一种违法犯罪行为；反过来，此种送礼的本质是贿赂性的，目的是寻租谋利，而非为了沟通亲朋好友的感情，是建立社会关系、实施行贿行为的准备过程。最终，送礼式贿赂、贿赂式送礼改变了赠送礼品行为的性质，使社会习俗演变为违法犯罪。实践中，有很多礼品也由正常的消费品变为用于送礼的金融产品，例如某些种类的烟酒、月饼、虫草等。从被查处的案件来看，很多官员不直接收金钱，但收了非常多的高价礼品，以致借助送礼习俗行贿、受贿演变为地方和基层腐败的重要方式。因此，要明确送礼与贿赂的边界，从严查贿赂性送礼入手，坚持行贿、受贿一起罚；要严防官员权力寻租、贪污腐败和权力资本化倾向，杜绝资本与权力相互交织，利用权力配置社会资源，为特定人群牟取私利。

　　从以上分析可以看出，广义政府面临的廉政风险是由系统性成因引发的，根源在于决策权、执行权和监督权的配置问题，受制于特殊国情和经济、历史、文化条件，中国公权力体系必须发挥权能实现目标，付出的代价便是权力失衡，冒着高廉政风险实现高经济增长。这

[①] 阎云翔：《礼物的流动：一个中国村庄中的互惠原则与社会网络》，李放春、刘瑜译，世纪出版集团、上海人民出版社2000年版，第15页。

也就是改革开放后中国高经济增长和高廉政风险即"双高"现象的成因。此外,在国家驱动发展模式下,社会力量也很难发挥制约国家权力的作用,反而可能为了谋利而侵蚀公权力,拉拢公务人员,主动行贿,加大廉政风险。中国发展至今,权力失衡、缺乏监督所引发的问题已经渐渐凸显出来,必须加以调整和干预。在中国式现代化的推进过程中,党和国家的政治建设,特别是权力制约与监督方面的任务具有艰巨性、长期性的特点,构建与完善监督理论也就必然具有持续性。只有深入持续地推进清廉政治建设,才能真正实现中国式现代化,才能真正创造和推进人类文明新形态,而这正是中国式现代化和国家监察体系建设的内在逻辑关联。

第二节 权力制约监督与自我革命

广义政府权力结构高度集中,受政治、经济和法制三重目标下的行动逻辑牵引,缺乏社会制约,面临系统性廉政风险。规避廉政风险、抑制腐败的关键在于控制公共权力。因此,必须建立一套权力规范体系,通过权力规范体系保障权力授予守程序、权力运行受约束、权力范围有边界。指导建立权力规范体系的思想,便是控权理论。究其政治哲学范式,控权理论背后隐含着对人性的假设。如果认为人性本善,那么权力作为一种社会工具,其性质也应当是善的,权力被赋予了积极、正面的属性。这种积极权力观强调权力的建设性,认为有道德的人掌握权力可以为善,形成"贤能政治"或"哲学王"统治,也承认权力在推动社会发展、维护公共秩序以及增进集体福祉方面所具有的积极意义。但"贤能政治"也要解决权力分授后,下级掌权者的道德问题,因此必须建立一套自律机制,如中国古代的儒家礼制、西方封建时期军事贵族的骑士精神等。同时,为了确保权力合理运行,上级还会派员监督,形成控权理论与实践。如果承认人性中的恶，那么权力很可能成为一种被滥用的工具，具有潜在破坏性。掌权者可能会利用手中的权力谋取私利，损害公共利益。因此，在这种观念下，对权力的约束成为维护社会公正和公共利益的首要任务。为了实现这一目标，需要通过严格的制度设计、法律规范来分割权力，通常需要在权力体系内部或外部建立他律机制。此种权力观念，容易导向制约的控权方式，即为权力的行使设限，使多种权力间相互掣肘，如西方的"三权分立"。

控权理论发展至今，其衍生出的控权方式不是单一不变的，而是呈现出多元化特征，不同国家由于权力观差异采用的主要控权理论并不一致，进而采取的主要控权途径也有不同。比如，秉持消极权力观的美国以权力分立制约为主要控权方式，并且外部的社会对国家有很强的监督作用，主要采用制约控权与他律机制相结合的方式。而秉持积极权力观的中国，受经济基础、列宁式政党组织原则和社会历史文化等因素影响，采用监督为主的控权方式，在政治体制设计中也不乏制约因素，比如决策权、执行权和监督权的功能性分权。中国传统控权制度一直沿袭"强监督—弱制约"[①]的模式，而近年来，为了强化监督，中国控权力度进一步加强，中国共产党以自我革命的精神和魄力，推进自我监督建设。我们认为，自我革命是监督控权的一种极端形态，通过党的领导强化监督权，实质是功能性分权的形变。接下来，我们将把功能性分权理论作为一种控权理论，来讨论中国控权实践的变迁。

一 制约与监督：控权的两种机制及其协调

以功能性分权理论来考察中国控权形式，是由于当代中国的政治

[①] 陈国权、周鲁耀：《制约与监督：两种不同的权力逻辑》，《浙江大学学报》（人文社会科学版）2013年第6期。

权力是集中统一的，而在具体的公共治理活动中却存在着分权或放权机制，形塑着各种权力间的关系。换言之，在中国公权力体系内，存在集中的政治权力和分散的治理权力。集中的政治权力体现为党的领导，即把党的领导贯穿于党和国家机构履行职责的全过程；分散的治理权力则体现为专业部门、地方政府各司其职，形成具体政务分工。政治权力的集中能够维护党的权威性并赋予其较强的回应性压力，便于为公共治理活动注入强大的驱动力、为良政善治提供必要的灵活性。而这种驱动力与灵活性恰恰是实现权力高效运转的重要前提。同时，治理又需要多种具体权力支撑。一方面，不同权力分工协作，保证各项工作推进；另一方面，这些权力间相互制约，预备好"刹车"机制，防止权力"越轨"。

(一) 制约与监督机制的差异性

通常情况下，中国公权力体系中实现控权的机制就是制约与监督。其中，监督为主要控权方式，是指以党的纪委、国家监委为主的行使监督权的机构，在党的集中领导下对其他权力，特别是执行权进行监督。而制约机制则因权力分工不同，天然存在于由决策权、执行权和监督权组成的公权力体系中。

制约与监督是两种不同的权力约束机制。"保险箱"的例子可以形象地说明制约与监督机制的差异：一个保险箱需要同时具备钥匙和密码才可打开，若钥匙和密码分别掌握在两个人手中，只有在两个人都同意的情况下才可打开，则二者之间是制约关系；若钥匙和密码掌握在一个人手中，而另一个人在旁监控以免掌握钥匙和密码之人的不正当使用，则二者属于监督关系。为进一步理清差别，我们再从权力主体地位、权力主体特性、权力方向、事权状态、作用位置、作用机制和作用时效七个方面介绍二者差异（见表6-1）。

表 6-1　　　　　　　　　制约与监督的差异对照表

类别	制约控权	监督控权
权力主体地位	对等	可不对等
权力主体特性	确定性与稳定性	调整性与易变性
权力方向	对向	单向
事权状态	分离	完整
作用位置	权力体系内部	权力体系内外皆可
作用机制	相互制衡	批判与查处
作用时效	过程性	事后性

从权力主体角度看，权力主体的地位、特性及权力方向是不同的。首先，在权力主体地位方面，制约关系中的两个或多个权力主体间地位对等，以形成彼此制衡的关系。比如，在西方国家，议会、政府与法院三大制衡机构在地位上是对等的，互不隶属。监督则在监督者与被监督者权力地位不对等的情境下进行，其依据是委托代理关系或宪法、法律赋予监督主体的监督权力，一般是由高权位机构行使。如中纪委和国家监察委监督各省党政机关，就属于地位不平等的上对下监督。当然，由于负有监督职责，有时职位低的机构亦可对职位高的机构进行监督。其次，在制约和监督机制下，各权力主体所显示的特性不同。只要制约关系存在，无论机构如何变化，各权力主体间的平衡关系都不会消灭，因为无论是决策、执行、监督还是立法、行政、司法都是权力体系中不可缺失的环节。而监督关系下，主体具有调整性和易变性，比如中国组建监察委员会，使其成为新的监督机构，同时监督关系的强弱即监督者手中监督权的大小，也可以由更上位的主权者调节。最后，从权力方向来看，制约强调权力关系的对向性，权力主体间相互制约，你中有我，我中有你，谁都无法超脱这种对向制约；监督则呈现出权力关系的单向性，

监督主体不直接参与被监督主体所行使事务的权力过程，而是以第三方或委托者的身份对被监督者的行为过程及结果进行追究，一般是监督者作用于被监督者，反之被监督者的权力不能及于监督者。

从权力发生角度来看，制约与监督机制在事权状态、作用位置、作用机制和作用时效等方面也有区别。首先，在事权状态方面，制约强调在事权分离的基础上将其分配给不同的权力主体，使一项事务的完成必须经过多个权力主体协商妥协；监督则强调在保证单一权力主体事权完整的基础上，由另一主体对其行为的过程及结果进行约束。所以，制约机制下各权力主体拥有的权力是相互分离的，需聚合在一起才能进行完整的管理活动；而监督机制下各权力主体拥有完整的权力，监督活动并不会阻碍正常管理活动，因此监督机制下管理效率更高。其次，在作用位置方面，制约通常作用于公权力体系内部，从而使权力主体间形成约束关系；监督则内外皆可，在内部表现为第三方监督机构或委托者对代理者的监督，在外部表现为民众、媒体等对公权力主体的约束。再次，在作用机制方面，制约主要是由体制内力量通过制度设计相互制衡，而监督则是多元主体在批判和查处中规范权力运行。最后，在作用时效方面，制约主要依靠各个权力主体相互牵制，避免一权独大从而防患未然，具有明显的过程性；监督则往往事后问责，弥补损失，因此具有事后性。

实践中，制约和监督在同一体制内不具有选择上的绝对性，既不存在绝对的制约，也不存在绝对的监督。制约机制与监督机制都有优点和缺点。从控权效果来看，制约机制是一种长期控权机制，单从时间上比较，其控权持久性高于监督机制的，但容易造成各权力主体间相互推诿，降低管理效率，甚至会出现福山所谓的"否决体制"（veto system）下"为否定而否定"的现象；① 而监督机制在短期内控权效果更佳，尽管监

---

① Fukuyama Francis, "American in Decay: The Sources of Political Dysfunction", *Foreign Affairs*, Vol. 95, No. 4, 2014, pp. 5-26.

督有滞后性，大多在事后或违规现象发生时起作用，但这种安排能够保证管理活动不被打断、各权力主体间不会彼此掣肘，更能保障效率。此外，监督可以随情势变化而调整，在权力主体需要集中权力做事时，争取灵活的用权空间。

（二）制约与监督机制的协调性

制约机制和监督机制的混合是现代国家控权模式构建的普遍选择，但对两种机制选择的侧重性构成了不同国家控权模式的独特性。对中国来说，监督控权是主要手段，同时在决策权、执行权和监督权间也初步构建起制约机制。换言之，在功能性分权理论框架下，发挥主要作用的是监督权，此外决策、执行和监督三种活动相互间形成制约关系。监督和制约两种控权方式协调配合、动态调整，根据时代发展要求合理控权。

监督机制可以分为内部监督和外部监督。在中国，内部监督主要指发生在公权力体系内部、以党和国家机构为监察对象的监督。就广义政府而言，纪检监督就是一种主要监督形式，其主体是广义政府组成部分的纪委和监察委；另外，人大监督、司法监督也是两种广义政府内部的监督形式，其主体是人民代表大会和法院、检察院。广义政府各子系统也存在内部监督，比如政府内部有审计监督，由审计机关对国务院各部门、地方各级政府及其各部门、国有金融和企事业单位的财政收支进行依法监督。外部监督的对象与内部监督的对象相同，但监督主体多为公权力体系外的组织、机构和个体，主要包括民主党派监督、政协监督、媒体监督、公众监督、社会组织监督等。当然，目前中国最重要的监督形式还是内部监督。但是，内部监督缺乏外在约束，监督者与被监督者处于同一体系，形成合谋的可能性较大。此外，在中国公权力体系中，相对决策权，监督权处于相对弱势地位，容易被强势权力主体同化。因此，在实践中还有一套制约机制与监督体制协调互补，并随着时代要求与具体情境的变化，不断调整优化。制约与监督两种机制相互协调的现实运作情况，可以从以下两个例子中体现出来。

一是推行"五不直接分管"制度，健全事权分工格局。该项制度在党的十八大后普遍推行，是指部门或单位主要负责人不直接分管财务、人事、工程建设项目、物资采购（服务）和审批事项（执法），分管负责人对职责范围内的工作负直接领导责任，主要负责人加强指导和监管，在此基础上，形成主要负责人和分管负责人分工责任制度。该项制度的推行，很大程度上将事、权分离，在内部监督体系中建立起制约模式，一定程度上形成了决策权、执行权、监督权相互制约的权力结构与运行机制，避免了一权独大，强化了对"一把手"权力的约束。

二是加强纪检监察系统的垂直领导，形成对同级党政机关的制约。中国纪检监察机关受同级党委和上级机关的双重领导。国家监察委员会也实行双重领导体制，在业务上以上级领导为主。这种领导体制设计，实际上起到了制约同级党政机关的作用。通过加强对地方纪检监察机关的垂直领导，地方纪委对同级党委成员、上级纪委对下级党委常委的案件查处权限得以扩大，同级党委主导重大案件的查办权被打破，庇护违纪违法官员的余地被大幅压缩。由此，同级纪委与党委之间已初步形成了一定程度的制约关系，反映出监督控权与制约控权之间的调适变化。

二 自我革命：自我监督体制的必然选择

功能性分权是一种控权理论，有效发挥权力效能却是推动国家发展和经济增长的重要手段，功能性分权也面临在控权与效率间如何抉择的问题。需要发展经济时，监督权权能会相应松弛；而需要限制权力时，监督权权能则会有所加强。在现实政治实践中，达成平衡状态并不容易，为了回应时代要求，国家必须快速反应、对症施策。所以大多情况下，可能仅有某一种价值会被看重，功能性分权的平衡状态就会被打破，转而进入极端与形变状态。比如改革开放后，在"效率优先"的驱动下，中国以比较宽松的政治环境换来经济快速增长，但也因此积累了不少社会问题，特别是廉政方面，面临较大风险，此时单靠平衡的甚至是弱势的制约控权模式可能难以解除风险，必须以形变状态的强力监督迅速聚焦腐败问题、化解廉政风险。具有代表性的行动就是党的自我革命。我们认为，党的自我革命是针对广义政府高廉政风险而采取的强有力的监督方式，是决策权支持下监督权的强化，是功能性分权的一种极端状态。

党已经深刻认识到效率目标驱动下积累而成的诸多廉政问题，因此开始有意识地调整权力结构，态度坚决地控权治腐。从党的十九大提出"勇于自我革命，从严管党治党"[1]，再到党的二十大强调"党的自我革命永远在路上……以党的自我革命引领社会革命"，"反腐败是最彻底的自我革命"，[2] 相关表述宣示出党选择以自我革命作为惩治腐败、全面从严治党的主要手段。"革命"一词是马克思主义经典作家笔下的高频词汇，其内涵大致可以分为三种。第一种内涵是指暴力革命——推翻统治阶级的政治革命，直接指向社会政治制度的根本性变革，此即最为传统和狭义的革命内涵。正如恩格斯所说："革命就是一部分人用枪杆、刺刀、大炮，即用非常权威的手段强迫另一部分人接受自己的意志。"[3] 毛泽东同志也曾指出："革命是暴动，是一个阶级推翻一个阶级的暴烈的行动。"[4] 显然，当前党所提出的自我革命不是在这个意义上展开的。革命的第二种内涵是指社会变迁的温和革命。正如马克思所指出的，"环境的改变和人的活动或自我改变的一致，只能被看做是并合理地理解为革命的实践"[5]，这种革命实践是长期而又渐进性的。第三种内涵指向一种

---

[1] 习近平：《决胜全面建成小康社会　夺取新时代中国特色社会主义伟大胜利——在中国共产党第十九次全国代表大会上的报告》，人民出版社2017年版，第26页。

[2] 习近平：《高举中国特色社会主义伟大旗帜　为全面建设社会主义现代化国家而团结奋斗——在中国共产党第二十次全国代表大会上的报告》，人民出版社2022年版，第64页、第69页。

[3] 《马克思恩格斯选集》（第三卷），人民出版社2012年版，第277页。

[4] 《毛泽东选集》（第一卷），人民出版社2003年版，第17页。

[5] 《马克思恩格斯选集》（第一卷），人民出版社2012年版，第134页。

自我进步的方式，即"只有在革命中才能抛掉自己身上的一切陈旧的肮脏东西，才能胜任重建社会的工作"①。显然，当前中国共产党所说的自我革命是后两种内涵的综合，即以自我反思、自我变革和自我重塑的方式引领自身完善和社会变迁。

自我革命包括党的自我革命、国家机构的自我革命、以党的自我革命引领国家机构的自我革命等多种具体形态。自我革命的基本思路是以党的自我革命带动广义政府的自我革命。从功能性分权角度来看，自我革命是对决策权、执行权和监督权关系的一次重大调整，表现为赋予监督权更强权能、强化监督权的力量，使之能与决策权、执行权相抗衡，同步提高监督机制和制约机制效能。具体来说，我们可以从以下两个方面认识党的自我革命与权力制约监督体系的调适变化。

第一，党已经意识到时代要求的变化与控权问题的重要性，必须由掌握核心决策权的党中央作出重大决定，为监督权赋能，调整权力结构，以期巩固能有效遏制并清除腐败的制度体系。党的十八大后，中国经济进入新的发展阶段，本着对客观经济规律的尊重，需要优化、调整经济结构。然而，此前重视效率的发展模式已经使国家的腐败问题相当严重，治理腐败与稳定社会秩序的政治目标越来越成为党和国家关注的重点。加强政治纯洁性成为时代发展的主线，并始终贯穿于党的十八大后的改革实践中。习近平总书记指出："近年来，一些国家因为长期积累的矛盾导致民怨载道、社会动荡、政权垮台，其中贪污腐败就是一个很重要的原因。大量事实告诉我们，腐败问题愈演愈烈最终必然会亡党亡国！我们要警醒啊！"② 将腐败问题提高到亡党亡国的高度，意味着以腐败治理为主导的政治逻辑已经大大强化，也意味着党更加注重权力组织机构建

---

① 《马克思恩格斯选集》（第一卷），人民出版社2012年版，第171页。
② 习近平：《紧紧围绕坚持和发展中国特色社会主义 学习宣传贯彻党的十八大精神——在十八大中共中央政治局第一次集体学习时的讲话》，人民出版社2012年版，第12页。

设与清廉问题。从实践来看，党中央高度重视反腐败工作，已经在全国范围内掀起一场强烈的反腐败风暴。党的这些重大决定以决策权为导向，将整个公权力体系的主要工作凝聚到控权上来，调整权力结构与运行方式，提高廉政价值的地位，监督机制空前强大。

第二，监督权权能强化，制约、监督体系发生重大变化。选择控权方式必须秉持科学客观的态度，要在不同时期、不同情境下因时、因地制宜。制度的优劣只有置于特定的条件与环境中才能被评判，自我革命制度建设必然要与特定的历史条件与政治任务相适应。更进一步，遏制和清除腐败现象是一项综合性的社会工程，任何措施都要接受多重价值的检验，在系统原则的指导下取舍，必须与国家的政治、经济、文化等方面的现代化建设有机结合起来。[1] 当下监督体制的变革就是对时代要求的回应，监督权强化主要有两个方面的表现。一方面，提高监督权主体地位，使之足以与同级决策权、执行权形成制约关系。党的纪委与新成立的国家监察委员会合署办公，既扩大了纪检监察范围，将全部国家公务人员纳入其中，又增强了纪检监察力量，以党政系统整体协作强力反腐。此外，纪检监察系统的领导体制以上级领导为主，提升了监督系统的地位，避免了监督工作受本级党政系统干扰，间接强化了决策权、执行权和监督权之间的制约关系。另一方面，全方位拓宽监督路径，建立系统、全面的自我监督机制。比如，近年来逐步完善巡视整改和巡察监督一体化格局，纵深推进派驻监督，将内部监督与外部监督、同体监督与异体监督相结合，大大丰富了监督手段和途径。

自我革命是特殊历史时期国家强力反腐的控权方式。它具有丰富的内涵，既包括自我革命意识，也包括自我革命制度，由一系列思想理论和制度建设组成。自我革命应当成为党和国家政治建设的有机组

---

[1] 陈国权：《不发达国家经济加速发展过程中腐败现象的对策研究》，《社会学研究》1993年第6期。

成部分，并逐步演化为一种常态化而非运动式的制度性构建。自我革命意味着党通过自身组织建设引领广义政府不断强化控权逻辑和监督力度，以健全公权力体系建设、确保公权力规范行使，进而推动国家治理体系和治理能力现代化，为最终实现中国式现代化铺平道路。另外，自我革命也必须有科学的理论指导、合理的制度支撑，并且要与社会环境、实践要求相适配。基于此，我们将依据权力理论和中国发展实践，着重考察自我革命背景下广义政府的监督体系、主要监督方式及其优化与完善路径。

第三节 党的自我监督：形成逻辑、实践形态及其挑战

中国共产党提出"党的自我革命"这一命题，并逐步推进广义政府制约和监督机制的转型。党的自我革命反映出公权力体系内部的结构性调整和自我净化。当下广义政府的制约、监督机制也都是围绕党的自我革命展开的。党的自我革命的核心是党的自我监督。换言之，只有作为执政党的中国共产党从党的体系开始控权、自觉接受监督，才能带动整个广义政府体系规范用权。但自我监督对于全面从严治党、控权反腐而言既是重要的也是艰巨的，对此要有清醒的认识。正如习近平总书记所指出的那样，"自我监督是世界性难题，是国家治理的哥德巴赫猜想"[①]。推进党的自我监督，起码要在理论上回答以下问题：自我监督的权力约束路径何以形成？党的自我监督的具体实践形态有哪些？当前党的自我监督面临哪些挑战？

[①] 习近平：《论全面坚持深化改革》，中央文献出版社2018年版，第384页。

一 党的自我监督的形成逻辑

党是中国特色社会主义事业的领导核心，办好中国的事情，关键在党。对公权力体系进行监控，首先要深入推进党组织的控权建设。在党的全面领导的背景下，自我革命可以推进整个政治权力体系的调整，逐步形成整体性、系统化的政党监督机制。党对规范自身权力问题的思考，早在新中国成立前就已经开始了。1945年7月，抗日战争胜利在望，毛泽东同志与民主人士黄炎培会谈，就"其兴也勃焉，其亡也忽焉"的历史周期率展开讨论，毛泽东同志指出，只有让人民来监督政府，政府才不敢松懈，只有人人起来负责，才不会人亡政息。此即著名的"窑洞对"，这段对话被后人引为政权建设的经典之谈。人民监督是外部监督、社会监督，意在借助党组织外部的力量完成控权，反映出中国共产党代表人民意志、对人民负责的态度。随着建政后党执政经验的不断丰富和中国社会的不断变迁，党的领导人又提出自我革命理论。自我革命是对人民监督的补充和发展，二者是辩证统一的关系，构成了党回答破除治乱兴衰历史周期率问题的两个答案。为什么党的权力控制机制由人民监督发展为自我监督与人民监督相结合的形式呢？或者说，党的自我监督的逻辑是怎样形成的呢？

首先，党与国家和社会的关系、党在国家和社会中发挥的作用，与西方政党大不相同，这决定了党自身的控权方式必然带有一定的独特性。执政党在政治生活中发挥的重要作用在于，作为"整合的工具"，履行整合功能。原因很简单，执政党所掌握的权力是公共权力，属于各个阶层、群体和个人所有，承担着维持社会稳定和推动社会发展的责任。[①] 有权

[①] 王长江：《政党论》，人民出版社2009年版，第232页。

必有责，用权受监督，执政党的责任必然也要被理清、权力必然也要受监控。对于西方执政党来说，竞选执政、轮流坐庄机制赋予社会选择政党的权利，社会能够起到较大的监督和制约作用。中国共产党的执政地位源于党本身的革命性，党与社会存在一种领导与被领导的关系，国家与社会则建立了合作关系，虽然社会参与国家公共事务，但社会对国家的监督和约束力度总体较弱，社会监督力量较为有限。[①] 发挥人民监督应有的作用，需要高度发达的社会为支撑，显然社会主义初级阶段的中国还不具备这样的条件。换言之，中国暂时并不以社会控制国家的方式为主导，去实现约束国家公权力的目的。取而代之的是党的自我监督，即以党的自我监督带动公权力体系内部的自我约束。自我监督中的"自我"具有相对性。第一，与社会控制国家的路径相比，自我监督是指在权力系统内部，如党的机构内部，建立多个权力约束机制，以实现权力自控。其相反的一面是来自他者的约束，如国家监察机关对党组织的监督。从这个意义上讲，党的自我监督是相对于党外监督而言的。第二，在公权力体系内部，"自我"监督并不是指组织本身或官员个体的"自律"，而是强调外部力量的"他律"，如纪律监督、监察监督、派驻监督、巡视监督，这四个监督都源于个体外部的组织力量。党的自我监督体制建设不能寄希望于组织或个人的自觉意识，而是要打造系统化、制度化、组织化的他律工程。唯有如此，广义政府才能逐渐强化内部监督和制约机制，建立起完整的控权体系，促进各类监督贯通协调。

其次，选择自我监督的控权模式反映出党对客观社会环境的认识，这些认识源于中国独特的文化、历史和经济基础。第一，自古以来的政治文化传统塑造了公权力主体自我监督的传统。中国长期存在"一统"观念，长期以来的治理模式倾向于中央集权，创制者秉持"天下为公"

[①] 皇甫鑫、陈国权：《自我革命政治与功能性分权理论》，《学术月刊》2023 年第 9 期。

和集体主义的观念，强调国家的统一和稳定。[①] 此外，在中国的传统文化观念中，国家和政府往往被赋予更高的社会地位和责任，被视为善的集合，社会诉求总是通过国家和政府实现，这与分散权力的思想观念及控权模式并不完全契合。因此，自我监督的责任最终落到权力主体身上。第二，自我监督能更好地发挥党的领导作用。中国共产党依靠强大的组织力量立国建政，探索社会主义建设，推进改革开放，建设中国式现代化。党组织能发挥这么大作用，很大程度上依靠其使命感、前瞻性和凝聚力。面对近代以来的民主化和现代化浪潮，中国用几十年的时间走完西方用几百年走完的道路，必须依靠强大的领导核心引领。党组织运行的基本逻辑是内部以民主集中方式实现高效决策，并动员党内外力量快速执行。与外部监督相比，自我监督往往更具弹性，更有利于发挥党组织优势，保障高效决策和有力执行。第三，公有制经济对上层建筑的决定作用。党的一部分执政合法性源自回应人民诉求，发展经济、提升物质文化水平是中国进入和平时期以来人民的朴素愿望，也是党领导下的广义政府的主要工作任务。因此，激活各种公有生产资料的活力，促进经济社会发展，已经成为党义不容辞的责任与使命。公有制下，公共资源由政府负责管理或者说由党领导下的政府负责管理，可以提升经济决策效率、保护国有资产安全、推进经济增长。所以，选择自我监督的控权模式在保障公有制经济发展方面更具合理性。

　　上述因素对控权逻辑有很大影响。总的来说，党的控权模式仍然更倾向于以组织内部的自我监督为主导，辅之以外部监督。但这并不意味着党完全排斥社会参与和人民监督。自我监督只是历史上累积的制度惯性的延续及党组织在经济社会条件约束下的理性选择。随着社会力量不断发育、市场经济不断发展、人民权利意识不断提高、政治体制不断透

[①] 陈明明：《中国政府原理的集权之维：历史与现代化》，《公共管理与政策评论》2021年第1期。

明开放，社会组织和人民团体对权力制约将发挥越来越重要的作用。以党的自我监督为底色的自我革命与以人民监督为代表的党外监督最终将形成一种相辅相成、共同促进、缺一不可的关系。届时，必然会建立起自我监督和人民监督、内部监督与外部监督、同体监督与异体监督的多元控权模式。

二 党的自我监督的实践形态

自我监督是针对党组织的控权模式，核心主体是党本身。前文我们讨论过，党组织是由国家性质党组织和社会性质党组织组成的，而党组织又是由许多党员个体构成的。因此，党的自我监督涵盖国家性质党组织、社会性质党组织和党员自身的监督。进一步看，党的自我监督实践主要是靠党员个体之间、党员个体与党组织、不同性质的党组织之间的协作互动来完成的。党员个体和不同性质的党组织在自我监督实践中扮演不同角色，发挥不同作用。接下来，我们将从组织和个体两个层面来梳理党的自我监督的具体实践形态。从组织层面上看，一方面，党组织内部亦存在功能性分权结构，行使决策权的上级党委能够适时监控掌握执行权的下级党委，专司监督权的纪委则为党内自我监督的主要力量；另一方面，国家性质党组织与社会性质党组织分置于国家与社会中，二者形成相互监督关系。从个体层面上看，除党员个体增强自律意识外，各个党组织亦可以探索党员干部与党员之间的监督机制。

（一）组织维度下党的自我监督的实践形态

1. 党委监督

各级党的委员会，是国家性质党组织中对下属单位实行集中统一领导而设立的领导机构，在公权力系统中发挥领导核心作用。党委从中央到地方划分为党中央、省委、市委、县委、乡镇（街道）党委五级，各级党委对地区重要决策负责，领导本地区工作，决定经济发展、党的建设和人事任免等重大事项。近年来，随着纪检监察、巡视巡察等体制机制的建立健全，监督越来越成为党委工作的重要内容之一，党委监督工作质量的高低直接关系到党能否保持先进性和纯洁性。

在党委监督中，党的中央组织的监督，即党中央的监督又是重中之重。所谓党的中央组织的监督，主要是指党的中央委员会、中央政治局、中央政治局常务委员会全面领导党内监督工作。党的中央组织的监督职责主要体现在三个方面。首先，党的中央组织从顶层设计层面统筹制定监督、执纪相关制度，并以政治监督的方式保障各地方党组织和基层党组织坚决执行。其次，党的中央组织敦促其成员必须严格遵守党的各项纪律和规矩，坚决抵制一切违反党章、破坏党纪、危害党的团结统一的行为。最后，中央政治局委员有责任对所分管的部门、地方、领域的党组织及其班子成员进行监督。就党的中央组织的监督方式而言，主要包括制定监督制度、部署学习教育、听取工作报告（汇报）、召开民主生活会等。总体而言，党中央是党内监督各项制度的主要创制者，也是全面从严治党、反腐倡廉风气的引领者，其监督力度与涉及范围在所有党组织中最大、最广，其他党组织和党员个人的监督活动受党中央影响最大。

地方各级党委的监督也是中国共产党自我监督的重要组成部分。党委在党内监督中负主体责任，书记是第一责任人，党委委员在职责范围内履行监督责任。党委需要履行以下监督职责：第一，承担主体责任。党委领导本地区、本部门、本单位的监督工作，促进完善各项监督制度，推进监督检查。第二，党委需要负起领导纪委的职责，在保证监督方向正确的基础上给予纪委办案一定的自主性。第三，党委有责任监督好班子成员，保证其清正廉洁。第四，从纵向层面来看，上下级党委之间需要形成一定的监督制约关系，一级党委在领导和监督下级党委工作的同时，也要对上级党委、纪委的工作提出意见、建议，开展监督。就党委的监督方式而言，主要包括完善监督制度、启动党内政治巡视巡察、开展批评与自我批评、健全党内谈话制度和干部考核机制等。相对于党中央监督而言，党委监督是一个执行的过程，即在各地区和各部门强化监督权，将权力监督与防治腐败落到实处。

2. 纪委监督

纪律检查委员会是党内的专责监督机关。中国共产党的纪检监察体制，从无到有且历经多次改革，在机构名称、产生方式、领导方式、组织关系、职责内容上都进行了多次调整。党的五大修改的《党章》首次规定监察委员会由党的各级代表大会选举产生，1955 年则改为由同级党委选举产生，1982 年党的十二大修改的《党章》再次改为由党的各级代表大会选举产生。实际上，这两种产生方式并没有好坏之分，只是所适用的条件和场景有所不同。就领导体制而言，党的五大修改的《党章》始设负有纪律检查职能的监察委员会，其几乎成为与党委平行的组织，后几经机构调整，演变为受同级党委和上级纪委共同领导的机构。双重领导体制在党的十八大前后发生巨大转变。具体来说，党的十八大之前尚未将双重领导体制具体化、程序化、制度化，该体制呈现出一定程度的模糊性，且通常认为纪委实际运行中以同级党委领导为主。这是由于在以经济建设为中心的发展战略指引下，党委行使的决策权、政府行使的执行权以及纪检监察机关行使的监督权，三者之间形成了统合的形态，[①] 最终统合于同级党委。党的十八大召开后，党中央继续推进纪委领导体制改革，将双重领导体制具体化、程序化、制度化。并且在实践中，业务层面基本做到了以上级纪委的垂直领导为主。显然，以同级党委领导为主和以上级纪委垂直领导为主不仅仅是字面上的差异，而且具有实质差异。这是因为同级党委和上级纪委的职责目标是不同的，党委的职责目标较为综合且聚焦当下中心工作，而纪委的主要职责则是监督执纪问责。因此，党的十八大之后双重领导体制以上级垂直领导为主，

---

① 皇甫鑫、李立：《治理逻辑、权力结构与监督制度绩效》，《经济社会体制比较》2023 年第 5 期。

实际上加强了纪委的监督主责，在一定程度上避免或减弱了监督被决策、执行所统合。换言之，纪委通过行使专责监督权，可以对执行权甚至决策权形成一定程度的约束，从而形成一种新的权力配置关系。

纪委在促进党的自我监督过程中发挥着关键作用。具体来说，承担着以下任务：第一，加强对同级党委、领导干部和党员行使权力的监督。第二，积极处理信访举报问题，对群众反映的涉纪信访问题做到及时报告、早发现、早解决。第三，严把干部选拔任用环节的党风廉洁意见回复关，防止干部"带病提拔""带病上岗"。第四，加强对纪委内部的监督，防止"灯下黑"。监督的具体方式包括监督执纪、派驻监督等。对于纪委来讲，最为关键的是监督好"关键少数"和重点领域，因为这些腐败问题一旦发生就是系统性问题，对政治生态的损伤大且修复成本高。

3. 国家性质党组织对社会性质党组织的监督

党中央及地方各级党委作为国家性质党组织，履行国家公共职能，承担国家公共责任，行使国家公共权力，参与国家公共管理，既是监督主体也是重要的被监管对象。社会性质党组织在本质上不行使国家公权力，但因嵌于各类社会组织中，也就负有管理社会事务的责任，如在企事业单位、农村、社区中设置的党组织等。因此，社会性质党组织的相关工作也要被检查、相关权力也要受监督。在中国，国家与社会有很大部分的重叠，国家公权力总是及于社会领域。一般来说，大多社会事务最终也是由国家性质党组织归口管理。故而，国家性质党组织与社会性质党组织尽管不具有严格意义上的隶属关系，但国家性质党组织始终领导、监督社会性质党组织。当然，社会性质党组织也可以通过反馈看法、提出建设性意见等方式影响国家性质党组织。

国家性质党组织领导并监督社会性质党组织的相关工作。首先，通过明确的党章、规章和政策，国家性质党组织要确保社会性质党组织的行动符合党的总体理念和目标。国家性质党组织以制度化的方式将党的使命固定下来，并根据党内法规对党员违纪行为问责，实质是一种监督。

这种监督不仅旨在保证所有党组织行动的连贯性，还能够不断强化组织内部的稳定性和一致性。其次，通过定期报告与审查的方式，国家性质党组织可以及时了解社会性质党组织的运作情况，同时为其提供必要的指导和反馈，确保其活动与党的方针、政策相一致。最后，国家性质党组织通过对各类资源的控制和分配，能够有效影响社会性质党组织的工作重点，促进其与党的总体目标保持一致。此外，对于偏离党的规定和期望的行为，国家性质党组织可以通过纪律与处罚措施进行纠正，确保党的权威性和统一性。

4. 社会性质党组织对国家性质党组织的监督

在党的组织架构下，基于其深入社会各领域的独特定位，社会性质党组织在监督国家性质党组织方面也有机会扮演相当重要的角色。作为党的基层触角，社会性质党组织具有捕捉微观层面社会变迁和民众需求的独特信息优势，能够为上层决策提供真实而细致的反馈。借助社会性质党组织的信息反馈，各级党委作出的决策更具回应性。同时，这种反馈机制还可以赋予社会性质党组织监督政策实施效果的功能。换言之，在中国共产党的组织体系中，社会性质党组织因掌握信息传输渠道和民意反馈机制，可对国家性质党组织产生一定程度的监督作用。社会性质党组织通过收集和传达社会各界的意见和建议，反映人民的意志和需求，为国家性质党组织的决策提供信息，进而实现对政策执行情况的监督。社会性质党组织对国家性质党组织的监督本质上源自双向的沟通和互动机制，此种机制不仅可以借助监督的渠道使党的指导思想与基层实际需求实现统一，还可以通过持续的反馈与建议为国家性质党组织提供一种调整和完善的途径。当国家性质党组织的决策存在盲点或不足时，社会性质党组织的监督能够起到纠正和指引的作用；当国家性质党组织的某些决策或执行行为与基层实际需求存在偏差时，社会性质党组织有责任提出批评和建议。

另外，社会性质党组织在履行监督职能的过程中，需要解决的核心问题是如何保持自身的独立性，同时又不失与国家性质党组织的良性互动。社会性质党组织的监督作用发挥，需要其对社会需求和发展动态有深入了解。例如，社会性质党组织需要针对社会治理、企业发展、教育改革等方面提出切实可行的改进建议，这些建议应基于其在特定领域的专业知识和实践经验。这就要求国家性质党组织的国家逻辑、政党逻辑不遮蔽社会性质党组织的社会逻辑和专业逻辑。社会性质党组织既然置于社会之中，就要按社会运行的客观规律行事；国家性质党组织要尊重不同社会性质党组织的专业性和独特性，尊重社会性质党组织反馈的各项信息与建议，真正将互动机制的正面效应发挥到最大。

(二) 个体维度下党的自我监督的实践形态

1. 党的领导干部对党员的监督

除不同层级、不同性质党组织之间的相互监督外，党员个体之间同样能够建立监督关系。

首先，党的领导干部对党员日常行为及工作表现进行监督评判。赋予领导干部对党员进行工作监督的职责，主要是为了在党内保证执行力和维护组织纪律。这种监督反映出领导干部引领党员个体维护党的纪律性与战斗力，旨在确保党员在日常工作中贯彻党的理论和政策，执行党的决策，并在各项工作中展现党的形象和优良作风。就监督形式而言，党的领导干部对党员的监督包括但不限于党员个人自评、党员之间互评以及上级的定期评估，这些可以通过书面报告、工作述职以及具体任务的绩效考核来实施。党的领导干部的监督不局限于对结果的检查，更包括对工作过程的指导。过程性的监督允许及时调整工作方向和方法，确保工作目标的实现与党的要求相符。此外，可以将日常监督和定期评估相结合，形成既系统又灵活的监督体系。党的领导干部对党员日常行为进行监督，还能够增强党员对党规党纪的正确认识，从而提升工作的规范性和效率。

其次，党的领导干部可以在监督过程中及时发现并纠正工作中的偏差和问题，预防可能的风险和失误。通常来说，在适当的监督压力驱使下，党员的工作动力和责任感往往能够大幅度提高，从而促进党员的个人成长和团队协作。长期而言，这种监督有利于形成党内积极向上、严肃认真的工作氛围，确保党的决策和指示在各级党组织和党员中得到切实执行，增强党组织的凝聚力和战斗力。

2. 党员对党的领导干部的监督

《党章》赋予党员批评建议，向党负责地揭发、检举任何党组织和任何党员违法乱纪的权利。党员对党的领导干部的监督体现出党内民主的广泛性以及党内监督的普遍性。建立和实施监督机制，可以保障党员的批评建议权，彰显党内民主的活力，是推动领导干部履职尽责、防止权力滥用的有效手段，同时也有利于实现党内监督全覆盖、无禁区、全天候，营造风清气正的党内政治生态。

党员对领导干部的监督，有多种渠道和形式来实现。其中，最直接的方式包括民主评议、意见反馈和组织生活会等。在上述活动中，党员有机会就领导干部的工作表现发表观点和评价，提出批评和建议。此类活动不仅为党员提供了直接参与党内监督的平台，也为领导干部提供了自我反思和改进的契机。另一个重要的监督渠道是党内举报。如果党员发现领导干部存在违规行为，有权利通过正式途径、按既定程序向上级党组织或纪检监察机构举报，这体现出党的自我纠错能力和自我净化功能。此外，党员的监督还可以通过参与特定的党务活动来实现，例如在党代表大会、党员大会等活动中，党员可以对领导干部的报告进行审议，对其履职情况进行评议。

总之，党员对党的领导干部的监督在提高领导干部工作透明度、增强其工作责任感以及推动党内政治生态良性发展方面发挥着重要作用。这种自下而上的监督机制有助于构建一个平等、公正、透明的党内监督环境，促进党的纪律建设和作风建设，加强党的先进性和纯洁性。

三 党的自我监督面临的挑战

在广义政府监督体系中,党的自我监督至关重要。现实政治生活中,随着自我革命逐渐深入人心,相对外部监督,包括党组织在内的国家公权力体系对自我监督的认识更为深刻。然而,自我监督无异于将控制权力的责任压到权力拥有者身上,权力主体既是"运动员"又是"裁判员",即便党有意愿和魄力推动自我控权,并且不断完善相关制度,但当制度由具体个人或组织执行时,缺乏外部控制的弊端也会显现。这就是为什么克服历史周期率需要自我监督和人民监督两个方面。目前党的自我监督面临的挑战表现为监督"缺位"、监督"错位"、监督"越位"以及"谁来监督监督者"等。

(一) 监督"缺位"

中国共产党的自我监督能力直接关系到党的生命力和国家长治久安。尽管党的监督视野不断扩展、监督力度不断加大,但近年来监督"缺位"现象时有发生。监督"缺位"并非简单的监督失误或疏漏,它是指在某特定的领域、环节或时期,监督的力度、频次或范围低于应有的标准甚或不存在监督。在目前监督权不断强化的背景下,监督"缺位"是由多种因素造成的。首先,相对决策权,监督权尚处在弱势地位。从根本上说,由于监督者长期与被监督者统合于一个系统中,其资金、技术和信息大多由被监督者提供,难免出现监督权被同化,进而引发有意"忽视"情况,使监督"缺位"。其次,组织内信息传输尚不通畅,特别是负面信息容易被掩盖。监督活动需要全面、真实的信息。但在某些情境下,由于技术、制度或文化等原因,信息流动受阻,使真正的问题被隐藏,影响有效的监督。再次,部分党组织内部受某些消极的非正式组织文化影响会回避问题。一些组织可能存在"顾全大局"或"不挑刺"的非正式文化，①导致对内部问题的轻视和回避。长期以来，这种组织文化可能已成为有效监督的障碍。最后，监督控权模式下，往往依靠"一对一"式的监督手段，成本耗费很大，最终，监督机构可能因为资金、技术或人员的不足不能充分发挥功能；而即使有足够的资源，如果缺乏必要的专业技能和经验，监督活动也难以高效进行。

监督"缺位"会对党的执政与国家治理秩序产生不良影响。第一，监督"缺位"容易导致纪律松弛，破坏党内团结。一旦党内成员对党的纪律和规矩失去信心，党组织整体的凝聚力也将受到威胁。第二，对党组织的监督不力可能导致外界对党执政的疑虑和不满。信息时代会加剧这种不满的传播速度，进而严重损害党的公信力。第三，缺乏有效的监督，不利于调整政策执行时出现的偏差，相关机构也难以及时采取止损措施，严重影响政策执行的整体效果，甚至某些政策因执行异化还会危及社会稳定。因此，针对监督"缺位"这一问题，需要进一步健全、完善党的自我监督机制，为党的长远发展提供坚实保障。

（二）监督"错位"

监督"错位"是党在自我监督实践中遇到的另一重要挑战。与监督"缺位"不同，监督"错位"更多地涉及监督质量层面的问题，意味着监督行为可能在数量上、程度上是充足的，但在方向、重心或方式上偏离了其本应聚焦的目标，致使监督效果大大减弱，甚至产生反效果。监督"错位"包括监督对象和监督内容的错位。前者指针对非监督对象的过分监督，如一段时间内国有企事业单位纪委通报和监管非党员违法违规问题，就是典型的监督"错位"，此类人员应当按法律法规和企业、行业相关规定处理。目前监督对象"错位"情况已大有改善。但后者——监督内容"错位"——仍然是自我监督未解决的重要问题。许多监督活

---

① 胡国喜、张荣臣：《机关党建工作"灯下黑"问题的治理策略》，《江苏行政学院学报》2018年第2期。

动比较重形式，投入大量人力、物力，但最终工作都落在纸面上，并没有达到实际监督的效果。

监督"错位"一般是由如下几个原因造成的。第一，组织内信息不对称。在大型组织中，决策层与执行层之间存在信息不对称的问题。这种信息差导致决策者难以把握主要矛盾和真实情况。第二，官僚制度的影响。长期的官僚体制管理容易导致组织内部形成"应对"文化，即过分强调形式上的合规而忽视实质上的问题解决，从而造成监督重心的错位。第三，人为因素的影响。有时由于某些个人或团体的私人利益，可能故意引导监督方向偏离，也会造成错位。

监督"错位"容易导致监督资源分配不均。当大量监督资源被投向错误的监督方向，不仅会造成监督资源浪费，还会导致那些真正需要重点关注的领域因资源不足而无法被覆盖，既容易加剧组织内部矛盾，又容易引发监督缺失。此外，监督"错位"可能阻碍上级部门获得真实的情况，导致其基于错误信息进行决策，引发决策失误。进一步而言，长期监督"错位"也会使内部和外部成员对组织的决策产生怀疑，导致信任危机。

（三）监督"越位"

所谓监督"越位"，是指监督行为超越其原本的权限和职责范围。监督"越位"的主要表现是，原本为监督主体的纪委代替主责部门成为业务监管的责任主体，导致日常工作中纪委需要配合甚至代替主责部门开展业务检查工作。监督"越位"很大程度上源于监督职责体系不清晰。从监督职责体系来看，可分为职责监督与专门监督。职责监督以党的主管部门为主体，主要督促党的机构按要求完成相关业务；专门监督则以纪委为主体，重点关注勤政廉政、抓实党规党纪等内容。但职责监督与专门监督有时却很难区分，导致监督活动包办替代，造成监督体系畸变。通常来说，具体工作与纪律检查工作往往紧密衔接，比如在公务员招考过程中，党的组织部门是业务监督主体，但是纪委也会直接参与考场的监督工作。再如，一旦上级部门下达"急难险重"任务，纪委往往得第一时间赶赴现场，直接展开"人盯人"式监督检查，极端情况下会导致纪检监督代替职责监督，纪委督查代替业务部门领导指挥。此外，制度设置和政策调整初期，有时会出现机构职责的模糊和重叠，使监督机构对自己的职责界定存在困惑，以致监督人员在实际工作中无所适从，产生"越位"现象。而某些监督主体为了追求更大的权力和影响力，也可能会主动或被动地越权行事。

实践中，监督"越位"容易造成监督资源浪费、增加监督成本，过分监督也会给执行活动带来负面影响。第一，权力冲突导致监督机制失效。当监督机构"越位"时，其与被监督机构之间可能产生功能重叠，引发权力冲突，造成监督真空区域，从而使原有的监督机制失去效力。第二，额外工作引发资源的错误分配。监督"越位"使其他工作损耗监督者的大量精力，而分散面向监督的注意力，同时监督者无法集中资源对相关机构主要职责进行有效监督，往往会导致资源浪费而监督效果不佳。第三，可能阻碍业务部门工作的正常推进。某些地区纪委代替主责部门监管，过分强调权力控制，党政职能部门往往因害怕被问责而无所作为，降低执行效率，最终使业务活动无法正常开展。

（四）"谁来监督监督者"

党组织能否确立自我维系、自我纠错、科学合理的监督机制，决定了自我监督的成败。"谁来监督监督者"是对党自我监督体制的核心挑战。"谁来监督监督者"的复杂性在于，如何保证监督主体本身所行使的权力能够规范透明、运行能够合法合规？理想的状态是监督权主体，比如纪委行使监督职能时，也受到相应的监控和制衡。目前来看，同级党委与上级纪委能够对监督权起到控制作用，扮演监督者的角色。然而，上述主体都处于同一权力系统中，属于内部监督的自我约束，如果没有足够的外部监督，这套机制对公众而言仍然缺乏信服力。

当然，监督监督者涉及复杂的组织行为学问题。党内的监督者通常拥有较高的权威,其监督行为往往会对党的整体运行产生巨大影响。如何保证这些监督者在行使权力时不越界,不利用职务之便为自己或特定集团谋取私利,是确保党内监督效能的关键所在。实现对监督者的有效监督当然离不开法律和纪律的制约、党组织的自我净化,也更需要党内外的监督力量形成有效的制衡。党现有的自我监督体系中,最常见的是层层递进的监督机制,然而这种机制存在固有的弊端。例如,由于权力层级的存在,上级对下级的监督可能受到官僚体系内人际关系以及众所周知的"权力游戏"的影响,削弱监督的独立性和客观性。因此,强化制度约束,构建跨越传统层级结构的监督模式,避免监督体系"灯下黑",需要在理论上深化对权力监督机制的认识,在实践中不断创新监督体系的结构和方法,在文化上营造有利于公正监督的氛围。通过多维度的努力,逐步构建起一个既高效又可信的党的自我监督体系。

党的自我监督是党履行长期执政使命的需要,是适应当前复杂经济形势的重要举措。而无论是党的自我革命,还是党的自我监督,都展现出党惩治腐败、规范权力的决心。正如上文所讨论的那样,党的自我监督在体系方面和机制方面取得很多进展,但控权是一个系统性工程,需内外兼顾、多管齐下。实践证明,一个组织要发展,离不开组织外部的监督与激励,强有力的体制外监督是推动体制内自我监督的基本力量。[1]充分理解人民监督和自我革命这两个跳出治乱兴衰历史周期率的答案,最大限度发挥自我监督和外部监督成效,构建科学有力的监督制约体系,才是治理腐败、实现控权的治本之策。一方面,要结合中国历史文化传统和特定的社会经济政治条件,认识到自上而下调整监督体系、强化监督权,符合当下全面从严治党的要求。不能盲目追求西方政党的控权方式,党的自我监督适合中国国情。另一方面,绝不能期望用短期高强度监督代替长效监督机制。长远来看,实现全面从严治党,必须采取外部

---

[1] 陈国权:《政治监督论》,学林出版社2000年版,第202页。

监督与自我监督相结合的方式，发挥法治监督作用、强化人民监督，一体推动党的权力监督体系建设。

总的来说，作为国家领导核心，党已经认识到改革开放以来追求经济效率而引发的高廉政风险，并以自我革命的勇气开启了反腐控权的新的时期。党的自我革命必然会催生政治体系内整体性、系统性的自我革命，增强公权力拥有者的自我革命意识，推进自我革命相关制度建设。其中，制度建设是枢纽，是践行自我革命的重要举措，也是推进自我革命的重要遵循。在党的领导下，整个广义政府体系也在逐步探索将权力关进制度的"笼子"里的有效方式。构建广义政府控权机制，应当立足实践、着眼长远、系统推进，我们认为，借助作为控权理论的功能性分权理论，能够探讨控权制度在中国的可行路径。首先，功能性分权理论主张合理配置决策权、执行权、监督权，使其相互制约、相互协调，调整纵向分权和横向分权关系，避免在权力运行过程中一权独大，兼顾效率与廉洁。其次，监督权是重要一环，监督系统是公权力体系中的重要组成部分，监督权能属于该理论探讨的范围。功能性分权既要发挥内部监督、同体监督的作用，动用本系统内部的监督力量，合理利用自律机制，提高权力主体自觉性；也要求注重引进外部监督、异体监督，发挥各权力系统的优势，如党委监督的权威性、纪检监督的专业性、司法监督的程序性、人大监督的民主性等，健全监督方式，增强监督合力。功能性分权将制约和监督两种机制结合在一起，倡导同体监督与异体监督、内部监督与外部监督相统一的控权方式，可为广义政府体系控权提供系统性改革思路。这也是功能性分权理论作为一种控权理论的意义所在。

第七章

广义政府监督机关的双重属性与角色定位

有效控制公权力是推进现代国家建设的基本共识和重要原则。以欧美为代表的西方国家较早地建立起权力制约与监督机制，议会、政府和法院分立制衡，防止立法权、行政权和司法权被滥用；利益集团间的博弈、社会组织的监督都起到了控权作用。所以，欧美国家一般没有在立法机关、行政机关和司法机关之外建立专门的监督机关。中国公权力体系中则建立了专门的监督机构，即党的纪委与国家监委，二者构成广义政府监督体系，也是当代中国最为重要的专责监督主体。中国独特的监督体系实行党政合署办公，全方位、宽领域、广覆盖的纪检监察活动几乎涵盖所有党政机构和国有企事业单位。因此，地位如此特殊的、作用如此重要的广义政府监督机关理应成为当代政治学/公共管理学的重点研究对象。本章关注广义政府中的监督机关，探讨其党政双重属性，以及其所扮演的党的纪检机关和国家监察机关双重角色。此外，在职能定位上，我们认为中央广义政府将监督机制视为调节地方权力的一种方式，即监督权的纵向分配是调节央地关系的"阀门"。历史经验表明，有效发挥监督作用，要注意协调好监督机关的两种角色，适度调节监督权强度，以提高地方执行力、尊重地方自主性为限。

第一节 广义政府监督机关及其双重属性

不同于西方国家的权力制约体制，中国特色的监督体系具有自身的现实逻辑、核心特征及独特运行方式。当下监督领域的相关研究中，很多学者立足中西政治体制差异，从不同角度深入阐述中国权力制约与监督体系的宏观架构。从中国监督体系发展模式来看，中国政治监督制度继承了中国传统监察监督制度的优秀遗产，吸收了现代西方国家民主和法治的理念，建立了民主监督和法治约束的制度框架，是一种传统与现代相结合的混合型政治监督体制。[1] 因此，中国监督体系自有一套独特的机理，其既具有内容的整体性和综合性特征，又遵循了特色性、均衡性和问责性相统一的建构原则。[2] 新时代，党和国家监督体系是在马克思主义中国化、时代化最新成果引领和党中央集中统一领导下，深入推进纪检监察体制改革取得的重大政治体制改革成果和标志性实践成果，具有"机构—制度—战略"三位一体的结构框架。[3] 在制度具体运行方面，党和国家监督体系的建设逐步从框架建构阶段向系统集成阶段过渡，遵循协同性总体要求，实现多监督主体协同监督。[4] 现有研究对党和国家监督体系的发展历程、运行机制和优化路径作了大量深入探讨，但总

---

[1] 何增科：《中国政治监督40年来的变迁、成绩与问题》，《中国人民大学学报》2018年第4期。

[2] 张桂林：《国家廉政体系的基本认知与构建中国特色监督体系》，《政治学研究》2019年第5期。

[3] 过勇、张鹏：《党和国家监督体系：系统建构与集成创新》，《治理研究》2023年第4期。

[4] 李辉：《从机制设计到能力提升：基于地方纪检监察"协同监督"的案例研究》，《政治学研究》2023年第3期。

体上缺乏本源性思考，如党和国家监督体系本身有何特性、在整个权力体系中发挥怎样的作用，而这些正是本章要重点分析的内容。

一　纪委与监委：广义政府的监督机关

要理解当代中国国家监督体制，首先要理解中国的"国家"，只有在明确当代中国"国家"概念的基础上，才能够准确、系统分析当代中国的监督体制。如前所述，当代中国政权意义上的国家是由国家性质党组织与宪法意义上的国家机构构成的有机整体。国家机构是广义政府，监督体系则是广义政府的重要组成部分。从内部权力关系来看，监督机关是监督主体，它不隶属于任何决策机构和执行机构，接受党的领导，专责监控公权力运行，规范党政机构全体成员行为。从国家和社会关系来看，中国长期以来形成了"强政府—弱社会"格局，总体上政治隐匿性强，外部监督客观上难以充分发挥作用，国家机构内部监督机构的专责监督尤为重要。

当前广义政府监督主体是纪检监察机关，包括党的纪律检查委员会（即"纪委"）和国家与地方各级监察委员会（即"监委"）。从中国监督制度设计来看，在国家监察体制改革前，权力监督与反腐败机构有各级纪委、政府内部的行政监察部门、检察院内部的反贪污贿赂局等。在实际运作中，这些权力监督与反腐败机构都以党的纪委为核心。2018年通过的《中华人民共和国宪法修正案》和《中华人民共和国监察法》，从制度上设立了国家监察委员会，将国家监察机关上升为与国家行政机关、司法机关、检察机关平行的国家机关，不仅从总体上形成了"一府一委两院"的新型国家权力结构，而且构建了以国家监察委员会为中心的新型国家监察体系。国家监察委员会与中纪委合署办公，地方各级监察委员会主任由本级人民代表大会选举，一般来说由本级纪委书记兼任。换言之，纪检监察机关构成了广义政府监督体系最为核心的专责机关，是当代中国公权力体系最为重要的监督主体。

　　党的纪委前身是党的监察委员会，其组织机构几经变迁，但始终是党内不可缺少的关键机构。1927年党的五大选举产生了中央监察委员会。但党的六大撤销了刚成立的中央监察委员会，成立了中央审查委员会。1934年，党的六届五中全会成立中央党务委员会，履行党的纪律检查职能。1949年新中国成立后，设立了纪律检查委员会负责党的纪律检查工作。2018年，第十三届全国人民代表大会第一次会议正式决议通过，设立国家监察委员会。

　　当我们从组织的视角来审视广义政府监督机关时，就会发现其兼具党的纪检机关和国家监察机关两种角色，存在政党逻辑与政府逻辑两种不同的制度特征。作为党的纪检机关，广义政府监督机关能够监督全体党员；作为国家监察机关，广义政府监督机关能够监督全体国家公职人员，这种统合监督方式将广义政府全体工作人员都纳入了监察体系的监管中。党的组织和国家机构的基本特性与运行逻辑有明显差异，这种差异不仅影响着国家行政机关的执行活动，同样深刻影响着监督机关的监督活动。需要指出的是，广义政府中除纪检监察机关外，其实还包括其他履行监督职责的机关，如党委和政府内设的督查机构、负责立法监督的人大、负责司法监督的法院等。但上述机关均不在我们的研究范围内，本章仅限于探讨国家纪检监察机关。

二　广义政府监督机关的双重属性

　　我们知道，广义政府具有中国共产党的政党属性与国家机关的国家属性。具象到广义政府监督机关——纪检监察机关，它是由党的各级纪律检查机关与各级国家监察机关整合而成的。广义政府纪检监察机关既是党的纪律检查机关，又是国家监察机关，兼具纪委的政党属性和监委的国家属性。纪检监察机关"一体双角"并具有双重属性这一极具中国特色的组织现象，也深刻影响着监督权的运行模式。这里我们基于"职能定位—运行机制—目标价值"分析框架，以广义政府体系中党的纪委和国家监委为研究对象，从机构性质、工作依据、监督对象、权力产生机制、责任履行机制、职权行使机制、权力主体关系、权力价值取向八个维度比较广义政府监督机关的政党属性与国家属性的差异（见表7-1）。

表7-1　广义政府监督机关（纪委和监委）的政党属性与国家属性对比

比较维度		政党属性	国家属性
职能定位	机构性质	党的机关	国家机构
	工作依据	党规党纪	法律法规
	监督对象	中共党员和党组织	公职人员和国家机关
运行机制	权力产生机制	纪委全会选举—同级党委通过—上级党委批准	同级人大选举产生
	责任履行机制	同级党委和上级纪委双重领导	同级人大与上级监委的双重领导
	职权行使机制	监督、执纪、问责	监督、调查、处置
目标价值	权力主体关系	多不对等性/单向性	对等性/双向性
	权力价值取向	政治控制的效率导向	法治建设的约束导向

（一）职能定位维度下广义政府监督机关政党属性与国家属性的比较

任何组织发挥作用，必须具有独立和专有的职能。尽管我国广义政府监督机关的总体职能是反腐、倡廉，二者具有高度的一致性，但在政党属性和国家属性的各自主导下，党的纪委和国家监委在具体职能定位上仍存在一些不同。

从机构性质来看，广义政府监督机关的政党属性的主要载体是党的纪委。纪委系统是党为保持先进性而内设的自我检查、自我革命的反腐败机构，它不属于宪法意义上的国家机构序列，隶属国家性质党组织范畴。纪委的主要职能包括：维护党章和党内法规；监察党的路线、方针、政策和决议的执行情况；对党员和党组织违反党章和其他党内法规，违反党和国家政策，违反社会主义道德，危害党、国家和人民利益的行为，依照规定给予纪律处理或者处分。因而，纪委的审查调查，通常被称为"纪律审查"。广义政府监督机关的国家属性的主要载体是国家监委。国家监察机关行使国家监察职能，属于宪法意义上的国家机构序列，其职能定位是对各级国家机关及其公职人员的工作进行监督、检查和纠举。因而，监委对公职人员违法犯罪的审查调查，通常被称为"监察调查"。

从工作依据来看，中纪委及地方各级纪委的监督职能源自《党章》，行使由《党章》设定的监督权，受《中国共产党党内监督条例》和《中国共产党党内纪律处分条例》等党内法规约束，体现党组织依规治党的制度安排。国家及地方各级监察机关的监督职能源自《中华人民共和国宪法》《中华人民共和国监察法》等国家法律的规定，是国家法律授予的监督权，体现依法治国原则。监委更侧重履行法定职责，维护宪法和法律的尊严，加强对国家公职人员的监督，调查职务违法和职务犯罪行为，开展廉政建设和反腐败工作，实现国家监察全面覆盖。

从监督对象来看，纪委面向全体党员，监委面向国家机关全体公职人员。纪委重点监督党的领导机关和领导干部，其监督领域涵盖党员政治纪律、组织纪律、廉洁纪律、群众纪律、工作纪律和生活纪律等的落实情况。纪委涉及工作和生活的多个领域，负责调查和处理的范围较广，可能某些违纪行为的社会危害程度相对较低，执纪通常以道德准则为标准，体现党纪严于国法的制度安排。监委重点监察行使公权力的公职人员，调查职务违法和职务犯罪。相较而言，监委的调查与处置对象具有更高的社会危害性，其行为已经触犯法律。监委对相关责任人作出政务处分决定后，或将调查结果移送人民检察院审查起诉。

（二）运行机制维度下广义政府监督机关政党属性与国家属性的比较

职能定位的结构化特征是彰显广义政府监督机关政党属性与国家属

性的基础,双重属性的具象表达也需要在运行机制中加以综合考量。

从权力产生机制来看,纪委权力来自党组织内部,监委权力由人大授予。尽管纪委和监委的权力来源共同指向"人民",但这不意味着两者在获得权力方面具有一致性。对于各级纪委而言,其机构及其权力授予由党的各级纪委全体会议决定,各级纪委全体会议选举产生常务委员会、书记和副书记,报同级党的委员会通过,并报上级党的委员会批准。上级纪委也可根据地区工作、班子配备的实际需要,提出下级纪委班子人员调整动议。各级监委则与各级政府、法院和检察院一样,其成员的产生和调整由同级人民代表大会选举或任命决定。各级监委需要对所在区域的人民代表大会负责,并接受监督。当然,党的全面领导也决定了党对监察委员会领导人选的提名尤为重要,这涉及另一层面的广义政府政党属性与国家属性的互动互通,即"党委提名+人大任命"的干部选拔程序。

从责任履行机制来看,纪委履责接受同级党委和上级纪委双重领导,监委履责对同级人大和上级监委负责。总的来说,纪委、监委履行责任都覆盖反腐倡廉这一基础要求,但由于其权力产生方式的差异,导致二者所面对的上级组织及负责对象有所不同。党的纪委是统一的有机体,与自上而下的严密的组织原则和选拔任用的程序相对应,各级纪委的责任链条是通过对上负责和对下控制双向传递的。这种责任机制要求各级纪委对同级党委和上级纪律检查委员会负责,接受同级党的委员会和上级纪律检查委员会双重领导。纪委履责过程中往往采取强监督促进强落实的方式,确保党中央重大决策部署贯彻落实到位。各级监委由人大选举产生,管辖本辖区内所涉监察事项。因此,各级监委对所在地各级人民代表大会负责,接受同级人民代表大会委员会与上级监察委员会的双重监督,责任履行通常与属地管理相关,遵循属地负责原则。

从职权行使机制来看,纪委行使权力按党内法规要求,以监督、执纪和问责的方式进行;监委行使权力则依法定程序和要求,以监督、调查和处置的方式进行。纪委主要监督党员及领导干部的履职情况，对党员和领导干部违反《党章》和其他党内法规的情况给予党纪处分，对党员和领导干部承担职责和履行义务不到位的情况进行责任追究。纪委的职权不仅涉及党员、领导干部职业活动，还深入私人生活，对违反作风纪律、生活纪律的党员、领导干部也有权过问。纪委执纪多采取谈话提醒、约谈函询、通报曝光等措施，以及巡视、全面派驻、执纪审查、决定处分等手段，但不针对财产。监委主要监察所有行使公权力的公职人员是否依法履职、是否秉公用权、是否廉洁从政，调查涉嫌贪污贿赂、滥用职权、玩忽职守、权力寻租、利益输送、徇私舞弊以及浪费国家资源等职务违法和职务犯罪行为，对调查结果作出处置决定，对涉嫌职务犯罪的，则移送检察机关依法提起公诉。监委行权大多采用谈话、询问、讯问等措施，以及搜查、留置等形式，并针对财产采取查询、冻结、调取、查封、扣押、勘验检查、鉴定等处置措施。

（三）目标价值维度下广义政府监督机关政党属性与国家属性的比较

纪委作为党内监督专责机关，贯彻党的意志，履行党的使命，监督工作以党的目标与价值为指引。监委作为国家监察机关，履行国家监察职责，贯彻法律法规。党政监督主体目标差异不仅影响着监督权的价值取向，还形塑着监督主体与其他权力主体之间的关系。

从权力主体关系来看，纪委与其他权力主体之间多具有不对等性和单向性特点；监委与其他权力主体间具有对等性和双向性特点。纪委履行监督职责时，作为监督者，与被监督对象之间的关系是不对等的，前者有更强的自主性，对后者违规行为进行单方面的纠正和惩罚，决策权、执行权等同级横向权力主体难以对其实现约束和干预。在反腐行动中，纪委往往单刀直入，通过强化权力的层级性、强化纪律监督权实现约束权力的目的。监委履行职责时，国家法律规定了它与其他国家机关的关系，规定了监察程序及其衔接、监察官制度、监察公开及监督、政务处分等事项。因此，监委与其他国家机关的权力有一定的对等性，比如要接受同级人大监督、对同级人大负责。监委行使监督权的过程相对开放，各个环节分散在不同权力主体之间，可以通过权力主体之间的相互制衡实现对权力的控制。比如，案件移送检察院起诉前，相关程序和证据要符合法律规范。

从权力价值取向来看，纪委遵循政治控制的效率导向，必要时可调适监督权使执行活动不受过多干涉；监委更加注重法治建设的约束导向。纪委是党的机构，能够根据党的意志与目标调整工作，在监督同时保证党的决策、执行效率。纪委能够通过调节监督系统减少执行障碍、强化执行控制，进而保证整个体系高效率完成党的政治目标。同时，纪委对滥用权力者往往会进行事后惩戒，以此平衡执行效率与控权需要，调整政策活动中决策、执行与监督的关系。监委所遵循的法治建设逻辑，更讲求合法性。处于宪法意义上的国家机构序列，监委履行法定职责相对独立，也会时刻关注监察行为是否符合法律要求。监委所拥有的强制性权力的边界为法律所规定的范围，一旦超出法定范围，监察的强制手段就会失效，这是避免监察权力过大、使其他国家机关权力与其对等的必要措施。

第二节　广义政府监督机关的双重角色

广义政府监督机关的"政党—国家"双重属性是由于其扮演双重角色而内生的。纪检监察机关既是党的纪检机关又是国家的监察机关。广义政府监督机关双重属性的表达并非凭空产生的，而是与广义政府监督体系的整体化和双重领导的运作逻辑密切相关。作为单一制国家，当代中国广义政府具有很强的层级关系，党中央与国务院、最高人民法院、最高人民检察院及国家监察委等国家机关组成中央层面的广义政府，各地方党委与地方政府、地方司法机关、地方检察机关及地方监察机关等组成地方层面的广义政府。"党的纪委"与"国家监委"同属于一个广义政府监督体系，广义政府监督体系并非分立的权力监督形态，而是呈现出立体化的结构样态，在横向上体现为整体化的统合结构，在纵向上表现为双重领导的层级差别，进而共同构成了横向到边、纵向到底、全面覆盖的嵌套型监督机关的组织基础，最终构建起完整的政党引领国家公权力建设的监督体系，更加具象地彰显和平衡政党属性和国家属性的双重面向。①

一 整体化：广义政府监督机关双重角色的统合结构

在当代中国的国家公权力体系中，党组织具有非常强的能动性，以政党建设引领国家治理体系建设的政治逻辑一直贯穿于我国革命、建设和改革的各个历史阶段。党的执政地位，决定了党的自我革命在广义政府监督体系中是最基本的、第一位的。党的全面领导也成为当代中国广义政府监督体系最突出的特征，即"执政党通过对公权力体系的全面融入，将自身的组织机构、行动逻辑、意识形态、价值导向等深层'基因'植入公权力体系"②。党中央从系统性、整体性和协同性等方面设计以自我监督为主的权力结构和运行机制，构建党统一指挥、全面覆盖、权威高效的监督体系，对外领导各种监督力量，对内进行自我革命和建设。党处于绝对核心地位，在具象的权力制约和监督过程中也显示出总揽全局的领导力。张桂林认为，从成立中国共产党到成立中华人民共和国，当代中国的广义政府监督机构基本脱胎于中国共产党的纪检监督机构，呈现出中国共产党专门性的纪检机构和国家监察机构"分散运行—部分

---

① 马华森、卢志朋：《中国特色社会主义监督制度的生成逻辑、运行机制及其整体性建构》，《中共杭州市委党校学报》2022年第3期。

② 王浦劬、汤彬：《当代中国治理的党政结构与功能机制分析》，《中国社会科学》2019年第9期。

重合—交集合作—高度整合"的制度演变路径。① 在广义政府监督体系的复合结构中，由各级党的纪检部门组成的主体部分层级细密，这与党以执政党身份引领建设的国家监察体系组织结构具有高度的契合性。实际上，广义政府监督体系整体化建设的基础就是纪检机关与监察机关的互融。在党的领导下，党的纪律检查委员会和国家监察委员会统一价值追求、整合组织结构、理清职能安排和人员配置，在互融状态中进一步发挥治理功能，二者从全面从严治党和依法治国层面共同加强对权力运行的制约与限制，以实现监督权全覆盖的目的。

从这个意义来说，党和国家监督体系内生于党和国家的整体性关系，党和国家的整体化建设催生出党和国家监督体系的整体化建设，党和国家之间的关系在党内监督与国家监督的有机统合过程中得以彰显。我们从以下三方面来具体认识。

其一，广义政府监督机关的组织结构具有整体复合性。各级纪委和监委在组织结构上具有鲜明的复合特征。在合署办公的过程中，纪委和监委不仅能够以共同或各自的名义对外开展工作，而且可以在党政机构的序列中保留各自的名称。在机关党委、干部人事、后勤机构等非办案部门的组建上，纪委和监委也已经实现共同设置、共同办公。同时，监委并没有设置党组，这是由于监委"本质上就是党的工作机构"②，其机构实体、人员编制一般列入纪委，不再单独占用编制。在职能部门设置上，合署办公后的纪委与监委同样实现了复合设置，比如，"审查调查部（室）"的执纪执法行为是同步进行的，既负责党纪审查，又负责监察调查。此外，纪委和监委都奉行民主集中制的组织原则，民主集中制既是党的根本组织原则，也是国家机构的根本组织原则，组织原则的同步

---

① 张桂林：《国家廉政体系的基本认知与构建中国特色监督体系》，《政治学研究》2019 年第 5 期。

② 闫鸣：《监察委员会是政治机关》，《中国纪检监察报》2018 年 3 月 8 日第 3 版。

运用体现了广义政府监督机关在组织结构上的复合性。①

其二，广义政府监督机关的规范和实践的整体化协同。习近平总书记反复强调，"监察体制改革须把适用纪律和适用法律结合起来"，"深化党的纪律检查体制和国家监察体制改革，促进执纪执法贯通"。② 其中，《中国共产党党内监督条例》和《中华人民共和国监察法》的颁布实施就是"纪法协同、一体推进"顶层设计的范例，首次在现实政治生活中真正推动了党内监督法规与国家监察法律的全面衔接。具体而言，二者在立法理念上彼此弥合监督范围，保证监督全覆盖；在制度设计上相互学习借鉴，提升监督效能；实施原则都强调惩预并重、惩教结合，突出事前预防，从而表现为党内监督法规体系和国家监察法律体系的整体化融合。有研究指出，党的纪规与国家法律的协同并非简单地消除差异性，不是党纪对国法的替代，也不是国法对党纪的取缔，而是党纪国法在"异权、异（职）能、异标（准）、异靶"的前提下协调互补，保障广义政府监督体系中党的监督法规和国家监察法律的内容结构的合理衔接。③ 特别是"党纪严于国法""纪在法前"，"党纪"支持"国法"实现监察职能的效能提升，"国法"带动"党纪"全面融入法治反腐体系。比如，在不违反"国法"的前提下，作为执政党的"党纪"需要主动查错纠错，防患于未然，合理区分违纪、违法以及犯罪等不同类型的行为，保证党纪处分、政务处分以及刑事处分等惩治措施的衔接。

其三，除了"党纪"和"国法"的衔接，党内监督与国家监督的有效协调还有赖于党和国家监督体系中的人员、组织、环境等多种要素的配合。在依法治国与依规治党有机统一的基础上，党内监督统领国家监

---

① 秦前红、李世豪：《纪监互融的可能与限度》，《四川师范大学学报》（社会科学版）2022 年第 1 期。

② 习近平：《在新的起点上深化国家监察体制改革》，《求是》2019 年第 5 期。

③ 蒋凌申：《论监察体制改革中的纪法协同》，《南京大学学报》（哲学·人文科学·社会科学）2020 年第 3 期。

督，国家监督支持党内监督，彼此之间协同增效。比如，党内监督通过纪律检查强化对党员干部的监督，为国家公权力监督奠定基础。在遵循不同案件分类管理的原则下，党内监督通常处于大部分案件启动调查之前，而后国家监督依据线索持续跟进。总之，广义政府监督体系的整体化是动态发展的客观事实。但监督机关互动融合的最终归宿不是党政合一、纪监同体，而是要形成一体推进纪检监察、反腐败顺畅运作的重要机制。

二 双重领导：广义政府监督机关的条块协调机制

除了整体化的权力结构外，扮演双重角色的广义政府监督机关的另一重要特点是受双重领导体制节制，并衍生出广义政府监督机关的条块协调机制。在权力整体性配置下，如何使监督权受控，使其服务于国家建设的总体要求，是监督机关领导系统首先要解决的问题。双重领导在中国广义政府体系中颇为常见，当前承担监督权的纪委、监委同样采用双重领导，既受上级纪委、监委领导也受同级党委、人大领导。纪委、监委的双重领导决定了广义政府监督机关双重领导的结构属性，也构成了广义政府监督机关的重要组织原则。

广义政府监督机关的双重领导体制其实是作为横向与纵向"条块关系"的协调机制而存在的，充分彰显出监督机关兼具政党属性与国家属性的双重面向，以及双重属性在不同历史阶段呈现出的不同侧重点。改革开放以来，党的中心工作转向经济发展，但总体而言，"纪检监察机关在这个阶段实际运行过程中，财权、人权和事权以同级党委领导为主，工作经费和福利待遇主要由同级党委、政府财政解决，人员任免、考核和提拔等关键环节深受同级党委的意见影响，上级纪委对下级纪委的领导主要是在业务方面，领导方式以业务指导、督促监察、年度考评为主，对纪委日常考核严格和联系紧密的比例不高"①。党的十八大后，双重领导体制呈现新的变化，在原有结构中更加侧重于纵向权力的分配，更加重视上级纪委对下级纪委的监督考核。这样安排的目的在于使纪委在执纪时具有更强的独立性。当然，这种独立性是相对的，"从结构上仍然遵循双重领导体制，接受党的领导"②。

从党的文件角度来看，党内法规从纵向权力层级方面突出上级纪委对下级纪委的政治控制和业务考核，更加明确广义政府监督体系内部上级监督机关对下级监督机关的工作掌握着考核权、检查权、督促权、监督权等支配性权力。《党章》对纪委领导体制和工作方式作出详细规定，比如，各级纪律检查委员会要把处理特别重要或复杂的案件中的问题和处理的结果，向同级党的委员会报告。又如，党的地方各级纪律检查委员会和基层纪律检查委员会要同时向上级纪律检查委员会报告。再如，各级纪律检查委员会发现同级党的委员会委员有违反党的纪律的行为，可以先进行初步核实，如果需要立案调查的，应当在向同级党的委员会报告的同时向上一级纪律检查委员会报告；涉及常务委员的，向上一级纪律检查委员会报告，由上一级纪律检查委员会进行初步核实，需要审查的，由上一级纪律检查委员会报它的同级党的委员会批准。2016 年，党的十八届六中全会审议通过的《中国共产党党内监督条例》第二十六条特别指出：纪委监督的具体任务之一就是，强化上级纪委对下级纪委的领导，纪委发现同级党委主要领导干部的问题，可以直接向上级纪委报告；下级纪委至少每半年向上级纪委报告一次工作，每年向上级纪委进行述职。

需要说明的是，双重领导侧重何者——是上级机关，还是同级党

---

① 刘诗林、李辉：《双重领导与多任务性：中国乡镇纪检监察组织监督困境的实证研究》，《公共行政评论》2014 年第 3 期。

② 李莉：《中国共产党纪律检查机关的历史变迁——基于中纪委历届报告的文本分析》，《暨南学报》（哲学社会科学版）2021 年第 3 期。

委——会显著影响广义政府中监督主体的行为逻辑和监督效果。以同级党委领导为主的本质是内部同体监督体制，以上级纪委领导为主的本质是外部异体监督体制。双重领导以何为主，不外乎通过人事任免、案件查办等具体机制的设计来实现。通常来讲，在双重领导以同级党委领导为主的体制下，纪委主要领导的人事任免权、案件查办权通常更多受同级党委影响。纪委主要领导的人事任免受谁影响更大就会更多地围绕谁展开工作，即"由谁任命为谁工作"的事实；在案件查办的过程中，可能会出现某一贪污腐败官员因工作业绩较好，同级党委授意"放一放"的现象。从这个角度来说，纪委双重领导以同级党委领导为主的体制实际上是效率优先的体制，廉洁与否在此种体制之下不是主要矛盾。换言之，当效率问题成为社会主要矛盾时，会采用双重领导以同级党委领导为主的内部同体监督体制。

在双重领导以上级纪委、监委领导为主的体制设计下，纪委、监委主要领导的人事任免权通常受上级纪委、监委的影响较大，由上级纪委、监委会同组织部门决定，纪委、监委的案件查办权也更多受上级纪委、监委的领导。此种体制设计会给同级党委以及其他公权力组织带来较大的约束压力，由于上级纪委、监委与下级党委之间缺少利益共融性，加强上级纪委、监委的领导在一定程度上就会打破一级纪委、监委与同级党委以及其他公权力组织之间的利益共融空间，以异体监督的形式产生较为专责和独立的权力约束效果。[①] 在功能性分权框架内，双重领导以何为主的侧重实际上是监督权与决策权、执行权之间关系属性的差异。在以同级党委领导为主的体制下，一级监督权通常被决策权、执行权所统合，难以独立行使监督权对决策、执行进行约束，但客观上可以带来权力运行效率的提升。在以上级纪委、监委领导为主的体制下，一级监

---

① 周佑勇：《监察权结构的再平衡——进一步深化国家监察体制改革的法治逻辑》，《东方法学》2022年第4期。

督权的独立性、专责性更强，可以在一定程度上对决策、执行进行约束，有利于促进决策权、执行权的廉洁运行，但也会在客观上影响决策权、执行权的运行效率。因此，各级纪检监察机关在实践中可根据发展目标和具体情境，合理配置内部同体监督和外部异体监督，通过不断改革来调整和完善广义政府监督体系的双重领导机制。

总之，当代中国广义政府监督机关双重角色的关系及其职能发挥深受体制性因素的影响。一方面，广义政府监督体系内生于当代中国"政党—国家"的整体性联系，这种整体化的统合结构塑造了监督体系内部党内监督系统和国家监督系统之间分工衔接的基础性关系；另一方面，双重领导是广义政府监督体系的重要组织原则，调适着广义政府监督机关的政党属性与国家属性以及机构间的横向与纵向关系。

第三节　广义政府监督机关的纵向监督控权机制

广义政府中决策权、执行权和监督权分工后，为使权力顺利运行，在制度设计上还需解决一个难题，即决策权对执行权的监控。因此，监督体制不仅是解决违法违纪问题的有效方式，也是一种中央对地方、上级对下级的控权途径，更是决策权对执行权的控制途径。前文已经详细介绍了广义政府监督机关的双重领导机制。实际上，监督权还是调节广义政府纵向权力关系的"阀门"，监督权是动态可调节的。如监督权主要由上级党委控制，则地方广义政府的政党属性会凸显，控权效果显著；如主要由同级党委控制，则地方广义政府的政府属性会强化，效率更高。因此，纪检监察机构具有调控纵向府际关系的功能。党的十八大以来，强化纪检监察双重领导体制的垂直管理，完善党委巡视制度，是纵向控权、强化地方从属性的体现。

一 纪检监察机构双重领导体制与纵向监督

调控央地监督关系形态的一个具体机制是纪检监察机构双重领导体制的变动。中国专责监督由纪检监察机构负责完成。纪检监察机构实行上级纪检监察机关垂直领导与同级党委的双重领导体制，但双重领导以哪一领导为主会深刻影响广义政府的纵向府际关系。因此，对纪检监察机构双重领导权纵横权重进行调整能有效调控地方广义政府的行动。

1978 年 12 月，党的纪律检查委员会恢复重建，此时纪委主要受同级党委领导。在此领导体制下，各级纪委书记的任免权名义上在上级党委，但实际上由同级党委行使，对同级党委提名的纪委书记人选，上级党委很少行使否决权。[①] 1982 年，党的十二大正式确立党的纪检体制的基本框架，规定党的纪委受同级党委和上级纪委双重领导。可是在实践中，各级纪委书记几乎都由同级党委常委兼任。同一时期，行政监察机关是隶属于政府的监察部门，接受同级政府领导。此类领导体制贯穿改革开放至党的十八大前，由于地方党委、地方政府能够对纪检监察机构有较强的影响力，因而此时地方广义政府的政府属性比较强，地方广义政府有较为充分、灵活运用权力的空间，自主性凸显。监督权受同级广义政府控制，从而使地方能够在经济发展中保持效率导向，造就经济快速发展；但同时由于中央控制力减弱、地方权力难以被有效拘束，导致廉政与腐败问题凸显。

当前纪检监察领导体制形成于党的十八大以来党的领导体制强化和国家监察制度的改革。2016 年，习近平总书记在十八届中央纪委六次全

---

① 向杨：《新中国成立以来中国共产党纪律检查体制的变迁——基于 1949—2020 年省级纪委书记群体的考察》，《江汉论坛》2022 年第 2 期。

会上指出要"扩大监察范围，整合监察力量，健全国家监察组织架构，形成全面覆盖国家机关及其公务员的国家监察体系"[①]。之后，中共中央办公厅发文在北京、山西、浙江等地开展监察体制试点工作。[②] 2017年，十二届全国人大常委会第三十次会议审议通过《在全国各地推开国家监察体制改革试点方案》，整合党的监督、行政监督和检察监督力量，形成现行纪检监察体系，用以解决同体监督乏力、异体监督薄弱、监察资源分散、监督对象难以周延等问题。[③]

纪检监察领导体制改革朝着强化垂直领导的方向发展，也深刻影响了央地关系。2013年，党的十八届三中全会指出要"推动党的纪律检查工作双重领导体制具体化、程序化、制度化，强化上级纪委对下级纪委的领导……各级纪委书记、副书记的提名和考察以上级纪委会同组织部门为主"[④]，对纪委人事制度也产生了重要影响，即下级党委基本失去对同级纪委书记人选的提名权。在国家监察体制改革中，垂直管理原则也得以加强。行政监察部门从政府中分离出来，和检察院的预防职务犯罪和反贪部门组成国家监察委员会，变同体监督为异体监督，提高监督机构的独立性。《监察法实施条例》对监察机关的领导体制作了详细规定，指出地方各级监察委员会在同级党委和上级监察委员会双重领导下工作，明确监督执法调查工作以上级监察委员会领导为主。在这种领导体制下，中央加强对地方的控制，地方广义政府的政党属性强化，地方政府的从属性凸显。

[①] 习近平：《在十八届中央纪律检查委员会第六次全体会议上的讲话》，《人民日报》2016年5月3日第2版。

[②] 《中办印发〈《关于在北京市、山西省、浙江省开展国家监察体制改革试点方案》〉》，《人民日报》2016年11月8日第3版。

[③] 秦前红、叶海波等：《国家监察制度改革研究》，法律出版社2018年版，第4页。

[④] 《中共中央关于全面深化改革若干重大问题的决定》，《人民日报》2013年11月16日第1版。

对比党的十八大前后地方纪检监察机构领导体制的变化，不难发现，虽然双重领导的基本架构没有变化，但同级党委的领导有所弱化，而上级垂直领导得到加强。通过调整地方纪检监察领导体制，强化了广义政府纵向关系的领导和控制，反映出时代要求的变化。改革开放伊始，中央为了最大限度调动地方积极性，给予地方较大自主权，监督权主要由地方党委控制，于是央地关系的政府属性增强，地方广义政府的从属性削弱。地方广义政府的积极性得到保护，发展经济的热情受到鼓励，这符合改革开放初期的战略目标。但长此以往，地方保护主义不断增长，地方政策偏向保护本地利益，进而导致中央政令难以贯彻、地方政府选择性执法、腐败问题突出等。于是，党的十八大后中央采取措施加强对地方的控制，中央收紧权力，强化纪检监察机关的垂直领导，强化地方广义政府的从属性，这与全面从严治党、加强廉政建设的时代要求相符合。

二 党委巡视制度与纵向监督

调节央地关系的另一重要机制是党委巡视制度。党委巡视制度作为党内专责监督的形式之一，在党的十八大后日趋成熟完善，巡视权威性全面提高，凸显中央借以增强央地关系的政党属性，是强化对地方权力控制的重要手段。

巡视制度始于党的二大时建立的"特派员制度"，即中央随时派员到地方党组织召集会议、指导工作。新中国成立后，巡视制度逐步发展为中央联系下级党组织，听取各方意见，掌握群众运动和社会建设动向的途径。改革开放以来，党对巡视制度的认识进一步深化。2003年，《党内监督条例（试行）》颁布后，巡视制度也由指导革命、建设工作的重要途径正式转变为党内监督的一项重要制度。党的十八大以来，党委巡视制度全面发展。党的十八大报告指出，要"建立健全权力运行制约和监督体系"，并强调"更好发挥巡视制度监督作用"①。随即党的十八届三中全会通过《中共中央关于全面深化改革若干重大问题的决定》，强调"改进中央和省区市巡视制度，做到对地方、部门、企事业单位全覆盖"②，这是对党的十八大以来巡视工作的重新部署。党的十九大再次强调"深化政治巡视，坚持发现问题、形成震慑不动摇，建立巡视巡察上下联动的监督网"③。党的二十大则继续强调"发挥政治巡视利剑作用，加强巡视整改和成果运用"④。2024 年，《中国共产党巡视工作条例》完成第三次修订，成为指导巡视巡察工作的重要党内法规。

为何纪检监察体系已建立，党中央还要建立党委巡视制度？从纵向层面来看，巡视制度在"中央统一领导，分级负责"原则下形成的中央巡视、省/自治区/直辖市巡视和市/县巡察的三层结构，是党中央自上而下的控权形式。事实上，巡视制度已经成为广义政府系统强化纵向监督的另一重要体现，也是针对纪检监察双重领导体制的补充机制。第一，完善巡视制度是在纵向功能性分权体系中对监督权的直接加强。作为由决策权派生、用以监控执行活动的监督权，往往因距执行一线过远，受制于信息不对称，难以发挥应有的作用，导致"上级监督远，同级监督软，下级监督弱"。上级党委派员进驻，直接面向下级，近距离行使监督权，一定程度上可以消弭信息差，增强控权力度。第二，强化巡视制度是对纪检监察系统双重领导体制的补充。双重领导体制下，纪委开展工

---

① 胡锦涛：《坚定不移沿着中国特色社会主义道路前进 为全面建成小康社会而奋斗——在中国共产党第十八次全国代表大会上的报告》，人民出版社 2012 年版，第 54—55 页。
② 《中共中央关于全面深化改革若干重大问题的决定》，《人民日报》2013 年 11 月 16 日第 1 版。
③ 习近平：《决胜全面建成小康社会 夺取新时代中国特色社会主义伟大胜利——在中国共产党第十九次全国代表大会上的报告》，人民出版社 2017 年版，第 67 页。
④ 习近平：《高举中国特色社会主义伟大旗帜 为全面建设社会主义现代化国家而团结奋斗——在中国共产党第二十次全国代表大会上的报告》，人民出版社 2022 年版，第 66 页。

作时，难免会受到同级党委影响，监督效果弱化，甚至出现监督权被执行权同化的情况，导致监督趋于表面化和形式化。上级党组织直接介入，强化垂直管理，可以弥补同级监督不足的问题。由此可见，党的十八大以来党中央完善巡视制度，实质上是通过加强纵向监督权来调节央地关系，增强地方广义政府从属性，强化中央的权威，解决监督权同化、地方政府违法和执行偏离等情况。

在广义政府纵向体系中，地方政府往往在从属性与自主性之间摇摆，两者既是一对矛盾，也是国家稳定与发展的重要平衡机制。当地方广义政府强调从属性时，中央政策、国家法律一般能够得到较好落实，地方利益会让步于国家整体利益，党政体系整齐划一，更易保证社会稳定与国家统一；当地方广义政府强调自主性时，地方就具体公共事务获得更多灵活行使权力的空间，较大限度地保护地方利益，因地制宜，更易激活地方活力，能更好地履行属地负责制。在单一制国家结构下，中央有责任平衡好地方的从属性与自主性。监督体制可以视为中央调节央地关系的"控制器"，即根据国家发展要求调节中央与地方权力的分配。在广义政府纵向功能性分权的基础上，监督是中央控制地方、实现有效分工的重要权能。改革开放至党的十八大前这段时间，纵向监督体系较为宽松，地方广义政府获得较强的自主性，在经济发展方面取得瞩目成就，但同时地方政府注重本地利益和经济效率而选择性执法、滋生腐败，损害中央法令权威。因此，党的十八大后全面增强中央对地方、上级对下级的监督，保证了中央政令畅通。另外，不可否认，改革开放赋予地方的自主性是中国社会富有活力的重要前提，当纵向监督不断强化时，也应防止过度监督压缩地方发挥积极性的空间，避免从属性遮蔽自主性，进而阻碍地方发展。历史经验表明，强化纵向监督要适度，既要保证地方有效执行决策、清正廉明，也要尊重地方独特性和属地负责制，充分调动地方政府的积极性，调适好广义政府的纵向权力关系，在稳定与发展、效率与廉洁之间达成平衡。

第四节 破解广义政府监督机关的属性错乱与结构悖论

本章最后，我们再次讨论广义政府监督机关政党属性和国家属性的内在不同逻辑。纪检监察机构的"政党—国家"双重属性既有正向功能，也有负向功能。纪检监察机构在行使监督权的过程中，要避免负向功能，发挥正向功能。从负向功能上看，行动逻辑差异很容易引发地方纪检监察机关内在属性错乱和结构悖论。随着纪检、监察不断互融，监督机关的双重属性相互吸纳嵌入，持续促进纪委、监委协同运作。但不可忽略的是，在现实政治生活中，纪委政党属性和监委国家属性的差异并不会因监督主体机构整合而完全消弭，恰恰相反，双重属性集聚于同一主体之上，可能会导致纪检监察机构在实际运行中产生属性错乱与结构悖论。

一 整体化结构下广义政府监督机关的属性错乱

在全面从严治党、大力反腐的背景下，广义政府纪检监察机关的目标直接指向对党和国家公权力进行有效监督。毋庸置疑，广义政府纪检监察机关通过体制机制设计上的创新，整合了原本分散的反腐败力量，将功能分化的监督主体重新组织起来，形成了整体化的监督体系，"解决了协同化程度低，监督主体独立性不足，监督职能错位、越位与缺位等问题，克服了制度悬浮、监督失效等诸多桎梏，极大提升了监督主体权威性"[①]。不过仍有学者指出，"在完善党和国家监督体系的过程中，顶

---

① 秦前红：《困境、改革与出路：从"三驾马车"到国家监察——我国监察体系的宪制思考》，《中国法律评论》2017年第1期。

层设计主要承担的任务是对不同监督主体的单体建构,随着国家监察委员会的建立,党内监督和国家监察的复合型权力监督体系已经基本完成。但协同性的提升单纯依靠顶层设计是不够的,只有在地方的实际运行过程中才能充分暴露监督主体之间协同和配合方面存在的问题,也只有在有针对性地解决这些问题的过程中才能设计出行之有效的协同监督机制"①。也就是说,中央通过出台文件与联合发文等多种方式,有效强化了顶层设计层面纪检机关和监察机关之间的协助与配合,但这种灵活性的工作机制还远称不上已经解决了实践中纪检机关和监察机关之间协调张力的结构性矛盾。当监督机关的政党属性和国家属性相互遮蔽、不能有效配合时,会使纪检监察工作无所适从,我们称此种现象为"属性错乱"。

广义政府监督机关协调张力的结构性矛盾的根源在于,纪检监察主体的整体化并不代表其内在双重属性的统一。不同属性在不同情景、不同阶段各有侧重。如果仅仅强调广义政府监督机关的整体化建设,在人员转隶、机构整合、合署办公等层面打破监督主体间的组织形式壁垒,而忽略政党属性和国家属性的目标差异,依单一程序规则行使纪检监察权,将不可避免地造成整体化监督主体与双重属性协调不适,乃至属性错乱。

一方面,政党属性和国家属性会塑造出纪检监察机关差异化的组织行为。在监督体系内部,监督主体的整体化改革并非按照"纪、政、刑"②的职权属性设置部门,而是依监督、调查和处置的职能划分,分别建立了监督检查室、监督调查室与案件审理室。对于违纪、违法及职

---

① 李辉:《从机制设计到能力提升:基于地方纪检监察"协同监督"的案例研究》,《政治学研究》2023年第3期。

② "纪"是指针对党员身份的党纪责任;"政"是指针对公职人员身份的政务责任;"刑"是指针对犯罪人员身份的刑事责任。

务犯罪的调查，均由监督调查室统一组织完成，一定程度上避免了多主体行使权力可能产生的协调与衔接问题。但监督主体的政党属性和国家属性的平衡常常被打破。比如办案时，纪委、监委忽略违纪、违法及职务犯罪的案件性质差异，对所有案件不加分别地采取一体办理措施，会造成监督机关双重属性的混乱与冲突。为避免上述现象，纪检监察机关也采取了一定的改进措施。比较典型的例子是"纪、监双立案制度"，即针对既涉嫌违纪又涉嫌违法犯罪的案件，对涉案人员同时进行纪检调查立案和监察调查立案。双立案后，同一调查主体所实施的单一调查行为被人为赋予纪、监双重属性，而由此产生的同一份证据，如讯问笔录亦可适用于党纪处分与监察处置。需要指出的是，"尽管'双立案'制度的初衷在于弥合监督主体职权不统一而进行的一种整体化改革尝试，但'双立案'制度仅仅在形式上为调查行为赋予了党内监督和国家监察的双重属性，实践中的调查行为仍然难以彰显纪检程序规则与监察程序规则各自所代表的价值属性"[①]。

另一方面，监督机关的政党属性通常占据主导地位——这是由党组织的民主集中制原则所决定的，国家属性却容易被遮蔽。组织严密、集中决策和有力执行是党以往取得成功的关键所在，因此高度统一的政治意识作为价值内核亦被贯彻于党纪监督领域。比如，监督执纪的工作原则要求，首先要树立政治意识、大局意识，加强党的领导。在这种基础性的制度设计安排下，纪检监察办案并不以发现事实为唯一目标，政治性因素亦是其重要考量。以全面从严治党为抓手，以加强党的全面领导为指向的政治建设，是关乎巩固党的执政地位与国家稳定的重要举措，由此监督体系的政党属性不断强化。然而，在强政党属性的驱使下，纪检监察机关以政治建设为目标，国家属性弱化，容易忽视法治，扭曲监

[①] 程衍：《纪、监程序分离之提倡》，《华东政法大学学报》2021年第3期。

督权力，破坏监督程序的正常启动和运行。为了克服广义政府监督机关的协调张力，需要充分激活监督主体所具有的双重属性，保证党内监督和国家监督相互协调、彼此促进，形成集中统一和权威高效的统合型监督结构。

二 双重领导体制下广义政府监督机关的结构悖论

在双重领导体制下，纪检监察机关处于两种权力结构中。它既和同级党委、同级地方政府共同形成决策、执行、监督的横向权力结构；又和上级党委、上级纪检监察机关共同形成决策、执行、监督的纵向权力结构。此种权力结构下，本级纪检监察机关是上级党委决策权在下级权力体系的延伸，保障上级决策执行；它又整合在同级党委和政府的决策权、执行权中，纵向分权与横向分权的不同步导致本级监督权与其他权力主体之间的均衡较难实现。因此，对于地方纪检监察机关来说，同时受到地方同级党委和上级纪检监察机关的双重领导，不可避免地会带来"结构悖论"，即本应条块配合完成的监督活动，纵向上强化监督的措施，可能在现实运作中会因横向"块块"干预而打折扣。这使地方纪检监察机关在打击腐败的过程中经常受到"条块冲突"的困扰。

诚然，广义政府监督机关的双重领导体制突出同级党委、上级纪检监察机关的双线、双轨领导，在制度设计上有其合理性。但科学的制度设计并不一定会带来科学的制度效果，实际运行往往会偏离预期的制度效力。广义政府监督机关双重领导体制在现实运作中容易演变成"条块分割、以块为主"的体制样态。虽然纪检监察机关同时接受来自横向"块"上的同级党委领导、来自纵向"条"上的上级纪检监察机关领导，但鉴于同级党委事实上把控着纪检监察机关的经费、物资装备及干部的职务任免、福利待遇、离退休安置等实际权力，使纪检监察机关具有很强的附属性。纪检监察机关在同级党委领导下开展工作，就必然要服从同级党委的工作部署，很容易导致同级党委的领导过于强势、上级纪检监察机关的领导过于弱势的失衡问题，甚至有时候上级纪检监察机关的领导会沦为"大风刮不进去、大水灌不进去"的"靠边站"状态。因此，在不少大案要案的查处过程中，纪检监察机关很大程度上以同级党委的意志为意志、以同级党委的口径为口径，办案的独立性大打折扣。

党的十八大后，经济发展进入新常态，政治腐败问题已成为威胁到党的执政和国家治理的稳定性问题，腐败治理与政治秩序稳定的政治目标越来越成为党和国家关注的重点。在反腐倡廉的政治逻辑成为主导逻辑的背景下，党更加注重自身组织机体建设与健康问题，对传统的"条块分割、以块为主"的纪检监察领导体制进行革新和完善，逐步实现纪检监察机关双重领导以上级纪检监察机关垂直领导为主；做实巡视巡察监督和派驻监督，让监督强硬起来；强化制度建设，以监督权运行的制度规范增强其制度约束力等，使监督权的专责性、独立性、权威性得到很大程度的强化。由此可见，尽管双重领导体制的"结构悖论"始终存在，但可以进一步完善广义政府监督体系横向层面和纵向层面嵌套式制约与协调的配置结构。通过强化纪委、监委专责监督，发挥纪检监察机关作为监督专责机关的保障作用，从具体化、程序化、制度化等方面对纪检监察工作的双重领导体制加以优化。加强上级纪委、监委对下级纪委、监委的领导，保证监督权的相对独立性和权威性。比如，创新"三个不固定"①"一次一授权"的巡视巡察制度等。特别是在查办腐败案件和各级纪委书记（纪检组组长）的提名考察办法中，要更多地侧重纪检监察系统的上级垂直领导，在各级监委主任的任命上也要切实体现各级

---

① "三个不固定"即巡视组组长不固定，巡视的地区和单位不固定，巡视组与巡视对象的关系不固定。

人民代表大会的意愿。

三　广义政府监督机关双重属性的调和适配

理论上，广义政府监督机关的政党属性和国家属性，可以在监督对象范围、工具选择及程序适用等方面优势互补，形成相辅相成的公权力监督体系，推动实现监督全覆盖的改革目标。但监督机关的两种属性平衡互济是一种理想状态，政党属性与国家属性常常处于失衡状态，而双重属性平衡互济一般依靠条块关系调节监督权强弱来实现。因此，监督机关要发挥应有作用，必须利用党政机关的条块系统调和好双重属性之间的矛盾。

第一，充分认识监督机关价值取向的差异。就政党属性而言，党更希望建立刚性、有力的监督体系以巩固执政地位、维护政权稳定；就国家属性而言，地方广义政府希望有更多灵活运用权力的空间。所以，监督体制客观上以党内纪检监督为主，以党的自我革命自上而下推进监督活动，监督机关的政党属性占据主导地位，国家属性的监察职能相对较弱。尽管纪检监察机关统一行使党的纪律检查权和国家监察权，但在实践履职中形成了明显的单向倾斜样态，即"当下纪检监察机关的监督主要依照党内监督的模式、规则与程序进行，而监察监督实则处于缺位状态"[1]。此外，国家监察权力作为新生性职权，与监督职能实现机制相关的法律有所不足，其体系构建仍处于探索阶段，没有任何成熟的经验与模式可借鉴。[2] 因此，监督机关在行动动力方面，需要政党属性不断赋予压力，增强其责任感和使命感；而在具体纪检监察过程中，则需追求

---

[1]　魏昌东：《监督职能是国家监察委员会的第一职能：理论逻辑与实现路径——兼论中国特色监察监督系统的规范性创建》，《法学论坛》2019年第1期。

[2]　程衍：《纪、监程序分离之提倡》，《华东政法大学学报》2021年第3期。

政党属性与国家属性的协同，既要体现出党的监督力度，又要尊重国家机构权力运行的合法性与合理性。

第二，要发挥纵向监督的调节作用。就国家结构而言，中国选择单一制，条块矛盾问题必然相伴而生，这是无法避免的。但反过来思考，条块结构其实也为解决国家权力控制难题提供了一种调节机制。如果权力过度下放给地方，地方政府当然会获得发展自主权，但也容易脱离中央控制。对中国这样的大国而言，一个弱小的中央很难带领国家实现现代化。反之，如果中央过度使用监督权，则容易使监督僵化，打击地方积极性，致使地方不敢作为，陷入另一种极端状态。此时，需要以条块关系为抓手，通过调节纪检监察纵向领导体制、强化上级巡视巡察机制等，做好纵向监督工作，同时也要给地方政府一定弹性空间，避免使监督工作遮蔽地方政府常规工作，确保监督机关真正发挥应有作用。

第三，监督机关的运行应当走向常规化、制度化和法治化。当下无论党的自我革命也好，国家监察体制改革也好，仍处于探索、完善的阶段，监督机关最终要形成稳定有效的工作机制。形成稳定有效的监督机制的重要标志是监督工作常规化、制度化和法治化。目前监督活动是在党的领导和大力推动下进行的，主要依靠监督机关的政党属性，而实质上控权应当成为持久性、稳定性和制度化的国家活动。从根源思考，应当利用法律思维和法律技术将权力关进制度的"笼子"里，调整好权力结构，缓和央地矛盾，建设良性党政关系，避免权力过于集中。另外，各级党组织要做好表率，切实领导立法、保证执法、支持司法、带头守法，不断推进体制机制改革，以常规化、制度化和法治化的监督机制，真正使公共权力运行走上科学化和规范化的轨道。

第八章

广义政府监督体系的运行机制与制度完善

在任何国家,控权理论的产生、发展和成熟及其所指导的制约监督实践活动,都与特定历史时期的政治、经济、社会和文化环境相伴,并深受其影响。国家公权力体系要实现既定功能,也必须依据客观现实对自身行动作出规划与调整。因此,一个国家形成何种控权体系,实际上是理性选择和动态调整的结果。在上一章中,我们聚焦广义政府纪检监察机关的基本特性与角色定位,着重探讨其双重属性、双重角色及纵向控权机制。本章我们将从宏观角度,检视广义政府监督体系的逻辑遵循与运行机制、基本模式及其适应性,并在此基础上探讨中国监督体系的优化与完善。

第一节 广义政府监督体系的逻辑遵循与运行机制

一 广义政府监督体系的逻辑遵循

广义政府监督体系由不同的监督机构组成,不同的监督机构拥有不同的监督形式，各种监督形式间相互联系、共同发展，是一个有机统一的整体。因此，健全监督体系必然也是一项范围广泛的系统性工程。广义政府监督体系内嵌于党治国理政的政治逻辑、目标逻辑和改革逻辑中。其中，党建统领国家监察体系建设的政治逻辑是高位推动广义政府监督体系形成的组织基础，廉能价值均衡配置的目标逻辑是广义政府监督体系与时俱进的靶向航标，多元监督力量功能耦合的改革逻辑是广义政府监督体系成熟定型的行动方案。

（一）党建统领国家监察体系建设的政治逻辑

在国家治理中，公权力的配置与国家治理的环境之间存在适应性问题，不同的环境会形塑相异的国家治理体制。在当代中国的国家公权力体系中，党具有非常强的能动性，以党建统领国家治理体系建设的政治逻辑一直贯穿于我国革命、建设和改革的各个历史阶段，是治理实践中政治与法律、政治与行政等一系列关系的逻辑起点。作为重要的国家治理组成部分，监督体系同样被置于党的领导这样的大框架下。换言之，在党建统领的大背景下，当代中国广义政府监督体系的核心领导主体是中国共产党。中国特色的监督体系的构成、运行均体现了党的领导地位，如强调党内监督的主导地位、党委在监督工作当中的主体地位等。

党的执政地位，决定了党的自我革命在党和国家各种监督形式中是最基本的、第一位的，同时也构成了广义政府监督体系最突出的特征，更是中国特色的监督体系的独特之处所在。一方面，党通过对公权力体系的政治引领、组织嵌入和思想宣教，将自身意志要求和工作方法融入监督体系中，确保党能够统一领导监督体系运行。另一方面，党又通过自我革命与人民监督两种方式实现对党组织、党员干部和其他国家机关的监督。总体上，党政机关内部的自我革命，都是在上级或同级党委领导下进行的。

党对监督体系的领导是全面、整体的，也是具体、细致的。党的领导既体现在对人大、政府、政协、监察机关、审判机关、检察机关、企事业单位、社会组织等党委（党组）监督、职能监督的领导之中；又体现在监督机构设置、体制机制改革、纪检监察机关履行职责等具体行为的指导之中，贯穿于监督体系的各领域、各方面、各环节。最为典型的是，从中国共产党成立到新中国成立，国家公权力监督机构基本脱胎于中国共产党的纪检系统。纪检监察系统呈现出党的专门性纪检机构和国家监察机构高度整合、分工合作的特征。由各级党委纪检部门引领各级监察委员会形成的国家监察体系，以其高度的契合性，构成了横向到边、纵向到底的纪检监察网络。

（二）廉能价值均衡配置的目标逻辑

从当代中国政治实践来看，中国特色的监督体系的功能形态和目标导向主要包含两大维度：坚持党的领导和实现反腐功能。首先是坚持党的领导，确保党的决策部署能够有效执行。要以监督体系建设推动各级党组织和全体党员增强政治意识，做到上令下行、思想统一、行动统一。无论监督体系如何构建、如何推进，都必须确保坚持和巩固、加强和改进党的领导。其次是实现反腐功能。党风廉政建设和反腐败是国家治理体系建设的重要内容，是新时代中国特色社会主义监督体系建设的直接原因。从这个意义来说，广义政府监督体系不是自成一体、完全独立的，而是从属于国家治理现代化建设，它的功能发挥致力于维护国家治理体系的肌体健康，并服务于国家治理目标。[①] 一方面，通过强化公权力的监督约束，进行持续的反腐败斗争，公权力的足迹到哪里，监督也就跟进到哪里，避免过度腐败造成的经济社会发展无效和不公正，甚至执政合法性危机；另一方面，通过全面从严治党推动党委主体责任与纪委监督责任贯通协同，保障党政机关执行到位、纪委监委监督有力，提升公权力运作的制度化、规范化和效能化水平，从而将广义政府监督体系优势转化为各个层级的治理效能。因此，从目标逻辑来看，广义政府监督

[①] 张桂林：《党和国家监督体系原理探析》，《政治学研究》2020年第4期。

体系既要倡"廉",又要有"能"。它并不是消极地执纪执法,而是根据党治国理政的现实需要,积极地开展主动监督或有效钳制,保障权力运行效率和防止权力滥用专断双重目标的均衡实现。其廉能均衡目标体现为监督体系在三个层次上受长远的宏观目标牵引、受当下建设的中观目标约束、受微观绩效考核目标驱使。

首先,权力结构安排受长远的宏观目标牵引。当下中国长远的宏观目标是实现现代化,发展路径是推进国家治理体系和治理能力现代化。基于积极权力观,监督体系内生于国家治理事务的功能性分工,与决策体系、执行体系共同构成了中国特色的国家治理体系。在国家权力结构的宏观安排中,监督权与决策权、执行权形成了功能性分权的结构性关系。上级机关对下级机关的监督不是"为了监督而监督",而是把监督工作统筹到完善治理体系和提升治理能力的总体目的上,让治理体系更加健康、治理活动更加有效。监督体系在明确权力边界、避免权力的破坏性、完成控权使命的同时,还应注重让公权力发挥创造性,保证效能,使其助推国家宏观目标实现。

其次,权力运行过程受当下建设的中观目标约束。长远目标可以被分割为一个一个的中期目标,这些目标或是经济建设,或是政治建设。这要求监督权为当下建设的中观目标服务。缺乏权力制约监督会导致权力滥用与腐败,而过度的权力制约监督又会影响公权力运行的效率。但廉洁和高效并不是非此即彼的两个极端,"廉政"与"能政"是反腐败压倒态势和实现高质量发展两大背景对干部履职要求的一体两面。[①] 现阶段中国权力运行的中观目标均衡很大程度上体现为经济发展激励和政治监督约束并重,需要根据当下国家发展的目标,相机抉择监督策略。在平衡中观目标的权力运行过程中,实行"边发展、边治理"的策略,

---

① 郭剑鸣:《廉能激励相容:完善干部考评机制的理论向度与实施进路》,《社会科学战线》2018 年第 11 期。

来消除腐败存量、遏制腐败增量，促进政治廉洁和经济绩效的均衡。

最后，权力行使主体受微观绩效考核目标驱使。保障权力运行效率和防止权力滥用专断，还体现在人事制度管理中党员干部的廉洁与绩能考核机制上。"选贤任能""又红又专"等考核要求是我国干部任用原则的集中表达，监督体系中的干部亦不例外。就此而言，广义政府监督体系借助考核目标既要剔除"廉而失能""为而不廉"的官员，更要筛选出政治忠诚、作风优良、廉洁奉公和业务过硬的骨干。

（三）多元监督力量功能耦合的改革逻辑

多元监督力量的功能耦合是党和国家监督体系有效运转的关键。然而，以往各种监督主体单打独斗、各自为战，导致监督力量较为分散，缺乏贯通性和衔接性。监督体系协同化程度也比较低，监督主体独立性不足，监督职能"错位""缺位""越位"的情况时有发生。在国家监察体制改革前，尽管中央也曾尝试通过出台文件、联合发文等方式强化纪检部门和监察部门间的协助与配合，但并未完全解决结构性矛盾问题。

随着时代进步与社会发展，党中央深刻认识到构建集中统一、权威高效的中国特色国家监察体制的重要性，开始从党和国家机构改革的高度，全面强化党引领国家治理体系建设，推进纪检监察体制改革。通过创新纪检监察制度，不断调整不同监督主体之间的责、权、利配置格局，改善整个纪检监察体制的效能水平，由此形成多元监督力量功能耦合的改革逻辑。受监察力量整合、建立统一高效的监察体系等制度设计理念引领，新一轮监督体系改革将散布于我国公权力体系中的多元监督力量汇聚起来，实现了监督制度由"配置性效率"向"适应性效率"的转变。[①]

在全面从严治党和高压反腐态势下，监督体系改革延续了改革开放

---

① 黄毅、文军：《从"配置性效率"迈向"适应性效率"——国家监察体制改革的制度化逻辑与理性构造》，《湖湘论坛》2019年第6期。

以来"顶层设计+摸着石头过河"的渐进式改革思路，自上而下设立省、市、县三级监察委员会，整合反腐败资源力量，完成相关机构、职能、人员转隶。一方面，改革整合国务院监察部、国家预防腐败局以及最高人民检察院的查处贪污贿赂、失职渎职以及预防职务犯罪等反腐败相关职责，将这些涉及党、政、法等的重叠交叉的监督职能统一到国家监察体系的顶层设计中，建立监察委员会，使之与各级纪委合署办公、统揽反腐败的全局工作，促使监察权成为国家权力的重要组成部分。另一方面，在厘清各类监督力量的职能定位后，构建各类监督力量之间的耦合机制，推动人大监督、民主监督、行政监督、司法监督、审计监督、财会监督、统计监督、群众监督、舆论监督九类监督全面融入党和国家监督体系。

从整体上看，当前中国自上而下的监督体系顶层设计突破了传统纪检监察体制的桎梏，沿着党建统领国家监察体系建设的政治逻辑、廉能价值均衡配置的目标逻辑和多元监督力量功能耦合的改革逻辑不断推进。在提升治国理政效能的动态过程中，这三种逻辑交叉融合、相互作用，推动广义政府监督体系逐步由前期的夯基垒台、立柱架梁，中期的全面推进、积厚成势，向系统集成、协同高效的高质量发展阶段转变。

二 广义政府监督体系的运行机制

制度的生命力在于执行。作为一种制度化的顶层设计，广义政府监督体系也要理性考虑监督权高效行使的问题。如果缺乏科学有效的运行机制，高效控权的初衷就难以落实。其中，党内监督与国家监督的协调衔接机制、廉能激励相容的权力配置机制和多元监督力量的系统集成机制，共同构成了当代中国监督体系有效运行的关键机制。

（一）党内监督与国家监督的协调衔接机制

党和国家监督体系内生于党组织和其他国家机构的整体性关系。公权力制约监督具有内部依规治党和外部依法治国两个面向。这意味着要统筹考虑党内监督系统和国家监督系统之间统合分工的关系。党的纪律与国家法律的协同，是实现法纪衔接、保证纪检监察人员高效履职的关键。

一方面，党纪与国法相互补充，相辅相成。党纪是约束全体党员忠于党的信仰和宗旨的纪律规范体系，国法是公民行为的基准线，是约束公民服从于国家意志并确保社会稳定的法律规则体系。党纪与国法的衔接有助于二者优势互补，将所有公职人员纳入监察范围，形成反腐合力。

另一方面，党内监督体系与国家监察体系相互配合、相得益彰。党内监督以纪律检查形式，在国家监督发挥作用之前开展调查。国家监督则是对党内监督的有力补充。不同于"管党"与"治党"，国家监督主要是从法律层面、以法定程序对党内监督无法覆盖或者不适用党纪约束的公职人员进行监督。随着国家监察体制改革向纵深推进，国家监察委员会作为行使监察权的专责机关，弥补了党内自我监督的盲点和缺陷，并且根据法律规定赋予监督对象的救济权利，大大推进了监察工作的法治化程度。

（二）廉能激励相容的权力配置机制

建设和完善中国特色的监督体系，必须全面从严治党，不断提高党的执政能力和领导水平。控权也要兼顾效能，即兼顾中国共产党治国之"能"。建立廉能激励相容的权力配置机制的初衷，在于最大限度地避免权力作恶和发挥权力向善的作用，实现"廉而有为"。不断调适廉洁与效能的合力与张力，保障权力运行效率和防止权力滥用专断的均衡实现，已经成为广义政府监督体系的实践活力所在。

一方面，在"抓住经济发展的主动权+高压反腐"相机抉择的目标平衡过程中，国家要实现促进经济发展和强化政治监督并重。既要摆脱过于重视经济增长而忽视腐败问题的"唯 GDP 主义"，也要避免因过度监督限制权力效能而影响经济绩效。另一方面，要发挥强监督力量，促进决策落实，提高执行效能，即要使监督制度与治理效能形成相互促进、共赢共生的关系。在实践中，各个地方通过推进纪检监察制度创新，推动实现以高质量监督保障高效能治理。

廉能激励相容的权力配置机制还体现在对干部的严格管理、适度容错与科学纠错等工作中。问责是权力监督的重要方式，也是现代国家治理的重要标志和必要条件；容错则是弥补问责自身弊端的新机制，是全面深化改革进程中党和国家监督体系的新发展。[①] 问责与容错两者之间也会产生张力，问责可及时止损却易使执行陷入僵化，容错能激发干劲却易引发问题。因此，监督体系一方面将问责作为监督利器，同时也积极建立和完善党员干部改革创新的容错、纠错机制。比如，浙江、广东等创新活力较强的地区在政策文本和实践应用上，逐步从适用范围、政策界限、调查核实、科学认定、处置机制、效应发挥等层面清晰界定问责与容错之间的边界，将杜绝"庸懒散"和容忍"不可避免之错"作为建设激励相容的权力配置机制的两个维度，[②] 以达到鼓励大胆探索者、宽容改革失误者、鞭策改革滞后者的效果。

（三）多元监督力量的系统集成机制

系统集成是广义政府监督体系筹整合多元监督力量的核心策略。它意味着党和国家监督机制改革并非简单的单兵突进，也不是单纯的机构变革，而是更加注重监督过程中横向和纵向、原则性与灵活性、技术应用与制度创新等多面向的协调推进。

首先是横向监督与纵向监督组织结构的系统集成。监督工作牵涉面

[①] 刘畅：《国家治理中问责与容错的内在张力与合理均衡》，《政治学研究》2021年第2期。

[②] 陈朋：《容错机制何以发挥激励效能？——基于多政策文本及其实践应用的实证分析》，《中共中央党校（国家行政学院）学报》2021年第2期。

广，涉及多个部门。相关协调工作事项多、任务重。监督体系需要通过纵向联动和横向协同，不断增强多元监督力量整合的系统性、协调性。现实中，各地方广义政府也致力于打造纵向指挥有力、横向协作紧密、整体联动高效的片区协作监督模式。在治理单元内部划分若干片区，以县级纪委、监委为主导，采取联合协同作战的方式解决实际监督中的碎片化难题。借助横向监督与纵向监督相结合的系统集成，上级纪委、监委与下级纪委、监委的日常联系更加密切。上级纪委、监委指定管辖，片区成员乡镇（街道）主动申请提级管辖，以及巡察监督直达村社等工作机制，推动监督重心向下沉、审查调查往上提，使监督力量由原来的"单独作战"变为"联合会战"，明显提升了重点问题线索的处置成效。

其次是监督改革原则性与灵活性兼顾的系统集成。改革伊始，党中央就以极大的勇气和魄力引领监督体系改革。顶层设计基于法理权威最大限度统一共识，用系统化思维谋划和推进纪检监察改革。探索试点后，适时启动相关法律的"立改废"工作，通过法律的制定与修改实现改革经验的固化、确认与推广，为监督力量的整合与监察权力的再配置创设相应的原则性基础。[①] 此外，监督改革也注重发挥监督方式的灵活性，创新自上而下的专责监督模式，将全面从严治党落到实处，避免出现监督虚化空转、传导不力的问题，通过巡视巡察、派驻监督等方式，将监督力量"下沉一级"，对下级党组织进行机动式监督。同时，鼓励自下而上的群众监督探索，设立村社监察联络站，构建基层监督共同体，把监督工作有效延伸到社会的每一根毛细血管，让群众有条件、有渠道、有能力参与监督的全过程。

最后是监督体系的技术应用与制度创新的系统集成。就权力监督而言，只有当制度与技术形成良性互动、互为补充，权力监督的有效性才

---

① 秦前红：《监察体制改革的逻辑与方法》，《环球法律评论》2017 年第 2 期。

会提高。因此，需要将数字技术运用于监督体系之中，特别是在各地区广泛建立数字化监督平台。监督机关与其他国家机关通过信息共享、联动办案、成果运用机制等推动各类监督有机贯通、相互协调，可以精准发现权力腐败的突出问题，找准权力滥用的风险点。此外，创新传统部门的工作规章制度，出台完善相关配套文件，细化受理、应用、反馈等环节和程序，逐步消除数字赋能监督的体制机制障碍，增强数字赋能与制度创新整合监督力量的协调效用。

第二节 广义政府监督体系的基本模式及其适应性

推进国家现代化建设必须对权力进行有效约束与控制。当然，采用何种方式、以何种力度控权在不同的国家会有所差异。就当代中国而言，认识控权模式并阐述其适应性对于理解国家治理逻辑、推动国家治理体系和治理能力现代化具有重要意义，也有助于在实践的基础上构建起权力约束的一般性理论，推进权力制约监督领域的学术对话。基于此，本节试图从制约与监督这一权力约束与控制的一般性逻辑出发，概括并详细描绘当代中国的基本控权模式，并力图从经济形态和政治结构的双重维度阐释其适应性，以期推动权力约束与控制的一般性理论的发展。

一 "强监督—弱制约"：广义政府的基本控权模式

前文已讨论了制约和监督两种不同控权方式的异同。制约监督机制的混合使用是现代国家构建控权模式的普遍选择，同时不同国家也会有侧重地选择以制约模式为主还是以监督模式为主。中国传统上一直沿袭"强监督—弱制约"的控权模式，重视上级对下级、中央对地方的权力监督而忽视横向及上下级权力主体之间的权力制约。① 从横向上看，决策权权能最大。拥有实际决策权的党委和各级政府"一把手"集中掌握关键权力，监督权是决策权的延伸，监督活动体现了决策者对执行活动的控制——要保证执行活动推进而不偏移。从纵向上看，决策权集中于中央广义政府、上级广义政府。它们要对下级广义政府的执行活动进行监控。由此可见，我国的控权逻辑主要是保证决策能够得到更好的贯彻执行。这就决定了中国的控权更多是针对执行权，选择监督机制更符合发展实际和客观情况。广义政府"强监督—弱制约"的基本控权模式也因此形成。其具体表现为以下两个方面。

其一，从类别层面上看，中国各项控权机制，大多采用单向监督的方式，很少采用双向制约的形式。在公权力体系内部，有大量的监督机制，如党内监督、纪检监察机关专责监督、人大监督、司法监督，以及行政机关审计监督、统计监督等；在公权力体系外部，也有群众监督、舆论监督等。这些监督机制都是以事权完整为基础的，并没有破坏管理活动的完整性和持续性。比如，纪检监察机关不介入监督对象的决策与执行活动，只是以第三方的身份审查其决策、执行的行为及结果是否违纪违法。其他监督方式也是如此，大多是在权力主体行为终止后或危害结果发生后才发挥作用。当我们用西方政府行政过程与之对比，这种特点就更明显了。针对西方政府执行活动，虽然在事后没有专责监督机构检查，但政府任何执行活动需经议会审议方能进行，且司法机关就执行活动可适时启动合法性审查，如果违宪违法，行政行为也会中断。而中国政府行政过程一旦开始，立法、司法机关一般不会打断。

其二，从控权力度及影响层面来看，当代中国监督机制总体上发挥

---

① 陈国权、周鲁耀：《制约与监督：两种不同的权力逻辑》，《浙江大学学报》（人文社会科学版）2013年第6期。

作用的力度及影响范围更大。在监督活动力度方面，党的十八大以来，中国从中央到地方的反腐败力度大大加强，利用巡视巡察、派驻监督等方式查处了大量腐败分子，对滥用公权力的公职人员形成极大的震慑，起到较好的权力约束效果。这些腐败分子的落马大多是监督机制而非制约机制发挥作用的结果，足见监督的力度之大。从监督规模来看，监督机构本身的体量逐年扩大。中国纪检监察干部的数量在整个公务员群体中占比较大，每产生一项管理活动，就需要设立相应的监督队伍。这就导致各地区纪检监察机关公务员编制数量占据了总编制数量较大的份额。近年来，监督系统扩张迅速，足见监督机构的规模之大、监督力量之强。

  由此可见，"强监督—弱制约"的控权模式对中国公权力体系影响深远。然而，此类控权模式也不总是只发挥积极作用。监督主体并未参与完整的管理活动，属于信息缺失的一方，而监督活动往往要采取随机抽查、明察暗访、专项整治等方式开展，带有一定的主观性。这样一来，监督者的主观意志在其中会发挥重要作用，而主观性会引发监督可规避性，使有腐败倾向或已涉足腐败的被监督者试图俘获监督者，从而使其为自己提供"保护伞"。[1] 此外，实践中监督力量过大很有可能会异化出过度监督的情况，影响其他公权力的正常运转，造成监督权与执行权之间的矛盾等。

  但是，这一控权模式之所以长期存在，直至如今也未从根本上改变，很大程度上是由于这种模式在当代中国有很强的适应性。当然，这种适应性逻辑是极为复杂的，与历史传统、文化内涵甚至一些偶发因素等都不无联系。我们重点从经济形态与政治结构两个维度来讨论这一问题。需要指出的是，下文所述的适应性是指体制与环境的相互适应性，即体制与环境的动态平衡及其适应性是社会向前发展的内在动力，绝非错误

---

[1] 陈国权、毛益民：《腐败裂变式扩散：一种社会交换分析》，《浙江大学学报》（人文社会科学版）2013 年第 2 期。

地持体制决定环境论或环境决定体制论。

二 基本控权模式对经济形态的适应性

自20世纪50年代完成社会主义改造后，中国基本确立了以生产资料公有制为主体。遗憾的是，计划经济时代，受以阶级斗争为纲的影响，国家掌握的社会生产资料没有得到较为充分的利用，未能产出较高的利用效率。80年代，随着改革开放的推进，执政纲领逐步转变为以经济建设为中心，社会主义市场经济体制也在实践中被逐步确立了起来，形成了以公有制为主体、多种所有制经济共同发展的经济制度。其中，公有制经济包括国有经济、集体经济以及混合所有制经济中的国有成分和集体成分。尽管公权力对市场的直接介入有所减少，但公有资产在社会总资产中长期占主导地位，以公有制为主体的资产配置形态是社会主义制度的重要基础。

因负有经营公有资产责任，中国各地方政府普遍秉持积极用权的态度，采用公权力主导的对土地等生产资料进行广泛经营的模式，从"经营企业"到"经营城市"，再到土地—金融—财政"三位一体"的经营格局，产生了很高的经济绩效。地方政府俨然已经成为区域市场体系的培育者和引导者，[1] 具有大力发展高税行业的积极性，[2] 它们发挥着维护市场与社会秩序的作用，还是推动经济发展的直接参与者，强调权力运行的效率导向。为了有效实现经济增长的治理目标和任务，顶层设计需减少对政府执行不必要的限制，尽可能保持权力完整。

公权力资产经营的一个重要环节是公共产品的生产，对政府而言即

---

[1] 何显明：《市场化进程中的地方政府角色及其行为逻辑——基于地方政府自主性的视角》，《浙江大学学报》（人文社会科学报）2007年第6期。

[2] 方洪生、张军：《攫取之手、援助之手与中国税收超GDP增长》，《经济研究》2013年第3期。

提供公共服务和从事生产经营活动。为了保证高效提供公共服务、确保生产经营活动长期盈利，必须增强广义政府的组织协调与动员能力、克服信息碎片化、提高决策的及时性，树立有力、高效的决策主体形象。在生产管理方面，高效生产依赖科学管理，科学管理的方法总是掌握在专业技术人员手中，这就导致生产决策总是集中的。[①] 政府既然担负公共产品生产责任，其决策活动必然要集中，这具有现实合理性。再从外部环境方面来看，新中国成立以来国际社会时常处于动荡状态，权力的集中配置有助于及时应对变幻莫测的外部政治与经济环境。

总之，当代中国以生产资料公有制为主体的所有制形式赋予了公权力实施经营行为的责任，同时也要对公共产品生产负责，而经营行为必然是追求效率的。效率导向的权力逻辑表现为权力的集中配置，以信息的完整性、决策的灵活性与及时性保障权力的高效运行。这种要求与制约控权的内涵存在着较大的张力，因为制约本身意指事权的分离与不完整，集权与制约在总体上是互斥的。与之不同，监督控权则与权力的集中行使有较高的契合度，监督不会阻碍权力的常规行使。因此，在实践中逐步形成了以监督为主的控权模式，以此保障经济增长和社会进步不受权力对抗的干扰。

三　基本控权模式对政治结构的适应性

总体来看，中国广义政府的政治结构呈现出整体下的分工、分工后的整合之特点，本质上也是为了最大限度地发挥权力的积极效用。从整体上看，中国政治体系是高度统合性的，统一于中国共产党的领导之下；在具体的管理活动中，又有决策、执行和监督三事分工；当中心工作确

[①] 陈国权、于洋：《公共品的生产和分配：两种不同的行政逻辑——兼论民主行政的适用性》，《浙江大学学报》（人文社会科学版）2014年第4期。

定时，决策、执行和监督三权又会被整合起来，合力完成当前国家的主要任务。因此，在这种有为政府的建设过程中，一直遵循"整（党和国家的整体化建设）——分（政治分工与分权）——合（分工分权后的协调）"的政治建设逻辑。① 在这种政治结构下，整合的力量是强大的，分工制约相对薄弱，当高层决策者决心控权时，比起创设机构间的制约机制，选择自上而下推动监督更具效率和效果。这是我们从中国政治结构角度认识监督模式的起点。

在我们所说的功能性分权结构中，决策权、执行权和监督权三权之间的关系也并非总是保持均衡状态。决策权往往居于核心地位、发挥轴心作用，执行权主要落实既定决策，监督权则主要约束决策与执行过程、保证结果的正当性、防止权力滥用。每当关键决策需要落实时，决策权的权能会大大增强，此时执行权与监督权便会依附于决策权，功能性分权发生形变。在这种不平衡的权力结构下，监督权已不再是制约式权力结构中的一环，而是成为决策权控制执行权的工具，演变为一种非对称权力结构下的监督机制。

从某种程度上讲，对称的权力结构意味着权力主体之间的地位平等且相互制衡，更适合制约机制；而非常态化权力之间的依附关系难以完全发挥制约作用，选择自发性监督的转换成本更低。事实上，非对称性的控权模式已在多个国家建立，因为完全意义上的对称性权力结构已无法适应当前社会结构日益分化、公共事务成倍增长、新生事物层出不穷的错综复杂的社会环境。② 即便在实行"三权分立"的西方国家，行政权扩张、司法权萎缩也逐渐成为一种趋势，"行政国家"绝非危言耸听。立法权、行政权、司法权之间的非对称关系也对西方民主控权模式造成

---

① 陈国权：《经济基础、政府形态及其功能性分权理论》，《学术月刊》2020 年第 11 期。
② 虞崇胜、郭小安：《非对称性制衡：权力制衡模式发展的新趋势和新特点》，《理论探讨》2008 年第 4 期。

了巨大挑战。因为制约模式要求权力与权力之间关系对等，形成权力相互之间的约束，非对称的权力结构与制约模式的基本要求无法契合。因此，对中国来说，以监督为主的控权模式对非对称性权力结构具有较强的适应性。

第三节 广义政府监督体系的优化与完善

从适应性角度来看，中国"强监督—弱制约"的监督模式，与公有制经济体制的效率要求相适应，与党政统合的权力体系相适应，与非对称性的权力结构相适应，是在约束条件下符合制度逻辑的理性抉择。但是，这并不意味着当下的监督模式就是最佳选择，也不意味着中国实现对广义政府控权必须长期依靠强力监督。任何现代国家权力结构必然要从非均衡走向均衡、从高度集中转向合理分权，控权模式也会随之变化，唯有建立科学合理、稳定常规的控权模式才能保持公权力体系发挥应有的效能。随着全面建设社会主义现代化国家新征程的开启，中国广义政府监督体系也进入新的发展阶段，面临新的形势、任务和目标、挑战。为了将中国特色社会主义权力监督的制度优势进一步转换为国家治理效能，仍需要在均衡化、整体化和法治化层面完善和健全中国特色的监督体系。

一 优化结构贯通和专责分工相协调的统合型监督体系

中国式现代化是党领导下的现代化，党的集中统一领导是建立和完善广义政府监督体系的根本保障。党对广义政府监督体系的全方位、全过程领导，是当前有效提升监督效能和解决监督痼疾的关键所在。但是，监督机构内部的组织专责分工却是保持监督活力和效率的关键所在。因此，在将党的全面领导贯彻到监督各个环节的同时，还需要在监督机制设计中进一步处理好党的集中统一领导与监督机关独立行使监督职能的关系。这就需要监督体系遵循优化、协同、高效的原则，科学配置多元的监督资源。以党内监督为主导，同步推动人大监督、民主监督、行政监督、司法监督、审计监督、财会监督、统计监督、群众监督、舆论监督有机贯通、相互协调。具体而言，在压紧、压实党委领导责任的前提下，加强反腐败协调领导小组建设，充分发挥党委领导下协调小组的重要作用。同时，强化纪委监委专责监督，发挥纪检监察机关作为监督专责机关的保障作用，优化纪检监察工作的双重领导体制，加强上级纪委监委对下级纪委监委的领导，保证监督权的相对独立性和权威性。此外，立法机关要详细制定保障人大监督、民主监督、行政监督、司法监督、审计监督、财会监督、统计监督、群众监督、舆论监督的具体机制和工作规范，将"自上而下"的组织监督和"自下而上"的社会监督连接起来，从而不断增强各领域、各环节监督工作的关联性和互动性，建立系统集成、协同高效的广义政府监督体系。

二 营造权力法治化运行的政治生态

党的自我革命是当下监督体系高效运行的引领，要高度关注党的作用，关注"关键少数"和"绝大多数"，着力营造权力法治化运行的政治生态。"关键少数"主要是指掌握公共权力、履行公共责任的政治精英，特别是各级政府和各个部门的"一把手"。[①]"关键少数"通常掌握本地区和本单位的人事权、财政权和决策权等重要权力的配置权。如果他们腐败堕落、滥用权力，往往会在政治生态、经济发展和国家治理等

---

① 彭前生：《"关键少数"：意蕴、风险与治理》，《深圳大学学报》（人文社会科学版）2021年第3期。

方面造成难以估计的损失。"绝大多数"是指广义政府中行使公权力的工作人员，他们通常是公务员。"绝大多数"群体规模大、"一对一"监管则成本过高，必须对其进行合理宣教和引导。因此，广义政府监督体系必须抓住主要矛盾，处理好整体监督和局部监督的关系，既要保证监督对象全覆盖，管住"绝大多数"，又要抓住党员领导干部这个"关键少数"，使其发挥"头雁效应"，带动整个监督体系良性运行。具体来说，需要从理念、技术、机制等层面多措并举强化监督力度，防范公权力使用者偏离公共意志，创新推出"一把手"权力清单和负面清单，以及公开个人有关事项，约谈、问责等相关履职内容。[①] 比如，继续强化党政主要领导对人事、财务、物资采购、工程项目建设和行政审批等事项的"五不直管"制度，通过放权备案、督权强制、查权督责，对"关键少数"进行权力监督和强化问责追究。又如，继续发挥派驻监督和巡察监督的作用，通过专责监督机关的关口前移，对公权力运行的"关键点"、内部管理的"薄弱点"、问题易发的"风险点"等领域的"关键少数"集中精准监督。同时，还要以"关键少数"为支点，撬动"绝大多数"对标看齐。当"关键少数"奉公守法、不滥用权力，成为依法用权的典范，则更有利于净化政治生态，团结和感召"绝大多数"。

三 构建"制约—监督"均衡化的控权制度

科学合理的控权机制是权力发挥效能的基础。监督控权机制和制约控权机制各有优势与局限性。当下在权力主体间采用制约机制可能会降低事权运行效率，也可能导致滥用权力者把违规成本转嫁给组织，因此中国选择以监督为主的控权机制。同时，我们也要认识到尽管监督机制在保证发挥权力效能方面具有优势，但同样存在不足，如不同监督主体

---

① 陈国权、许天翔：《地方党委的双重代理与三重失衡》，《江海学刊》2018年第4期。

间的协调联动机制并未健全，"一把手"监督与同级监督难题尚未破解，"监督监督者"尚未形成制度化、法律化保障。这些问题的存在，进一步引发了监督成本上升、腐败预防成效不佳、监督权非规范化运行、监督目标廉能失衡等负面效应。因此，广义政府监督体系的完善，关键还在于就腐败与反腐败的客观变化适时调整制约与监督这两种不同控权机制的关系，构建"制约—监督"均衡型控权机制。① 例如，从决策权入手逐步实现控权制度的转型，在权力配置环节，可以将创议权与审议权赋予党委、人大等主体分别行使；在权力运行环节，通过决策流程设计使不同权力主体间相互牵制；同时，加强和完善问责机制，强化对决策失误与决策腐败现象的问责。

四 建立既相互制约又相互协调的功能性分权体制

尽管目前以监督机制为主要控权模式，但中国也应适当发挥制约机制的作用来弥补监督控权的不足。功能性分权理论为发挥制约控权作用提供了一种可行思路。任何现代管理活动都具备决策、执行、监督这三项基本功能，功能性分权旨在突破传统立法、行政、司法层面的主体属性，强调权力分立的功能属性。具体来说，在区分决策权、执行权、监督权的权力类别和运行环节的前提下，党中央既通过政治权力的集中统一保障权力运行环境的稳定，以实现目标统一，又通过治理分权，确保决策科学、执行坚决、监督有力。同时，在广义政府内部建立起决策权、执行权、监督权的多重协调机制，避免权力分立的碎片化导致丧失效率，防止一权独大而阻碍治理效果。建立健全功能性分权体制还应更加注重治理权的分工，要合理调整监督权对决策权的依附关系，尽可能减少决

---

① 陈国权、孙韶阳：《高经济增长与高廉政风险：失衡发展的机理分析》，《经济社会体制比较》2019 年第 3 期。

策失误和执行错位，化解监督权因丧失客观性而导致的系统性廉政风险。此外，以制度化的方式进行决策、执行、监督的职能划分，做到权责一致，进一步探索决策权、执行权和监督权之间的制约机制，压缩权力滥用专断的空间，使之与广义政府监督体系的廉能政治目标相匹配。

唯物主义辩证法认为，任何事件的发生都是内因和外因共同作用的结果，外因是条件，内因是根本。从当代中国广义政府监督体系的构建来看，影响其发挥作用的因素也是多层次、多维度的，既包含微观权力行使主体的主观因素，也包括制度体制机制等客观因素，还包括生态环境等外部因素。要深刻认识到监督体系面临的约束条件，不断健全、优化其工作机制，使之与客观环境适配。在当代中国，有效的监督制度既要解决权力滥用的问题，又要防止因过度控权而造成的政府效能损失。面对复杂多变的腐败现象，尽管广义政府监督体系日趋完善，但权力监督制度设计和现实权力运行之间的脱节现象仍未得到根本改善。因此，中国仍需通过建章立制，优化"不敢腐、不能腐、不想腐"的体制机制，在充分发挥监督效能的基础上合理设计权力主体之间的制约结构，形成强有力的外在约束，减弱公权力滥用的破坏性和毁灭性，激发公权力善用的创造性与生产性，从而构筑起与国家治理体系和治理能力现代化目标相契合的广义政府监督体系。

附　录

广义政府与功能性分权理论的探索历程[*]

——陈国权教授访谈

编者按：陈国权教授系浙江大学公共管理学院、光华法学院双聘博士生导师，浙江大学中国地方政府创新研究中心主任，北京大学中国政治学研究中心研究员，浙江大学国家制度研究院特聘研究员。陈国权教授长期关注当代中国政府与政治的客观实践，思考本土化的权力法治与廉政治理路径，是四次承担国家社科基金重大项目的首席专家，先后提出了"功能性分权""广义政府"等原创性的学术概念和理论观点，长期以来致力于构建中国特色权力制约监督理论体系，其主要理论观点被称为"新三权论"，受到学界广泛关注。

受《中国治理评论》编辑部委托，浙江大学公共管理学院博士研究生董思琦对陈国权教授进行了学术专访。采访过程中，陈国权教授从学术史的角度与我们分享了广义政府与功能性分权理论的探索历程。本次专访主要围绕陈国权教授的个人学术经历、学术理论的推进过程，以及

---

[*] 本文原刊于《中国治理评论》2023年第2期。

功能性分权理论的运用与意义等方面展开。同时，陈国权教授在访谈中还简要谈及中国特色的话语体系创新与自主知识体系构建等话题。

董思琦：陈老师好，感谢您接受我们的采访。据我所知，您一直在浙江大学从事公共管理学科的教学和研究工作，您的理论研究与浙江大学公共管理学科的发展一直相伴相随。2023年是浙江大学行政管理专业办学三十周年，作为浙大行政管理专业学科的创始人，可否先同我们分享一下浙大行管的发展历程？

陈国权：谢谢《中国治理评论》编辑部的邀请。浙大行政管理专业的建立和发展是一个从无到有的过程。经过30多年的发展，浙江大学公共管理学科已跻入"A+"行列，可谓极其不易。我全过程参与和见证了它的发展，深感荣幸和欣慰。

我的本科阶段是在浙江大学精密机械工程专业学习的，1982年毕业后留校担任学生辅导员。出于对知识的渴望和工作的需要，我的学习和研究方向逐步转向社会科学领域，继续攻读了第二法学学士、法学硕士和法学博士学位，辗转于机械工程学院、哲学学院、经济学院和公共管理学院，但我的教学和科研始终围绕着公共管理学科，并一直工作和生活在浙江大学。

20世纪80年代适逢我国经济结构和社会环境发生巨大改变，社会学、法学、政治学等学科逐步恢复重建。1983年10月，我便从机械系调到德育教研室，也就是今天马克思主义学院的部分前身。1984年上半年，中共中央政治局作出重要决定，在部分重点高校开设思想政治教育第二学士学位班，鼓励跨学科学习。1984年12月底，浙江大学举行社会科学系成立大会暨思想政治教育第二学士学位班入学典礼。这个班的不少学员后来都成为各高校和机关单位的骨干。这两年脱产学习对我来说是一次重大的人生转折，让我一个工科学生进入了文科领域，系统地学习了人文社会科学知识。毕业之后，我留在浙江大学社会科学系担任专业课教师。1987年上半年，教育部委托复旦大学举办第二期《政治学概论》课程进修班，我参加了这个进修班并非常珍惜这次学习机会。学习结束后，我回到浙大，不久后被任命为思想政治教育教研室副主任。对此我感到非常意外，当时我才是26岁的助教，刚刚参加工作。由此开始，我就一直从事政府管理的教学科研工作。1992年，国家教委批准浙江大学兴办行政管理本科专业。1993年开始，浙江大学招收第一届行政管理本科生，从此开始了公共管理的学科建设。1998年建立行政管理硕士点，2006年建立公共管理博士点。这一路可以说是筚路蓝缕，我很荣幸全程参与了浙江大学公共管理学科申报和建设等的过程。

董思琦：陈老师，您曾在浙江大学机械工程学院、哲学学院、经济学院和公共管理学院学习和工作过，具有典型的跨学科经历，但您的研究议题非常稳定，长期聚焦于权力法治与廉政治理问题，您能否谈谈您的学术选择？

陈国权：著名作家徐迟1978年1月发表的报告文学《哥德巴赫猜想》对当时的青年产生了巨大的影响，作品中描述的数学家陈景润成为一代青年人追求科学的榜样。那年我正读高二，尽管文科成绩也不错，但文理分班时毅然选择了理科班，并于当年顺利考入浙江大学机械工程学系。但没想到，大学毕业后所从事的文科专业与科学无缘，这曾经也是我的一大遗憾。2018年初，习近平总书记在十九届中央纪委二次全会上指出："自我监督是世界性难题，是国家治理的哥德巴赫猜想。"[①] 看到习近平总书记这一譬喻，感觉自己30年的功能性分权理论研究与自己年轻时追逐哥德巴赫猜想的梦想还是有关联的。

改革开放以来，我国实现了经济的高速发展，但在政治上一直被严重的腐败现象所困扰，我将这一现象概括为"高经济增长与高廉政风险

[①] 《习近平谈治国理政》（第三卷），外文出版社2020年版，第511页。

并存",简称"双高"现象。几十年来,我的研究一直在探索"双高"现象背后的系统性原因,希望通过对权力现象的分析,解释中国政治社会运行的内在逻辑。众所周知,权力是非常复杂的政治现象,有关权力制约监督的研究也是政治学最古老同时最具有挑战性的研究命题之一,亚里士多德、洛克、孟德斯鸠等对此都有过深入的论述。而我则是从20世纪90年代初开始探索和思考这个问题。近年来,这一研究议题受到全国哲学社会科学规划办的高度重视,多次将相关议题列入国家社会科学基金重大项目的招标指南。我有幸连续四次中标,组织团队探讨中国特色的权力制约监督体系,并循序构建了"功能性分权理论"的系统化理论体系。《权力制约监督论》《权力法治与廉政治理》《功能性分权:中国的探索》是我们构建功能性分权理论的研究论著,可谓功能性分权理论研究的"三部曲"。

董思琦:近年来,您提出的"功能性分权""广义政府""复合国家"等学术概念引起学界广泛关注,您能简要地给大家介绍一下理论推进的过程吗?

陈国权:我和我的团队持续关注中国改革开放以来的两个客观现象。一是"双高"现象,即高经济增长与高廉政风险并存,我国经济实现高速增长的同时,腐败现象时有发生,廉政风险如影随形,这是一项基于事实的判断。二是"法治悖论",在依法治国进程中政府既是推进法治建设的关键力量,又是破坏法治建设不可忽视的主体。我认为这里的政府指"广义政府",包括地方党委,是国家机构和国家性质党组织的有机整体。我们的研究一直在试图解释为什么会存在高经济增长与高廉政风险并存的"双高"现象、为什么地方政府官员尤其是地方政府主要领导会在法治建设方面扮演两种极具矛盾的角色。

我们先从当代中国政治中的权力关系来探讨产生的原因,提出了"功能性分权理论"。功能性分权是指广义政府体系中决策权、执行权、监督权的分工。我国在推进国家治理现代化的过程中，正致力于构建决策权、执行权、监督权既相互制约又相互协调的权力结构与运行机制。

中国功能性分权的实践逐渐在执政党内部、国家体系内部以及党与国家体系之间展开。随着功能性分权实践的持续推进，在尝试解释"双高"现象与"法治悖论"时，一个必须讨论的问题是权力运行的主体，即什么是中国的"国家"与"政府"？我们深刻认识到，中国现实中的"国家""政府"与建立在西方体制基础上的政治学理论体系及其概念有着明显差异。当代中国的治理是在中国共产党的领导下，各级党组织的引领对于理解中国政府行为具有不可忽视的重要作用，从西方引入的政府行为理论不能完全解释中国政党逻辑与中国特有的社会现象。显然，要理解这些差异，需要回到中国客观现实与历史脉络，去把握中国政府的构成、职能与权力运行逻辑。对此，我们提出了"广义政府"概念，对权力运行的主体进行更为清晰的界定，进一步明确权力结构的边界问题并作具体描述。在此基础上，我们进一步提炼了"复合国家"的概念，并从国家理论范畴对中西方国家形态进行了政治学意义上的比较分析，认为中国真实的国家是政党形态国家和宪法形态国家的有机统一，是由政党形态国家和宪法形态国家有机整合而成的、从中央到地方层级分明的政权形态，这也就是"复合国家"概念的由来。在复合国家中，公有制的经济基础诉诸效率价值，因而其国家机构——广义政府以"有为政府"理论为指导，形成独具特色的制度逻辑。由此，团队进一步挖掘中国"国家"现实的独特性与理论的对话性。

董思琦： 方才您指出，当前政治学、公共管理学研究遇到了"以往所建构的理论体系与中国客观现实相矛盾"的理论困境。国家、政党、政府等概念大多源于西方，而从西方舶来的概念，在解释中国现象时往往解释力不足。您能否谈谈在这些概念上中西方有何差别？究竟什么是中国的"国家"和"政府"？

陈国权：好的。西方政权意义上的"国家"（state）是指公权力体系，包括立法、行政和司法机关。而中国的国家是复合的，具有独特性，是政党形态国家和宪法形态国家的统一整体。而"广义政府"作为"复合国家"的机构，不仅包括宪法意义上的国家机构，还包括承担公共责任并行使公权力的中共中央和各级地方党委。这部分党组织客观上具有国家性质，与宪法意义上的国家机构融为一个有机的整体，构成了事实上的中国特色的国家机构。

具体而言，我国《宪法》规定，中华人民共和国全国人民代表大会是最高国家权力机关。同时指出，中国共产党领导是中国特色社会主义最本质的特征。党的文献亦明确：东西南北中，党政军民学，党是领导一切的。中国共产党领导是中国特色社会主义最本质的特征，中国共产党是最高政治领导力量。[①] 因而要理解中国的"国家"、理解国家的最高领导权，首先要理解党与国家的关系。

在西方，国家与社会更多体现为一种制衡的状态，其中，社会通过选举、监督、媒体评论等手段来制约国家。在这一过程中，政党则充当汇集和表达社会民意的角色，以与国家进行抗衡。然而在中国，政府与社会间更多的是互动和合作的关系，这点尤其体现在公众与社会组织对国家公共事务的参与，以及国家对社会公共服务的提供上。对中国现状的研究显示，中国共产党的众多党组织实际上已经形成了一种从国家特性到社会特性的谱系。例如，中央、省、市、县和乡镇等层级的党委被视为具有国家公权力性质的组织，被称为"国家性质党组织"，而企事业单位及基层自治组织中的党组织被认为具有社会特性，因此被称作"社会性质党组织"。宪法意义上的国家行政机构与这些国家性质党组织一起，构成了现实中的中国政府，即"广义政府"。

[①] 习近平：《中国共产党领导是中国特色社会主义最本质的特征》，《求是》2020 年第 14 期。

广义政府既有政党特性又有政府特性，这两者构成了其"一体两面"的特点。所谓广义政府的"政党特性"，是指尽管广义政府为中国事实上的政府机构，但其领导核心和大多数成员均为中国共产党成员，从而赋予其明显的中国共产党属性。而其"政府特性"则显示，虽然广义政府的领导核心和大部分成员是中国共产党党员，但它本质上仍是中国"国家"（state）的一部分，具备实际的国家行政机关特征。广义政府与功能性分权理论是对中国客观现实的描述性研究，用以解释"双高"现象与"法治悖论"，并尝试构建紧贴中国实践的新型的理论，形成理论话语体系创新。

董思琦：广义政府具有"一体两性"的特征，但许多时候，政党逻辑往往压倒了政府逻辑。那么治理过程中，我们如何抉择和调适政党逻辑和政府逻辑？

陈国权：这一问题的意义在于我们要很清楚地看到中国广义政府具有的双重属性及其背后的双重治理逻辑，既是政党也是政府，具有双重角色。而角色到位很重要，要防止"错位"。不同角色的治理逻辑具有差异性，有时甚至具有冲突性。比如，广义政府的政党属性所内含的政党逻辑，更加强调统治、服从度、统一性和整体性，而政府属性所内含的政府逻辑，更加强调治理、发展、竞争性和区域性。从事实经验来看，政党逻辑往往更强调政治统治功能，而政府逻辑更强调经济发展职能。广义政府的政党逻辑与政府逻辑在不同情景、不同时期下会有合理选择和调适的问题。从这个意义上可以说，中国当代治理最大的问题之一就是如何平衡政党逻辑和政府逻辑。

总体来说，当社会的主要矛盾是政治矛盾时，广义政府会依据政党逻辑来治理。如果经济发展和社会治理等公共管理问题上升为主要矛盾，广义政府应依据政府逻辑来治理。但稳固的政治统治是经济社会发展的前提，因此，政党逻辑总是主导逻辑，政府逻辑的调适只是相对程度的变化。而政府逻辑的凸显，往往也显示了政治统治稳固下国家致力于经济社会发展的良好局面。

在国家治理过程中要重视政党逻辑与政府逻辑的协调，避免不恰当地过于强调政党属性而遮蔽政府属性。各级人民政府也有政党属性，在属地负责制的原则下也要从中国共产党的执政地位出发，致力于实现国家的全局发展和整体利益。广义政府如何调适政党逻辑和政府逻辑，是国家治理体系和治理能力现代化的重要体现。当政党属性和政府属性协调互助时，能极大地增强整个治理体系的效能；当两者的运用情景发生"错位""缺位"和"越位"时，则会带来治理危机。

中国的政党、国家、政府都具有中国特色，只有充分认识到这些特色，才能有效运用这些制度，为中国社会的发展、为中国的现代化发挥更好的作用。

董思琦：此外，我们关注到您和团队近年来出版了一系列著作，其中《功能性分权：中国的探索》一书入选中国社会科学出版社优秀出版成果。清华大学景跃进教授将功能性分权理论研究成果概括为"新三权论"，认为功能性分权理论本质上是一个基于权力分析的国家理论，具有广阔的研究空间。而法治一直是国家治理中的关键难题，针对广义政府的系统性风险，您能谈谈"新三权论"的控权逻辑吗？

陈国权：事实上，我国的广义政府具有权力集中的特点，但如果权力过于集中就容易产生高廉政风险，腐败现象难以遏制。每个地方政府都有推进法治建设的目标、任务和具体计划，客观上在推进我国地方治理的法治化。同时，我国地方政府又存在有法不依、执法不严和违法不究的去法治化现象，从而出现了"法治悖论"，即政府既是法治建设的关键力量，又是破坏法治建设不可忽视的主体。地方政府在治理过程中主要存在政治、经济和法制三重目标，围绕不同目标的实现形成了三重治理逻辑。这三重逻辑之间存在着深刻的矛盾和冲突，具体表现为：政治逻辑在地方政府的治理过程中占据主导地位，始终优先于经济逻辑和法制逻辑；当经济问题成为社会的主要矛盾、转变为政治危机时，经济逻辑就会优先于法制逻辑；当法制问题成为社会的主要矛盾、转变为政治危机时，法制逻辑就会优先于经济逻辑。在三重治理逻辑下，如果经济发展成为国家的中心工作，政治问题成为迫切要应对的紧要任务时，法制逻辑往往会受到冲击，从而导致地方政府"法治悖论"现象的发生。

我们研究国家机构是基于决策权、执行权与监督权三分的分析框架，并基于这一分析框架构建决策权、执行权、监督权三者之间关系的理论，这一理论被清华大学景跃进教授称为"新三权论"。"新三权论"以监督权为研究中心，以腐败现象为研究切入点，聚力研究决策权、执行权、监督权既相互制约又相互协调的权力结构与运行机制，构建中国特色监督理论体系，以为国家治理现代化作出贡献。高廉政风险可能会是与我国社会发展阶段长期伴随的政治问题，文明的政治需要将其控制在社会可承受的水平。分权是政治文明的基础，只有建立健全决策权、执行权、监督权相互制约又相互协调的权力结构与运行机制，才能实现我国国家治理体系与治理能力现代化。

董思琦：陈老师，您和您的团队多次承担国家社科基金重大课题，这在人文社科学科领域中相当罕见。您作为首席专家正在研究的国家社科基金重大课题"在新时代中对党和国家监督体系理论建设和制度完善的研究"即将结束，学术界对相关成果充满期待，想请您谈一谈课题的主要内容。

陈国权：我和我的团队感到非常荣幸，能够在以权力法治和廉政治理为主题的研究项目中，连续四次承接国家哲学社会科学的重大课题。对我来说，进行这些重大课题的研究不仅是一个学术探索的过程，也是一个我个人学术思维不断锻炼和提炼的过程。我提出的"功能性分权理论"也是在"观察现象—提炼问题—创新概念—构建理论"这一逻辑循环中不断深化和完善的。

第四项国家哲学社会科学重大课题于2022年立项，是目前团队的主要研究工作。课题的核心是完善党和国家的监督体系，这既涉及理论研究的学术理辩，也需要紧密关注现实中的制度研究；它既是传统的理论议题，也是新时代的现实需求。这项课题的目标是在之前两项课题现象观察、问题提炼和概念创新的基础上，深入探究新时代中国党和国家监督体系中的难点和痛点，以权力制约监督的基本理论指引，深化对完善党和国家监督体系的分析。我们试图通过研究中国的经验，推动权力制约监督一般理论的发展，并用这一理论进一步完善党和国家监督体系。目前，我们的一些研究成果已在《社会学研究》《政治学研究》《公共管理学报》等期刊上发表。详细地说，这项课题成果主要围绕以下三点展开：第一，从整体性视角认识党和国家监督体系，厘清其内涵、结构与特征，并建构起用于指导整体性推进党和国家权力监督的理论。第二，面向当前党和国家监督体系建设的关键点，包括纵向监督的有效联动、地方"一把手"的精准监督以及信息技术的监督赋能等，深入调查改革实践，揭示其内在机理，进而提供相应的改革思路。第三，立足于理论与实践的分析，从结构和过程两个方面定位权力法治化，进而为党和国家监督体系的完善提供整体性的优化方案。

董思琦：当前，纪检监察学进入国务院学位委员会编制的学科目录，成为法学门类的一级学科。作为长期关注中国纪检监察理论与实践的学者，您被聘任为中国政法大学国家监察学科的博士生导师，可以给想要学习纪检监察学科的同学们简单介绍一下吗？

陈国权：好的。纪检监察学进入国务院学位委员会编制的学科目录，成为法学门类的一级学科，这一成果来之不易。纪检监察学既需要研究者思考政治学或公共管理学学科中党和国家的制度建设、能力提升等问题，又要求研究者掌握法学理论体系中大量的规范性知识。纪检监察学在具有法学规范性的同时还包含了倡导性，许多方面展现出管理学要素。法学更多是基于国家制度的法律体系，而纪检监察学的依据还包括党规。因此，需多角度思考纪检监察学，逐步建立起该学科应具有的独立概念和理论体系，这一工作的意义重大。

纪检监察学科关注中国特色反腐战略所面临的重大理论和实践问题，是中国特色哲学社会科学学科体系较为重要的组成部分。早在1990年，在国家监察部支持下，国家监察部浙江大学教育培训中心（后改建为中央纪委监察部杭州培训中心）成立，我在该中心负责教学和科研工作，投入了大量时间深耕，也因此得以接触到各级干部并真实了解到我国党政工作的现实与权力运行过程，对我影响很大。我认为，要更好地理解中国式现代化过程中的重要理论问题，需要我们长期关注现实，也需要我们直面时代的大命题。党和国家的重大需求是学科建设的重要导向。在新时代全面从严治党取得历史性、开创性成就的背景下，纪检监察学科需要对党和国家的监督治理体系进行系统性总结与开创性探索。

董思琦：只有把理论应用于解决实践问题，它才能持续展现其应有的生命力。中国的学者在关注现实问题的同时，也重视对未来方向的思考，那么，请问，您能谈谈功能性分权理论在当前中国政治改革和廉政建设中的价值和启示吗？

陈国权：公共权力制约监督机制一直是我关注的重点问题。我经常将权力与资本做类比，认为资本是经济生活中的权力，权力是政治生活中的资本。实际上，政治权力作为政治生活的基本要素，存在两种形式：静态的权力结构和动态的权力过程，它们共同决定了政治组织的基础体系和机制。西方政治制度的主要特征就是将国家的权力分为立法、行政和司法，并形成了一种相互制约的三权分立体系。这就是政治性的分权。中国政治制度的基本特征就是中国共产党的领导权，以及党和国家所构建的广义政府共同治理机制。这种特征在现代中国的复杂革命和政治斗争过程中形成，并且和以公有制为主体的经济基础紧密相关。纵使西方三权分立的政治性分权体系不适用于中国，但这并不意味着我国的政治权力就不需要理性的分工。实际上，政治的复杂性要求适当的政治分工，而政治分工又要求一定的政治分权，这是提高管理效率的必然要求。

不同于西方国家的政治性分权，在中国，政治分工与特定的政治体制相适应，实行的是功能性分权。功能性分权是从抽象层面上将政治权力分为决策权、执行权和监督权。事实上，所有国家、所有政治体制都需要进行功能性权力分工，以提高权力行使的专业性和权力运行的效率。党的十八大报告在关于权力制约监督体制的表述方面沿袭了党的十七大报告的说法，并增加了"确保"二字。党的十九大报告进一步对决策权、执行权与监督权的运行提出明确要求，强调"构建决策科学、执行坚决、监督有力的权力运行机制"[1]。党的二十大报告更是提出，"健全党统一领导、全面覆盖、权威高效的监督体系，完善权力监督制约机制"[2]。可见，我们并不是简单地反对西方三权分立体制，而是提出要构建中国特色的权力结构与运行机制，建立中国特色的权力制约监督体制。我们的研究正是基于国家治理的客观现实，推进党和国家现代化监督体系的不断完善，为中国特色社会主义理论体系与话语创新作出努力。

董思琦：您的学术研究历程和学术创见使我们深受启发。非常感谢您接受我们的采访。谢谢陈老师！

---

[1] 习近平：《决胜全面建成小康社会　夺取新时代中国特色社会主义伟大胜利——在中国共产党第十九次全国代表大会上的报告》，人民出版社2017年版，第37页。

[2] 习近平：《高举中国特色社会主义伟大旗帜　为全面建设社会主义现代化国家而团结奋斗——在中国共产党第二十次全国代表大会上的报告》，人民出版社2022年版，第66页。

参考文献

一　中文参考文献

（一）中文著作

《马克思恩格斯选集》（第一卷），人民出版社2012年版。

《列宁选集》（第一卷），人民出版社2012年版。

《毛泽东选集》（第一卷），人民出版社1991年版。

《邓小平文选》（第二卷），人民出版社1994年版。

《习近平谈治国理政》（第三卷），外文出版社2020年版。

陈国权等：《权力制约监督论》，浙江大学出版社2013年版。

陈国权、皇甫鑫等：《功能性分权：中国的探索》，中国社会科学出版社2021年版。

陈国权、毛益民等：《权力法治与廉政治理》，中国社会科学出版社2018年版。

景跃进、陈明明、肖滨主编：《当代中国政府与政治》，中国人民大学出版社2016年版。

王浦劬等：《政治学基础》，北京大学出版社2014年版。

王长江：《政党论》，人民出版社2009年版。

俞可平：《权力与权威》，商务印书馆 2020 年版。

郑永年：《大趋势：中国下一步》，东方出版社 2019 年版。

郑永年：《中国的"行为联邦制"：中央—地方关系的变革与动力》，东方出版社 2013 年版。

朱光磊：《当代中国政府过程》，天津人民出版社 2008 年版。

［德］马克斯·韦伯：《经济与社会》，阎克文译，世纪出版集团、上海人民出版社 2010 年版。

［法］卢梭：《社会契约论》，李平沤译，商务印书馆 2011 年版。

［法］孟德斯鸠：《论法的精神》（上卷），许明龙译，法律出版社 2020 年版。

［法］托克维尔：《论美国的民主》，董果良译，商务印书馆 2015 年版。

［古希腊］亚里士多德：《政治学》，吴寿彭译，商务印书馆 2017 年版。

［美］汉密尔顿、杰伊：《联邦党人文集》，程逢如、在汉、舒逊译，商务印书馆 1980 年版。

［美］斯蒂芬·施密特、［美］马克·谢利、［美］芭芭拉·巴迪斯：《美国政府与政治》，梅然译，北京大学出版社 2005 年版。

［美］苏珊·罗斯—阿克曼、［美］邦妮·J. 帕利夫卡：《腐败与政府：根源、后果与改革》，郑澜译，中信出版社 2018 年版。

［美］文森特·奥斯特罗姆、［美］罗伯特·比什、［美］埃莉诺·奥斯特罗姆：《美国地方政府》，井敏、陈幽泓译，北京大学出版社 2004 年版。

［意］G. 萨托利：《政党与政党体制》，王明进译，商务印书馆 2006 年版。

［英］安德鲁·海伍德：《政治学》（第二版），张立鹏译，中国人民大学出版社 2006 年版。

［英］洛克：《政府论：下篇——论政府的真正起源、范围和目的》，瞿菊农、叶启芳译，商务印书馆 2017 年版。

（二）中文期刊

曹正汉、聂晶、张晓鸣：《中国公共事务的集权与分权：与国家治理的关系》，《学术月刊》2020 年第 4 期。

曹正汉、史晋川、宋华盛：《为增长而控制——中国的地区竞争与地方政府对土地的控制行为》，《学术研究》2011 年第 8 期。

陈广思：《结构、权力与方法：论马克思的所有制思想——兼论历史唯物主义的若干命题》，《中国社会科学》2020 年第 1 期。

陈国权、皇甫鑫：《功能性分权与中国特色国家治理体系》，《社会学研究》2021 年第 4 期。

陈国权、皇甫鑫：《广义政府及其功能性分权》，《政治学研究》2022 年第 4 期。

陈国权、卢志朋：《广义政府：当代中国公共管理主体及其双重性》，《公共管理学报》2023 年第 1 期。

陈国权、王勤：《论政治文明中的权力制约》，《政法论坛》2004 年第 6 期。

陈国权、周鲁耀：《制约与监督：两种不同的权力逻辑》，《浙江大学学报》（人文社会科学版）2013 年第 6 期。

陈国权、周盛：《我国人大决策权的变迁与决策权的制约监督》，《浙江大学学报》（人文社会科学版）2011 年第 4 期。

陈军亚、王浦劬：《以双重革命构建新型现代国家——基于中国共产党使命的分析》，《政治学研究》2022 年第 1 期。

陈明明：《发展逻辑与政治学的再阐释：当代中国政府原理》，《政治学研究》2018 年第 2 期。

陈明明：《双重逻辑交互作用中的党治与法治》，《学术月刊》2019 年第 1 期。

陈远星、陈明明：《有限政府与有效政府：权力、责任与逻辑》，《学海》2021 年第 5 期。

郭定平：《政党中心的国家治理：中国的经验》，《政治学研究》2019 年第 3 期。

何增科：《中国政治监督 40 年来的变迁、成绩与问题》，《中国人民大学学报》2018 年第 4 期。

贺东航、孔繁斌：《公共政策执行的中国经验》，《中国社会科学》2011 年第 5 期。

皇甫鑫、陈国权：《自我革命政治与功能性分权理论》，《学术月刊》2023 年第 9 期。

景跃进：《将政党带进来——国家与社会关系范畴的反思与重构》，《探索与争鸣》2019 年第 8 期。

景跃进：《中国特色的权力制约之路——关于权力制约的两种研究策略之辨析》，《经济社会体制比较》2017 年第 4 期。

李辉：《从机制设计到能力提升：基于地方纪检监察"协同监督"的案例研究》，《政治学研究》2023 年第 3 期。

秦前红：《监察体制改革的逻辑与方法》，《环球法律评论》2017 年第 2 期。

秦前红：《困境、改革与出路：从"三驾马车"到国家监察——我国监察体系的宪制思考》，《中国法律评论》2017 年第 1 期。

任剑涛：《以党建国：政党国家的兴起、兴盛与走势》，《江苏行政学院学报》2014 年第 3 期。

唐亚林：《使命型政党：新型政党理论分析范式创新与发展之道》，《政治学研究》2021 年第 4 期。

王丽萍：《寻找国家性：比较政治学中的国家研究》，《天津社会科学》2023 年第 2 期。

王浦劬、汤彬：《当代中国治理的党政结构与功能机制分析》，《中国社会科学》2019 年第 9 期。

王阳、熊万胜：《党政科层体系："制度—关系"视野下的政党治理与国家治理》,《开放时代》2021年第6期。

肖瑛:《从"国家与社会"到"制度与生活":中国社会变迁研究的视角转换》,《中国社会科学》2014年第9期。

徐勇:《"回归国家"与现代国家的建构》,《东南学术》2006年第4期。

杨典:《以党的治理体系现代化引领国家治理体系现代化——基于政党社会学的分析》,《社会科学》2020年第7期。

俞可平:《政治学的公理》,《江苏社会科学》2003年第5期。

张桂林:《党和国家监督体系原理探析》,《政治学研究》2020年第4期。

张桂林:《国家廉政体系的基本认知与构建中国特色监督体系》,《政治学研究》2019年第5期。

周雪光:《权威体制与有效治理:当代中国国家治理的制度逻辑》,《开放时代》2011年第10期。

朱光磊、张志红:《"职责同构"批判》,《北京大学学报》(哲学社会科学版)2005年第1期。

二 英文参考文献

(一)英文著作

Anthony Giddens, *The Consequences of Modernity*, California: Stanford University Press, 1990.

Campos, J. E. L. ed., *Corruption: The Boom and Bust of East Asia*, New York: Ateneo University Press, 2001.

Dwight Waldo, *The Administrative State*, New York: The Ronald Press Company, 1948.

Jean Oi, *Rural China Takes Off: Institutional Foundations of Economic Reform*, California: University of California Press, 1999.

Jeffrey Goldsworthy, *Parliamentary Sovereignty: Contemporary Debates*, London: Cambridge University Press, 2010.

Jeremy Waldron, *Law and Disagreement*, London: Oxford University Press, 1999.

Lü, X., *Cadres and Corruption: The Organizational Involution of the Chinese Communist Party*, New York: Stanford University Press, 2000.

Maurice Duverger, *Political Parties: Their Organization and Activity in the Modern State*, London: Methuen & Co. Ltd and New York: John Wiley & Sons Inc, 1959.

Sun Yan, *Corruption and Markets in Contemporary China*, New York: Cornell University Press, 2004.

Ting Gong, *Preventing Corruption in Asia*, London: Routledge, 2009.

Ting Gong, *The Politics of Corruption in Contemporary China: An Analysis of Policy Outcomes*, London: Praeger Publishers, 1994.

Wedeman, A., *Double Paradox: Rapid Growth and Rising Corruption in China*, New York: Cornell University Press, 2015.

(二) 英文期刊

Bentzen, J. S., "How Bad Is Corruption? Cross-Country Evidence of the Impact of Corruption on Economic Prosperity", *Review of Development Economics*, Vol. 16, No. 3, 2012.

Bo Rothstein, "The Chinese Paradox of High Growth and Low Quality of Government: The Cadre Organization Meets Max Weber", *Governance*, Vol. 28, No. 4, 2015.

Bruce Ackerman, "The New Separation of Powers", *Harvard Law Review*, Vol. 113, No. 3, 2000.

Cai, H., Treisman, D., "Did Government Decentralization Cause China's Economic Miracle?", *World Politics*, Vol. 58, No. 4, 2006.

David H. Moore, "Taking Cues from Congress: Judicial Review, Congressional Authorization, and the Expansion of Presidential Power", *Notre Dame Law Review*, Vol. 90, No. 3, 2015.

David Lay Williams, "Modern Theorist of Tyranny? Lessons from Rousseau's System of Checks and Balances", *Northeastern Political Science Association*, Vol. 37, No. 4, 2005.

Francis Fukuyama, "American in Decay: The Sources of Political Dysfunction", *Foreign Affairs*, Vol. 93, No. 5, 2014.

Gargarella, R., "'We the People' Outside of the Constitution: The Dialogic Model of Constitutionalism and the System of Checks and Balances", *Current Legal Problems*, Vol. 67, No. 1, 2014.

Gelber, K., "High Court Review 2005: The Manifestation of Separation of Powers in Australia", *Australian Journal of Political Science*, Vol. 41, No. 3, 2006.

Gretchen Helmke, "Checks and Balances by Other Means: Strategic Defection and Argentina's Supreme Court in the 1990s", *Comparative Politics*, Vol. 35, No. 2, 2003.

H. F. Schurmann, "Organisational Principles of the Chinese Communists", *The China Quarterly*, No. 2, 1960.

Jean Oi, "Fiscal Reform and the Economic Foundations of Local State Corporatism in China", *World Politics*, Vol. 45, No. 1, 1992.

Kanapyanov, T., "Role and Place of the Parliament of Kazakhstan in the System of Checks and Balances", *Communist and Post-Communist Studies*, Vol. 51, No. 1, 2018.

Kyritsis, D., "Constitutional Review in Representative Democracy", *Oxford Journal of Legal Studies*, Vol. 32, No. 2, 2012.

Lin Nan, "Local Market Socialism: Local Corporation in Action in Rural China", *Theory and Society*, No. 3, 1995.

Neal Kumar Katyal, "Internal Separation of Powers: Checking Today's Most Dangerous Branch from Within", *The Yale Law Journal Company*, Vol. 115, No. 9, 2006.

Qian Ying, Weingast Barry, "China's Transition to Markets: Market-Preserving Federalism, Chinese Style", *Journal of Policy Reform*, Vol. 1, No. 2, 2011.

Roberto Michels, "Some Reflections on the Sociological Character of Political Parties", *The American Political Science Review*, Vol. 21, No. 4, 1927.

Shleifer, A. and Vishny, R. W., "Politicians and Firms", *The Quarterly Journal of Economics*, Vol. 109, 1994.

Sonnicksen, J., "Democratising the Separation of Powers in EU Government: The Case for Presidentialism", *European Law Journal*, Vol. 23, No. 6, 2017.

Walder Andrew, "Local Governments as Industrial Firms: An Organization Analysis of China's Transitional Economy", *American Journal of Sociology*, No. 2, 1995.

Weingast, B. R., "Second Generation Fiscal Federalism: The Implications of Fiscal Incentives", *Journal of Urban Economics*, Vol. 65, No. 3, 2009.

Woodrow Wilson, "The Study of Administration", *Political Science Quarterly*, Vol. 2, No. 2, 1887.

后　记

　　《广义政府与功能性分权理论》是我作为首席专家主持的国家社会科学基金重大项目（22ZDA039）的最终研究成果，也是我三十多年来从事功能性分权理论研究的一个重要转折点。20世纪80年代以来，我长期关注改革开放过程中存在的"双高"现象和"法治悖论"。所谓"双高"现象指"高经济增长"和"高廉政风险"并存的现象。改革开放以来的四十多年，我国实现了持续的高经济增长，尽管在某些阶段也曾遭遇一些困难，但以年均8.9%的GDP增速持续了四十多年，应该是我国历史上经济发展最好的一个时期。我国各级政府在这一经济发展过程中无疑发挥了非常重要的推动作用。但同在这一时期，政治上的腐败现象却极为严重，大量官员因腐败而沦为"阶下囚"，从政成为我国高廉政风险的职业。为什么我国会出现高经济增长与高廉政风险并存的经济政治发展不平衡现象？高经济增长与高廉政风险有什么内在的相关性？进一步的观察发现，我国还存在"法治悖论"现象。"法治悖论"现象，是指我国各级政府一方面力推法治建设，是我国法治建设重要的推动力量；但另一方面，各级地方政府又普遍存在选择性执法、有法不依、执法不严等现象，不少地方政府官员，甚至一些地方党委书记作为属地法治建设第一负责人严重违法犯罪，对法治建设产生极坏影响。客观事实表明，地方政府也是阻碍法治进步的重要因素。那么，为什么我国政府会存在如此冲突的内在矛盾？"法治悖论"与"双高"现象又有什么关系？

可以说，数十年来我所从事的研究都在努力解释这些现象。特别是自 2010 年开始，我的这些研究议题有幸连续四次获得国家社会科学基金重大项目的支持，我带领团队在这一学术领域持续深耕，前三项课题研究逐渐形成了"功能性分权理论"，并先后出版《权力制约监督论》《权力法治与廉政治理》和《功能性分权：中国的探索》三本专著，我视之为"功能性分权理论三部曲"，清华大学景跃进教授称之为"新三权论"。

功能性分权（functional separation of power）理论是一种用于分析政府组织与权力现象的理论工具，可以从分析框架与理论体系两个维度来理解。作为一种分析框架，功能性分权意指决策权、执行权、监督权的分权，源于组织活动的决策、执行、监督三事分工和相应的三项职责的分定，是用于分析组织内外权力结构、运行过程及其相互间关系的一个理论分析框架。作为一种理论体系，功能性分权理论是中国特色的权力监督理论，建基于以公有制为主体的经济基础、一统体制的政治传统、合作型的国家社会关系，其核心研究对象为"广义政府"（broad-sense government），致力于构建决策权、执行权、监督权既相互制约又相互协调的权力结构与运行机制。"功能性分权三部曲"受到学界的认同，三部书都获得浙江省哲学社会科学优秀成果一等奖，《功能性分权：中国的探索》还获得了教育部第九届高校科学研究优秀成果二等奖，《权力制约监督论》获得了教育部第八届高校科学研究优秀成果三等奖，《权力法治与廉政治理》入选国家社科基金中华学术外译推荐书目。"功能性分权理论"研究入选浙江大学 2022 年度十大学术进展提名。这些荣誉是学界对我们团队过往研究的一种鼓励与肯定。

2022 年，我第四次获得国家社会科学基金重大项目支持。我们团队在延续功能性分权理论的研究中，发现既有理论对我国公权力的主体性缺乏客观准确的描述，而这恰恰是功能性分权理论的基础。于是，我带领团队围绕当代中国真实的公权力体系这一议题展开深入系统的探讨。功能性分权理论首先是一个用于研究国家（state）问题的分析框架，过去我们并没有深究什么是中国的国家（state），然而基于对中国客观政治现象的观察，我发现按照现行的政治学和公共管理学理论难以令人满意地解释当代中国政府与政治现象，因此对中国的"国家""政党""政府"等基本概念进行反思，并逐步形成广义政府理论（broad-sense government）。广义政府理论的构建是我学术道路的重要转折，是我基于客观实践的理论探索引发对社会科学本土性的反思，从而试图提炼符合中国政治实践的概念体系与理论知识。随着我们对广义政府理论研究的不断深化，所构建的理论体系也逐步从功能性分权理论发展到广义政府与功能性分权（a theory of the broad-sense government and its functional separation of power）理论，这也是本书书名的由来。

广义政府是基于客观实践描述和阐释当代中国公权力体系结构与运作的学术概念，指出中国共产党 500 多万个党组织可区分为国家（政府）性质党组织与社会性质党组织两种类型。国家（政府）性质党组织包括中共中央和各级地方党委，这些党组织事实上履行国家公共职能、承担国家公共责任、行使国家公共权力、参与国家公共管理，可以说是政党形态的国家（政府），与宪法形态的国家（政府）共同构成中国真实的公权力体系，我们称之为"广义政府"。广义政府是政党形态的国家（政府）与宪法形态的国家（政府）的复合组织。实践中，广义政府具有政党和国家（政府）两种属性和双重运行逻辑，具有复合特性。

作为人类社会实践认识的产物，概念是附着在特定的实践情景之上而人为建构的。由于与传统政治学理论中的国家概念存在显著差异，广义政府概念甫一提出就受到学界高度关注。近几年，我也不断求教于学界同人，试图深化完善广义政府的理论体系，同时也不断回应各种学术质疑与误解。

构建广义政府与功能性分权理论是一场漫长的研究历程，是我们团队共同努力的成果。我们团队的每次学术讨论都会写纪要，从2010年2月1日第一篇研讨会纪要到2024年5月本项研究课题结项纪要，我们团队开了200多次课题组研讨会，累计形成研讨会纪要200多篇，5本厚厚的纪要详细记载着我们不断深化的学术历程和艰辛探索的学术印记。

"广义政府与功能性分权理论"根植于当代中国政治的实践，与西方国家（政府）理论多有抵牾，正如景跃进教授在本书序言所说的，"'广义政府'更换了中国社会科学知识体系大厦的基石，对政治学和法学的知识传统提出了结构性挑战"。我们深知理论创新的风险，每一步的学术推进都如履薄冰，每当形成一个新的学术观点，我总是求教于学界同人，寻求学术帮助和支持。其中，交流较多的学者有俞可平、蓝志勇、景跃进、张静、周光辉、徐湘林、陈明明、何增科、肖滨、米加宁、余逊达、曹正汉等。他们的补充和纠正、质疑或批评都对我们研究工作的推进有很大的帮助。在此，我要向他们致以深深的敬意。

我要特别感谢清华大学景跃进教授。作为研究当代中国政府与政治的知名学者，他和陈明明教授、肖滨教授等主编的《当代中国政府与政治》一书应是这一研究领域最具影响的著作之一。十多年来，共同的学术兴趣让我们经常在一起深入讨论当代中国政府与政治领域的相关问题，交流各自的研究观点。景跃进教授可以说是我们团队的学术顾问，经常参加我们团队的学术活动，非常熟悉我们的学术观点。他于2017年发表的论文《中国特色的权力制约之路——关于权力制约的两种研究策略之辨析》，就系统地对我的研究成果进行了梳理和评述，并将其归纳为十个命题，冠名为"新三权论"。他为本书所作的序言，无疑为本书添彩。

还要感谢蓝志勇教授。2002年我们相识于美国公共管理学会年会，从此成为好朋友。他曾担任浙江大学光彪特聘教授和浙江大学行政管理研究所所长。二十多年来我们经常进行学术交流，还合作培养了多名博士生。"广义政府"的英文"broad-sense government"就是他翻译的。这是一件并不容易的工作，我们曾向国内外众多学者征询"广义政府"的英译。这不仅是语言表达问题，更是学术理解问题，不同的学者还对其赋予不同的理论期待，因此产生了十多种译法。最终我们采用了蓝志勇教授的译法，相信这一译法目前最能体现我们赋予"广义政府"的学术内涵和学术理想。

这本书的合作者都是我的学生，尽管他们都已成为优秀的青年学者。这本书的主要观点大部分都是我与学生在美丽的浙大紫金港校园散步和小组讨论中形成的。我非常荣幸有一批优秀的学生，他们不仅天资聪慧，尤其努力踏实。因此，不管学术之路多么艰辛，我们合作研究的过程是非常快乐的。书中的主要观点都曾以合作论文的形式发表在《社会学研究》《政治学研究》《公共管理学报》《学术月刊》等知名期刊。这些论文的合作者是原桂楠、卢志朋和皇甫鑫，近几年来我们四人有非常深入的学术交流，共同推进广义政府与功能性分权理论。原桂楠还以极为认真负责的态度协助我统稿，处理各种复杂的学术事务，为这本书的完成作出了重要贡献。张岚博士和陈晓伟博士也参与了部分研究工作。《中国治理评论》曾发表《广义政府与功能性分权理论的探索历程——陈国权教授访谈》，介绍了我们团队的学术探索历程，现作为附录收入。

感谢中国社会科学出版社对我们团队研究成果的厚爱。记得2014年度国家社科基金重大项目立项刚公示，赵剑英社长即给我打电话，祝贺我立项并希望该项目的研究成果由他们出版。2018年，中国社会科学出版社顺利出版了该项目的最终研究成果《权力法治与廉政治理》。中国社会科学社出色的出版质量让我决定将第三项国家社科基金重大项目成果《功能性分权：中国的探索》一书也交由该社出版。这本书出版后受到极大关注，产生了良好的社会影响，并获评中国社会科学出版社优秀出版成果。如今，我主持的第四项国家社科基金重大项目最终成果《广义政府与功能性分权理论》理所当然地再由中国社会科学出版社出版。对我而言，这既是学术脉络的延续，也是学术知音的共鸣。这三本书的责任编辑都是王琪女士，感谢她的辛勤工作和高质量的编辑。

最后想感谢我的夫人和女儿。我和夫人同在 1978 年分别考入浙江大学机械系和数学系，大学毕业后又一起转学社会科学，并都在浙江大学担任教授。尽管后来我们不在同一学科，但她一直非常关注我的研究并不时提出批评性意见和建议，相信这些批评是最真诚的。女儿曾从事出版工作，总是特别关心我每一本著作的出版并能给出非常专业的出版建议，让书籍呈现出更好的效果。

我们这一代人是中国改革开放伟大历程的见证者，有幸经历了这个时代的巨变，这对于一个社会科学工作者来说是非常难得的体验和观察。多年来，我养成了经验观察和社会调查的习惯，并始终将研究领域聚焦于当代中国政府与政治中"双高"现象和"法治悖论"现象等的解释。尽管几十年来我陪伴浙江大学行政管理学科辗转于哲学社会学系、经济学院、公共管理学院，但我的研究问题基本上没有大的变化，只是受不同学院、不同学科的影响，研究的视角和理论基础有所调整。尤其因本科学习阶段受理工科训练，我养成了用自然科学的思维方法从事社会科学研究的习惯，特别重视理论的实践检验和逻辑推演的严谨性。

习近平总书记曾说，党的自我监督是世界性难题，是国家治理的"哥德巴赫猜想"。我在这一研究领域深耕几十年，立足于当代中国的客观实际，坚持用"实描"的方式建构能够刻画当代中国政府与政治真实面貌的自主性概念体系，初步形成了"广义政府与功能性分权理论"，希望我们的探索能为解释和解决中国国家治理的"哥德巴赫猜想"贡献一点力量。

"以天下为己任，以真理为依归"，这是我们创建浙江大学公共管理学院时确立的院训，也是我的座右铭。

陈国权

2024 年末于浙江大学